KB058412

용의 리더십

용의 리더십

LEADERSHIP OF DRAGON

김태우 지음

21세기북스

지금이야말로 용의 리더십이 필요한 시대다

용은 하늘과 땅을 이어주는 매개체였고, 왕의 힘과 권위를 상징하며, 우주의 중심이기도 했다. 이 세상에 존재하는 동물들이 가진 가장 강력하고 뛰어난 장점만을 모아 탄생한 용은 최고의 권위와 무한한 조화 능력을 갖고 있다. 구름 속에서 비와 번개를 일으키는 용은 그 어떤 존재보다 강력하고 권위 있는 상상의 동물이었기에 동양에서 오랫동안 추앙되고 수많은 문화재에 남아 신성한 동물로 전해지고 있다.

이 책은 저자가 이런 용을 막연한 '상상의 동물'이 아니라 꿈을 이루고 왕이 되기 위해 꼭 필요한 통합과 힘의 상징을 구현한 동물이 아닐까, 하는 호기심에서 출발한 탐구정신으로 만들어낸 작품이다. 그래서 그동안 우리가 알고 있던 상상의 동물이 아니라 그 속에 담긴 용의 진정한 의미를 찾아가는 저자의 노력이 뚜렷하게 보인다.

그리고 그보다 더 분명히 알아야 할 사실은 지금 우리가 살고 있는 이 공간이 속도를 가늠하기 힘들 정도로 빠르게 변화하고 있으며, 그 속에서 살아남으려면 매순간 치열한 변화 속에서 적응하는 진정한 용으로 태어나야 한다는 것이다. 바야흐로 21세기 4차 산업혁명 시대는 용이 되려는 자들의 생존을 건 경쟁의 시대가 될 것이다.

무한경쟁 시대에 국가는 물론 개인과 기업은 치열한 경쟁 속에서 매순간 생존하기 위해 안간힘을 쓰고 있다. 그리고 좋은 결과를 얻어 내는 근본적인 경쟁력은 국가 지도자, 최고경영자와 같은 리더의 역량에 달려 있다고 할 수 있다. 일반적으로 국가와 기업에서 어떤 일을 추진할 때 성공 가능성의 70% 정도가 리더의 역량에 달려 있다고 한다. 기술이 급속도로 변화하는 4차 산업혁명 시대는 리더의 존재가치가 더욱 중요해졌다.

　1760년 영국을 중심으로 일어난 최초의 산업혁명은 증기기관과 철도의 발명으로 기계문명 시대의 역사를 쓰면서 경제적, 사회적 변동을 일으켰다. 그로부터 110년 뒤인 1870년에 시작된 2차 산업혁명은 전기를 이용한 대량 생산의 본격화를 이끌어 내었다. 1969년 반도체와 인터넷이 이끈 3차 산업혁명 시대를 거쳐 이제 우리는 4차 산업혁명 시대에 와 있다. 세월이 흐를수록 신기술의 등장과 혁신의 주기는 점점 빨라지고, 짧아지고 있다. 19세기 발명품인 자동차는 반세기 넘게 지나서야 대중화가 이뤄진 반면, 20세기 발명품이라고 불린 컴퓨터는 20년 만에 대중화가 이뤄졌고, 21세기에 등장한 스마트폰은 단 9년 만에 전 세계에 보급되었다.

　이처럼 우리는 현재 엄청난 변화의 기로에 서 있고 이미 4차 산업혁명은 진행되고 있다. 이 변화를 기회로 삼을 줄 아는 기업과 국가만이 지속 가능한 성장과 미래를 보장받을 수 있을 것이다.

과거의 성공이 미래의 성공을 보장하지 못하는 냉정한 4차 산업혁명 시대의 진입에 필요한 리더십을 그래서 저자는 '용의 리더십'이어야 한다고 말하고 있다.

경영학에서 '리더십'이란 키워드는 불멸의 가치처럼 언제나 뜨겁게 연구되는 주제다. 저자의 말처럼 매년 수백 건의 연구가 추가되고 있으며, 단순 계산만으로도 2만 건은 될 것이라고 한다. 이런 다양한 연구를 통해 리더가 되려는 뜻을 품은 많은 사람들이 지금까지 강의와 책을 통해서 전략적, 거래적, 변혁적, 관료적, 서번트, 카리스마, 셀프, 슈퍼, 위임형, 코칭, 컨설팅, 멘토와 같은 무수한 형태의 리더십을 만나왔다.

그리고 새로운 바람이 불고 있으며, 변화와 혁신의 요구가 더욱 강하게 다가오고 있다. 리더십의 형태도 바뀌고 있다. 권위적이고 경쟁적이며 지극히 개인적인 특성을 지닌 진부한 개념의 리더십이 사라지고 있으며, 다양성, 통합, 통섭이 밀려오고 있다. 세계도, 기업도, 사람도, 조직도 끊임없이 움직이고 변한다. 복잡하게 통합되고 다양화된 세계에서 리더는 계속 도전받고 있다. 이 속에서 생존과 성장을 가능케 하는 리더십은 어디에 있는가? 저자는 과거와 현재의 모든 리더십이 용의 리더십 안에 녹아 있다고 생각한다.

나는 운 좋게도 글로벌 외교와 정치의 중심에 있으면서 지난 30년간 세계의 용이라고 불리는 각국의 정상들을 만날 수 있는 귀한 기회와 시간을 얻었다. 그리고 그 만남에서 얻은 결론은 초일류 국가로 나아가기 위해서는 각 분야를 이끌 최고의 지도자와 리더가 반드시 필요하다는 것이었다. 그동안 보아왔던 그 어떤 리더십보다 가장 훌륭하게 통합되고 융합된, 역사가 증명하는 최고의 리더십이 필요하다는 생각을 가졌다.

21세기는 융합과 통합의 시대이다. 그리고 이런 융합과 통합을 이끌어가야만 국가와 기업이 일류가 될 수 있다.

당연히 우리에게는 새로운 리더십이 필요하다. 저자의 주장을 긍정적으로 보아야 할 것은 수천 년 역사에서 용이 되었던 지도자들의 성공 사례가 검증하고 있을 뿐만 아니라, 자연계의 우성 생존 동물들의 결집체인 용은 그 자체로 이미 융합과 통합의 상징이기 때문이다.

이 책은 수천 년 동안 감춰진 용의 비밀을 파헤치고 진정한 통합 리더십의 본질을 배우는 데 많은 도움을 줄 것이다. 그리고 앞으로 21세기 대한민국을 이끌어갈 자랑스러운 지도자와 기업의 리더들이 성장하고 발돋움하는 데 크게 기여할 것이라 믿어 의심치 않는다.

박진
(사)아시아미래연구원 이사장,
16, 17, 18, 21대 국회의원)

'용의 리더십'에서 한국형 리더십 DNA를 찾다

첫 페이지부터 눈을 뗄 수 없다. 희망으로 가슴이 벅차오른다. "시대가 영웅을 낳고 영웅이 시대를 만든다"고 한다. '용의 리더십'으로 이 땅의 이무기들이 깨어나 역사의 전환점을 이루는 영웅으로 다시 태어나 혼돈을 넘어 밝고 행복한 세상을 만들어갈 것이라는 희망이 싹텄다.

필자는 20여 년간 한국형 리더십을 연구해왔다. 밝고 행복한 사회를 이끌어가는 존경받는 정치인들의 '청룡 리더십'부터, 경제적 부를 창출해 풍요로운 사회를 이루는 경영인들의 '황룡 리더십', 국민의 생명과 재산을 지키는 위대한 장군들의 '적룡 리더십'까지.

우리 민족은 일만 년 역사에서 전환점마다 위기를 기회삼아 기적을 이룬 위대한 한국형 리더십으로 '위기에 강한 민족' '신바람 나면 기적을 이루는 민족'이라는 평가를 받아왔다.

인도의 시성 타고르_{Tagore}가 예찬한 동방의 등불을 이룬 단군의 리더십, 15세기 과학기술 강국으로 동양의 르네상스를 이룬 세종의 리더십, 명량해전에서 13척의 배로 왜적의 배 300여 척을 물리친 이순신의 리더십, 20세기 한강의 기적을 이룬 박정희 이병철 정주영의 리더십 등을 보면 우리에게는 서구의 리더십 이론이나 보편적 리더십과는 다른 독특한 리더십 DNA가 있다는 생각이 든다.

대암 김태우 사장의《용의 리더십》을 읽으며 12가지 동물이 상징하는 리더십 요소들이 한국형 리더십의 DNA로 연결될 수 있겠다는 믿음을 갖게 되었다.

우리나라는 천우신조로 60년 전 제2차 산업혁명의 막차에 올라 제3차 산업혁명의 성공모델이 되었다. 그러나 작은 성취에 안주하다 제4차 산업혁명에 실기하여 역동성을 잃고 추락하기 시작한 지 이미 오래다. 일본처럼 잃어버린 20년에 빠질 것이라는 우려가 높다.

엎친 데 덮친 격으로 코로나19 위기에 이어 경제적으로도 엄청난 위기가 올 것이라는 불안에 떨고 있다. 젊은이들은 헬조선을 외치며 절망에 빠져 있다. 도산 안창호 선생은 "낙망은 청년의 죽음이요. 청년이 죽으면 민족이 죽는다"고 안타까워했다.

생각이 바뀌면 운명이 바뀐다고 한다. 청년들이 '용의 리더십'을 깨달으면 제4차 산업혁명 희망의 불씨가 될 것이고 기업의 리더들이 '용의 리더십'을 체득하면 21세기 이병철, 정주영이 되어 또 하나의 기적을 이루게 될 것이다.

용은 12띠 동물 가운데 유일한 상상의 동물이다. 인간이 동물과 달리 세상의 주역이 된 것은 상상력의 힘이라고 한다. 21세기는 상상력과 창의력, 융합 창조력의 경쟁 시대이다. 가상과 현실이 하나가 되고, 나와 세상이 하나가 되는 초 연결 초 융합의 세상이 펼쳐진다. 바로 용들의 세상이다.

"하늘이 무너져도 솟아날 구멍이 있다" '용의 리더십'으로 솟아날 구멍을 만들어야 한다 '용의 리더십'을 읽고 또 읽어 그 참 뜻을 깨닫고 체득하는 리더가 많이 태어나 밝고 행복한 나라, 인류에 이바지하는 대한민국이 되기를 바라는 마음이 간절하다. 밝은 지혜를 나누어 주시는 김태우 사장께 감사드린다.

손욱
(사)행복나눔125 명예회장, 전 삼성SDI 사장,
삼성종합기술원 원장, 농심 회장)

용에 숨겨진 리더십의 비밀을 발견하다

하늘을 날아다니며 불을 뿜고 구름 속에서 비와 번개를 일으키는 용은 그 어떤 존재보다 강력하고 권위 있는 상상의 동물이며 왕의 상징이었다. 실존하지 않는데도 동양에서 오랫동안 추앙되고 수많은 문화재에 남아 신성한 동물로 전해지고 있다. 용의 기원에 대해서는 다양한 설이 있다. 실제로 존재했던 동물이라는 실존설, 공룡의 화석을 보고 상징화했다는 화석설, 바다의 용오름을 보고 만들었다는 자연현상설, 불교의 유입을 통해 인도인들이 숭배하던 나가_{Naga}와 함께 들어왔다는 종교 문화 유입설 등이 그것이다.

　중국 황하(黃河) 상류에 있는 하진(河津)에는 '용천(龍泉)'이라는 폭포가 있다. 이곳을 지나면 용이 된다고 하여 '용문(龍門)'이라고 하는데 물살이 너무 강해 배가 다닐 수 없는 데다 물고기들도 급류를 거슬러 올라가지 못한다. 용이 되기 위해 수많은 후보 물고기들이 이곳에 모이지만, 물살이 너무 거세서 오르지 못하고 대부분 포기한다. 그래서 이곳을 넘어서면 용이 된다는 '등용문(登龍門)'이라는 말이 생겼다. 그 마지막 난관을 넘어서지 못해 이마에 상처를 입고 아래로 추락하는 생명체를 '점액룡(點額龍)'이라고 한다. 승천을 눈앞에 두고 쓰러지는 용이다. 우리가 살아가는 지금 이 순간에도 점액룡과 같이 포기한 물고기들이 얼마나 많은가? 용이 되는 마지막 관문을 통과하기가 이렇게 어려운 것이다.

무한경쟁 시대에 개인과 기업, 국가마저 치열한 경쟁 속에서 생존하기 위해 안간힘을 쓰고 있다. 모두 성공하고, 글로벌 기업이 되고, 잘사는 선진국을 만들고 싶어 한다. 그러나 이 모든 결과를 얻어내는 근본적인 경쟁력은 국가 지도자, 최고경영자 등 리더의 역량에서 시작된다. 일반적으로 국가와 기업이 성공할 가능성의 60~70%가 지도자의 리더십에 달려 있다고 한다. 따라서 리더의 능력은 국가 또는 기업 발전과 밀접한 함수관계에 있다.

"불량한 국민과 불량한 직원은 없다. 오직 불량한 지도자와 리더만 있을 뿐이다."라는 말이 있다. 기업과 국가가 왜 못살고 힘든 것인가? 결국은 국익과 기업 발전의 대의가 없는 지도자와 무능한 리더 때문이다. 기술이 급속도로 변화하는 4차 산업혁명 시대에 살아남기 위해서는 국가 지도자와 경영자의 뛰어난 리더십 역량과 바탕이 그만큼 중요하다. 톰 코플랜드Tom Copeland 박사는 "경쟁력은 천연자원이나 시장 규모가 아니라 지도자의 경영 리더십 우위에서 비롯된다."고 단언한 바 있다.

21세기 지식정보화 시대에 한국 경제가 세계 경제를 선도하기 위해서는 지금까지와 같은 지도자나 오너 중심의 정부 운영이나 기업 경영 체제로는 한계가 있다. 초일류 국가로 나아가기 위해서는 각 분야에서 최고의 지도자와 리더가 반드시 필요하다. 그동안 보아왔던 그 어떤 리더십보다 가장 통합되고 융합된, 역사가 증명하는 최고의 리더십이 필요하다. 나는 '용의 리더십'이야말로 '21세기 최고의 리더십'이라고 주장하고 싶다.

용의 리더십은 시대에 따른 외부와 내부의 환경 변화를 파악하고, 때를 읽는 판단력을 갖추고 있으며, 끊임없는 개선과 혁신 정신으로 무장하고, 정확한 미래 비전의 꿈과 목표가 서 있고, 위험을 대비하며 방어하는 능력을 갖추고, 인내와 도전 그리고 투쟁 정신이 결합된 강력한 용기로 집중 몰입해서 나아가며, 동시에 주변의 사람을 품는 포용력으로 단결하고, 유비무환으로 축적한 강력한 경제력을 바탕으로 목표를 향해 적극적으로 추진하고 달성하는 최상의 리더십이라고 할 수 있다.

나는 인간의 잠재 능력은 무한하다는 확고한 믿음을 가지고 있다. 그래서 독자들이 지금까지 알지 못했던 자신의 잠재 능력을 깨닫고, 이를 극대화하기 위해 용의 리더십으로 더 큰 꿈을 꾸고 도전하며 전략적인 삶을 살았으면 하는 마음으로 이 책을 썼다.

이 책을 통해 '어떻게 하면 전략적인 삶을 영위해서 21세기 지식정보화 시대에 한국이 세계 일류 중심 국가로 우뚝 서는 데 기여할 일등 지도자를 배출할 수 있을까' 하는 방법론을 제시해 보고자 한다. 기술이 있는 사람은 경영을 공부하고, 경영을 잘 아는 사람은 기술을 공부하면서 인문학과 철학을 깊이 통합적으로 배우는 평생학습인이 되어 도전하고 준비하는 전략적인 삶이 필요하다. 그리고 미래 경영 환경의 변화에 맞춰 자신의 능력을 최대한 발휘하면서 변화에 따른 간극을 잘 메우고 조율해서 살아가는 지혜와 노력이 절대적으로 필요하다. 이것을 완성하기 위해서는 무엇보다 용이 담고 있는 지혜와 용의 리더십이 절실히 필요하다.

원형이정 천도지상(元亨利貞 天道之常), 즉 '원·형·이·정은 천도의 떳떳함이고', 인의예지 인성지강(仁義禮智 人性之綱), 즉 '인·의·예·지는 인성의 벼리(근본)다'라고 했다.

모든 자연 속에는 이치와 원리가 담겨 있다. 그렇다면 조상들은 왜 실존하지 않는 용을 만들었을까? 용은 왜 왕을 상징하는 동물이 되었을까? 자연적으로 만들어졌다고 하기에는 너무나 많은 곳에 용의 상징적인 요소가 담겨 있다. 왕이나 황제가 용포를 입고, 용상에 앉아 한 나라를 다스린다면 그 상징적 의미가 분명히 있지 않을까, 하는 의구심으로 용을 파헤쳐 보기 시작했다.

부산 기장의 해동용궁사에 가서 용 그림을 보다가 문득 스쳐 가는 한 줄기 빛을 알아차렸다. 어쩌면 용이라는 것은 왕이 되기 위해 꼭 필요한 상징적인 장점을 통합하여 만든 동물이 아닐까? 왜냐하면 용의 머리가 낙타로 보였기 때문이다. 낙타는 뜨거운 사막의 열악한 환경에서도 무거운 짐을 지고 목적지를 향해 포기하지 않고 나아가는 인내와 도전의 상징이었기 때문이다.

그런 의미에서 용이라는 것은 그저 막연한 '상상의 동물'이 아니라 나의 꿈을 이루고 왕이 되기 위해 꼭 필요한 통합과 힘의 상징을 구현한 동물이 아닐까, 하는 호기심이 용솟음쳤다. 그동안 우리가 알고 있던 상상의 동물이 아니라 그 속에 담긴 용의 진정한 의미를 통해 비밀을 풀 수 있을 것만 같아서 가슴이 떨렸다. 수천 년 동안 전해 내려오는 상상의 동물인 용(龍)이 가지고 있는 의미가 분명히 있을 것이라는 확신이 생겼다. 왕이 되기 위해서는 반드시 꿈을 꾸었을 것이고, 그 꿈을 이루기 위해 꼭 필요한 지혜와 방법이 있었을 것이기 때문이다.

도고자연(道高自然), '가장 높은 도는 자연에 있다'는 말처럼 꿈을 이루기 위해 꼭 필요한 요소들을 가진 동물들의 장점을 모아 통합하고 융합해서 만들어낸 것이 용이라는 확신을 가지게 되었다.

사람은 사회적 동물이자 정치적 동물이다. 누구나 한 국가와 집단, 회사라는 조직 속에서 살아간다. 그 속에 사는 사람들은 누구나 그 집단의 지도자나 리더, 그 집단을 이끄는 우두머리인 용이 되고 싶어 한다. 리더가 되려면 먼저 용이 되는 방법과 지혜를 알아야 한다. 상상의 동물인 용에는 이런 열망의 삶을 살고자 하는 사람들의 길이자 답이며 원형이 담긴 메시지와 비밀이 숨겨져 있지 않을까, 하는 호기심으로 용에 담긴 상징들을 하나하나 분석하기 시작했다. 궁금증으로 출발한 나의 생각은 점점 점입가경으로 깊이 빠져들었다. 나의 생각이 맞다면 수천 년 동안 전해 내려오는 용의 비밀을 재해석하는 유레카의 기쁨을 맛볼 수 있을 터였다. 나는 50여 년을 살면서 유교적인 문화와 서당 생활의 한학, 대학에서의 경영학 공부, 기독교 집안의 교회 생활, 불교의 암자 생활과 심리학, 철학, 영성에 관련된 공부와 수련, 30여 년간의 직장 생활과 회사 경영자로서 수많은 경험과 사고를 바탕으로 세상의 리더와 예비 리더들이 진정한 리더십을 배우기 위해서 무엇을 어떻게 준비해야 할지 고민했고 평생학습인으로 배워왔다.

그리고 그 해답을 용에서 찾았다. 이 책은 수천 년 동안 감춰진 용의 비밀을 파헤치고 진정한 통합 리더십의 본질을 배울 수 있도록 도움을 줄 것이다. 그리고 진정한 리더십을 어떻게 준비해야 하고, 용의 리더십을 통해 성공한 인물과 기업을 사례로 기술함으로써, 앞으로 21세기 대한민국을 이끌어갈 자랑스러운 지도자와 기업의 리더들이 성장하고 발돋움하는 데 기여하고자 한다.

　사람은 아주 우연한 계기에 인생의 항로를 바꾸게 된다. 스승이나 선배, 친구와의 만남, 또 어떤 경우에는 특별한 책이 인생의 큰 변화를 만드는 단초가 되기도 한다. 나는 이 책이 독자 여러분의 삶의 자세나 태도에 변화를 가져오고, 그 결과 여러분이 성공과 발전을 이루는 데 조금이라도 도움이 된다면 더할 나위 없이 기쁘겠다. 개인들은 자기 분야에서 성공하여 승천하는 행복한 용이 되고, 대한민국은 용의 리더십으로 용솟음치는 세계 일류 국가로 성장하길 진정으로 바랄 뿐이다.

2020년 대암(大嵓) 김태우

차례

추천의 말_　　지금이야말로 용의 리더십이 필요한 시대다　　　　　　　4

　　　　　　　'용의 리더십'에서 한국형 리더십 DNA를 찾다　　　　　9

프롤로그_　　용에 숨겨진 리더십의 비밀을 발견하다　　　　　　　　12

1장 ___ 용의 시대가 온다

1　　용은 왕의 상징이며 세상의 중심이다　　　　　　　　　　　25

2　　우리는 지금 용의 시대를 살고 있다　　　　　　　　　　　　31

3　　4차 산업혁명 시대가 바로 용의 시대다　　　　　　　　　　36

4　　용이 되려면 살아남아 몸집을 키워라　　　　　　　　　　　40

5　　끝까지 살아남는 자가 용이 된다　　　　　　　　　　　　　44

6　　기업의 지속 성장, 용에게 배우다　　　　　　　　　　　　　49

7　　세상의 무수한 리더십이 용 안에 녹아 있다　　　　　　　　54

8　　용이 되는 길을 찾는 자가 리더다　　　　　　　　　　　　　58

9　　용의주도(用意周到)하면 용의주도(龍意主道)하게 된다　　　64

2장 _ 용의 출발, 이무기가 용이 된다

1	이무기와 용, 리더와 리더십	73
2	용이 되는 천 년의 시간도 시작은 하루부터다	79
3	학자필승(學者必勝), 배우는 자만이 용이 될 수 있다	85
4	리더는 배우는 사람이고, 아는 만큼 보인다	90
5	제대로 된 학습의 축적이 용을 만든다	95
6	용을 만드는 절대 시간의 법칙	103
7	준비된 이무기만이 용이 될 수 있다	107
8	용이 되려면 용을 만나 배워야 한다	111
9	용이 되려면 사방력(四方力)을 키워야 한다	115

3장 용을 만든 동물들

0	여의주-꿈의 구슬	123
1	매의 눈-잘 보는 통찰력	128
2	소의 귀-잘 듣는 경청	134
3	돼지의 코-환경 변화 감지	139
4	메기의 수염-변화 예측, 초감각	144
5	뱀의 몸통-혁신과 지혜	149
6	사슴의 뿔-권위, 투쟁, 재생	155
7	호랑이의 주먹-용맹과 힘	161
8	잉어의 비늘-안전, 방어, 위험관리	165
9	독수리의 발톱-집중, 몰입, 포착	171
10	악어의 이빨-집념, 근성, 기다림	177
11	낙타의 머리-끈기, 생존력, 인내, 책임감	182
12	조개의 번식-재력, 재물, 경제력	187

4장 기업을 용으로 만드는 승천 키워드

1	궁극적인 꿈의 비전을 제시하라	197
2	신뢰의 발톱을 가진 기업이 살아남는다	206
3	소처럼 경청하고 소통하라	212
4	낙타처럼 끈기 있게 실행하라	219

5   사슴의 뿔처럼 임파워먼트하라   227

6   잉어의 비늘처럼 강력하게 위기를 방어하라   233

7   허물을 벗고 크는 뱀처럼 혁신하라   240

8   조개처럼 번창하는 기업이 되려면 숫자를 기억하라   247

9   매처럼 집중하고, 악어처럼 버텨라   254

5장__ 용이 된 리더, 용이 된 기업

1   중국 최초의 리더십, 진시황   263

2   흙수저의 빛나는 리더십, 한고조 유방   270

3   융합의 길을 만든 자의 리더십, 칭기즈칸   279

4   하늘이 내린 애민정신 리더십, 세종대왕   287

5   전쟁이 만든 성웅 리더십, 이순신   296

6   처세와 인내의 리더십, 도쿠가와 이에야스   305

7   용의 정신으로 꿈틀거리는 기업, 삼성   313

8   용은 지금 정글을 누비고 있다, 아마존   322

9   용의 리더십을 검색하라, 구글   330

10   세상을 바꾼 용의 사과, 애플   338

11   컴퓨터 세계를 대표하는 용, 마이크로소프트   345

에필로그_ 용의 리더십으로 무장하라   356

1장 용의 시대가 온다

_____ 아득한 옛날 인간의 상상 속
에서 용이 탄생했다. 이 세상에 존재하는 동물들이 가
진 가장 강력하고 뛰어난 힘만을 모아 새롭게 탄생한
용은 최고의 권위와 무한한 조화 능력을 갖게 되었다.
신화와 예술, 정치와 종교를 통해 과거와 현재는 물론
미래에도 용은 다양한 모습으로 새롭게 태어나고 주목
받을 것이다. 그보다 더 분명히 알아야 할 사실은 우리
가 살고 있는 이 공간이 속도를 가늠하기 힘들 정도로
빠르게 변화하고 있으며, 그 속에서 살아남으려면 매
순간 치열한 변화 속에서 적응하는 진정한 용으로 태
어나야 한다는 것이다. 바야흐로 21세기의 4차 산업 시
대는 용이 되려는 자들의 생존을 건 경쟁의 시대이다.

1. 용은 왕의 상징이며 세상의 중심이다

용은 눈에 보이지 않지만 신화적 실존 그 자체였다. 용은 하늘과 땅을 이어주는 매개체였고, 왕의 힘과 권위를 상징했으며, 물의 상징이자 우주의 중심이기도 했다.

대한민국의 역사만 봐도 용은 신성함의 상징이었다. 신라를 세운 박혁거세의 부인 알영은 계룡의 옆구리에서 태어났고, 삼국을 통일한 문무왕은 사후 호국룡이 되었으며, 작제건이란 사람은 용왕의 딸과 결혼했는데 그 손자가 바로 고려를 세운 태조 왕건이다. 왕조시대 최고의 권력자인 왕은 신령스런 동물 가운데 최고라고 할 수 있는 용의 권위와 결합했다. 사람들에게 두려움과 경외감, 신비로움을 주기에 이 상상 속의 동물보다 더 강력한 효과를 가진 것은 없었다.

나중에는 왕의 신체 부위는 물론 왕이 입고 쓰는 모든 물건의 명칭까지 용과 결합했다. 왕의 얼굴은 용안이 되었고, 옷은 용포라고 불렸으며, 앉는 자리는 용상이 되었다. 이런 현상은 중국이라고 예외는 아니었다. 사마천의《사기(史記)》에는 수련을 끝낸 황제가 용을 타고 하늘로 올라간 장면을 상세히 설명하고 있다.

　　용의 우리말 고어인 '미르' 혹은 '미리'는 '물'을 가리킨다고 한다. 농자천하지대본(農者天下之大本)이던 시절에 물은 곧 생명이었다. 임금도 기우제를 지내는 동안에는 굶었다. 물은 곧 생명이며 권위였다. 삼국시대부터 가뭄이 들어 기우제를 지낼 때면 용을 그려놓았다는 기록도 있다. 우리나라 전설 속의 용들은 대부분 연못, 호수, 강, 바다 등 물속에 살고 있는 것으로 나온다. 이무기가 용이 되어 승천하기 위해서도 반드시 비바람을 동반한 폭우가 내려야만 한다.

　　용은 삶의 기반이었다. 물이 없는 농업은 존재할 수 없으며, 비오는 날을 피하거나 예측하거나 살려달라고 부탁하지 못하면 바다로 나가는 일도 불가능했다. 절박한 마음을 담아 삶의 조건이 나아지기를 바라면서 용을 받들어 모셨다. 그렇게 용은 절대적인 힘을 가진 존재가 되었다. 커다란 힘을 가진 왕의 상징은 물론 사람의 삶을 좌지우지하는 신으로까지 확장된 것이다.

　　용은 여기에만 머물지 않았다. 세상 곳곳에 스며들었다. 건축물을 화재로부터 지키기 위해서 물의 기운을 가진 용을 곳곳에 새겨 넣었다. 한옥의 맞배지붕에서 앞면과 뒷면의 두 지붕이 만나는 선을 용마루라고 한다. 절의 대웅전 천장을 장식한 것도 용이고, 궁궐에서 임금이 집무를 보던 근정전 천장에도 황금색의 용이 자리하고 있다. 현실 입구에 두 개의 기둥이 있어 쌍영총이라 이름 붙여진 고분에서 두 기둥을 감싸고 있는 것도 다름 아닌 용이다. 고분의 천장에도 황룡과 별자리가 있다.

용은 한국의 열두 띠 중 유일하게 상상 속 동물이다. 다른 열하나의 띠 동물들이 우리 주변에서 쉽게 볼 수 있는 친밀한 존재인 것처럼 용 역시도 상상 속의 존재이지만 우리에게는 친밀한 존재였고 현재도 그렇다. 지금도 전국의 수많은 지명에 '용' 자가 들어가고, 기업, 대학, 단체의 로고나 심벌마크에 용이 들어가는 것을 심심찮게 본다.

돼지꿈이 돈이라면, 용꿈은 크게 될 인물이나 좋은 기운의 조짐으로 인식했다. 그래서 사람의 이름에 '용' 자를 써서 훌륭한 인물이 되기를 기원했다. 해몽에서 용은 상서로움을 상징한다. 용꿈을 꾼다는 말은 지금도 사용되고 있다. 용이 들어오는 태몽을 꾸면 사내아이를 낳고, 용을 타고 하늘로 올라가면 원하는 자리를 얻을 수 있다고 믿었다. 용은 사람들의 소원을 성취해주는 대상이었다.

이처럼 용은 상상 속의 존재이면서도 친근한 존재이다. 우리 민족과 오랜 세월을 함께해온 민간신앙 곳곳에서 용을 받들어 모셨으니 친근한 존재이면서도 초월적인 힘을 가진 존재, 그래서 힘들게 현실을 살아가는 사람들을 위로해주고 소원을 들어주는 탁월한 능력을 가진 절대자로 인식했다.

풍수신앙에서 중요한 의미를 지니는 '좌청룡 우백호(左靑龍, 右白虎)'에서 볼 수 있듯이 용은 산을 상징한다. 산의 모습이 높고 낮고, 크고 작고, 모양이 일정치 않은 것이 마치 용이 꿈틀거리는 것과 비슷하다고 여긴 까닭이다.

간혹 어떤 집이나 사무실에 가보면 문에 '龍' 자를 써놓거나 용 그림을 붙인 경우를 볼 수 있다. 이것도 용의 가호를 기원하는 의미다. 대문간에도 신이 살고 있다는 믿음에 따라 먹이나 주사로 '龍' 자를 써서 사주와 이름을 기입하여 집 안, 사무실, 사업장 등에 걸어 두면 사업이 번창하고 가정이 화평하며, 특히 잡귀를 퇴치하고 만사 형통한다고 믿었다.

이렇게 보면 용은 결국 사람들이 가진 욕망의 상징처럼 보인다. 현실의 어려움을 극복할 수 있도록 도와주는 초월적인 존재로 다가온다. 생활과 밀접하게 관련된 어떤 도움을 주는 강력한 존재이다. 당장의 가뭄을 해결해주고, 비바람을 잦아들게 해서 생계를 보장해주며, 귀한 자손을 보게 하고, 부귀공명을 누리게 하며, 가정의 평안을 지켜주는 어떤 대상이 필요했을 것이다. 이러한 막연한 관념이 세상 곳곳에 용을 만들어냈고 지금도 많은 이들이 용에 특별한 의미를 부여하고 있는 것이다.

춘추전국시대 제(齊)나라의 유명한 사상가 관중(管仲)이 쓴《관자(管子)》〈수지편(水地篇)〉에도 용에 대한 기록이 있다.

"용은 물에서 살며, 그 색깔은 오색(五色)을 마음대로 변화시키는 조화 능력이 있는 신이다. 작아지고자 하면 번데기처럼 작아지고, 커지고자 하면 천하를 덮을 만큼 커질 수 있다. 높이 오르고자 하면 구름 위로 치솟고, 아래로 들어가고자 하면 깊은 샘 속으로 잠길 수도 있는 변화무일(變化無日)하고 상하무시(上下無時)한 신이다."

용은 인류 문명사에서 전 시대를 관통하며 존재했다. 고대 이집트, 바빌로니아, 인도, 중국 등 이른바 문명의 발상지 어디에서나 오래전부터 등장했다. 고대 갑골문자와 중국 상나라의 것으로 추정되는 유물에 등장하는 용은 머리에 뿔이 달렸으며 다리가 짧고 몸통이 긴 동물로 표현되었다. 이 동물은 한대(漢代)의 화상석(신선, 새, 짐승

따위를 새긴 돌)에도 종종 등장한다.

힌두교에서 용의 근원을 찾는다면 아마도 나가$_{Naga}$일 것이다. 나가란 산스크리트어로 뱀(특히 코브라)이라는 의미인데, 불경과 함께 중국으로 들어갈 때 '용(龍)'이라는 한자로 번역되었다. 나가는 일반적으로 볼 수 있는 평범한 뱀이 아니라 정령의 하나인 뱀신을 일컫는다. 나가의 모습은 여러 가지 형태로 표현된다. 완전하게 사람의 모습을 취할 수도 있는데, 초감각을 가진 사람이라면 이 변신한 존재의 목 언저리에서 둥그런 코브라 모양의 후광을 볼 수 있을 것이다.

나가의 능력 중에서 맨 먼저 꼽을 수 있는 것은 독(毒)이다. 독은 매우 강력해서 자신이 사는 샘을 끓어오르게 하고, 그곳에서 흘러나가는 냇물 주변의 나무들을 태워버릴 수도 있다. 그리고 반대로 사람을 해로운 독으로부터 지킬 수 있게 축복하는 힘도 있다. 나가는 마음대로 모습을 바꿀 수 있어, 몸을 콩알처럼 작게 하거나 아예 감출 수도 있으며, 승려(바라문)나 큰 배 등으로 변신할 수도 있다. 하늘을 나는 비행 능력도 있다. 나가의 조각상은 신전이나 사원을 호위하기 위해 종종 그 입구에 놓아두었다고 한다.

동양의 용이 여의주를 물고 하늘을 지배하는 절대강자이며 국가를 수호하는 신적 대상이었다면, 서양의 용, 드래곤은 물리쳐야 할 악의 상징, 인간을 괴롭히는 공포의 대상이었다. 서양의 전설이나 설화에서 용은 탐욕스럽게 보물을 지키거나, 공주나 왕녀 등 고귀한 신분의 처녀들을 납치하다가 문제를 일으켜 기사나 용사와 전투를 벌이는 악역이다. 북유럽 신화에서는 지크프리트, 켈트족의 전설에서는 아서왕이 이런 용을 물리치는 내용이 나온다.

《신약성경》〈요한계시록〉에 등장하는 붉은 용과 대천사 미카엘

의 전쟁 장면에서 용이 사탄에 비유되는 등 서양의 용은 악과 어둠을 나타내며 인간에게 두려움의 대상이었다. 서양의 용, 드래곤dragon은 원래 라틴어 드라코draco에서 유래한 것으로 뱀에 가깝다. 또한 라틴어 드라코draco의 어원은 그리스어 'δράκων'(드라콘)이므로 드래곤은 그리스에서부터 퍼진 것으로 보인다.

실제로 그려진 모습을 보아도 날카로운 치아와 강한 다리, 박쥐처럼 뼈마디가 큰 날개를 갖고 있으며, 불을 뿜어낼 수 있어서 우리가 인식하고 있는 동양의 용과는 다른 외관을 가졌다. 결국 동서양 문화권에서 서로 다른 존재가 번역 오류로 같은 용(龍)이란 명칭을 사용한 것으로 볼 수밖에 없다.

이처럼 용은 특정 종교나 민족의 전유물이 아닌, 모든 민족과 역사에서 받아들여졌다. 용에 관한 수많은 신화, 설화, 전설 들은 용에 대한 신앙, 학설, 문학 또는 미술의 형태로 발전해나갔다.

여러 동물의 특징적인 무기와 기능을 골고루 갖춘 것으로 믿어져온 용은 특히 동양권에서는 비상과 희망을 상징하는 동물인 동시에 지상 최대의 권위를 상징하는 동물로 숭배되어 왔다.

가정과 기업과 국가와 민족이 융성할 때 나타나는 용은 힘차고 용맹스러운 자태로 승천의 웅지를 떨치면서 군림했다. 반대로 그 기운과 기상이 미미하고 쇠진할 때 용은 승천의 희망과 용기를 상실한 채 힘없는 뱀의 모습으로 비쳐졌다. 용이 되고자 하는 최후의 목표는 구름을 박차고 승천하는 것이다. 승천하지 못하면 용이라고 부를 수 없으며 한낱 웅덩이의 이무기로 머물 수밖에 없다.

이런 사실은 이미 수천 년 전에 정리되었다. 공자가 읽은 지 3년 만에 지천명(知天命), 즉 '하늘이 만물에 부여한 원리를 깨달았다'고 하는 《주역(周易)》은 동양학의 뿌리이며 가장 오래된 경전이다. 이 《주역》의 건괘(乾掛)는 양효(陽爻)로만 이루어진 순양괘(純陽卦)로 용이 승천하는 기세, 왕성한 기운이 넘치는 남성적 기운으로 풀이하고 있다. 괘를 단계별로 풀어보면 먼저 연못 깊이 잠복해 있는 잠룡(潛龍)은 덕(德)을 쌓으면서 때를 기다린다. 다음으로 땅 위로 올라와 자신을 드러내는 견룡(見龍)이 되면 비로소 덕을 만천하에 펼친다. 궁극에는 하늘을 힘차게 나는 비룡(飛龍)이 된다. 이것은 건괘의 극치로 제왕의 지위에 오르는 것을 의미한다. 훌륭한 덕을 갖추었으므로 훌륭한 신하가 구름처럼 몰려들어 보필하는 것이다.

2. 우리는 지금 용의 시대를 살고 있다

자축인묘진사오미신유술해(子丑寅卯辰巳午未申酉戌亥). 쥐의 귀와 민첩성, 소의 입, 호랑이의 눈, 토끼의 앞가슴, 뱀의 형상과 비늘, 말의 갈기, 양의 뿔, 원숭이의 이마와 지혜, 닭의 발, 개의 이빨, 돼지의 코 등은 우리가 마음만 먹으면 언제든 볼 수 있지만, 유일하게 용만 볼 수 없다. 존재하지 않는 상상의 동물이기 때문이다. 12간지의 나머지 열한 종류의 동물이 가진 최고의 상징성을 모두 갖춘 존재이자 우주의 광활한 공간을 자유자재로 날아다니는 동물이 용일 수도 있다. 모든 동물의 대표이기도 하고, 삼라만상을 하나로 집약하고 묶어낸 우주적 상징이기도 한 까닭이다. 그리고 지금 우리는 이런 용이 되려는 사람과 기업의 시대를 살아가고 있다. 지금이라도 용의 정신과 리더십을 깨우치고 내 것으로 만든다면 용의 시대에 앞서 나갈 수 있을 것이다.

1. 용호상박(龍虎相搏)의 시대를 살고 있다

'용과 호랑이가 서로 싸운다'는 뜻으로 곧 힘이 강한 두 사람이 승부를 겨룬다는 것을 이르는 말이다. 약육강식(弱肉强食), 그야말로 강한 자만이 살아남아서 강한 자와 겨루고 다시 이겨서 패배한 강자를 약자로 만드는 시대가 되었다. 오늘의 왕이 내일의 포로가 되는 경제 전쟁의 시대를 살고 있다.

2. 일룡일저(一龍一猪)의 시대를 살고 있다

'하나는 용이 되고, 또 하나는 돼지가 된다'는 뜻으로 학문의 유무에 따라 어질고 어리석음의 차이가 아주 심하게 나타나는 것을 이르는 말이다. 이른바 생존 경쟁의 결과로 환경과 변화에 적응한 것만이 살아남고 그렇지 못한 것은 쇠퇴, 멸망해가는 자연도태의 현상을 일컫는 적자생존(適者生存)의 시대를 살고 있음을 말한다.

3. 화룡점정(畵龍點睛)의 시대를 살고 있다

중국 양(梁)나라 때 장승요(張僧繇)라는 사람이 금릉(金陵, 지금의 난징) 안락사(安樂寺)에 용 두 마리를 그리며 눈동자를 그려 넣지 않았다. 사람들이 까닭을 묻자 "눈동자를 그리면 용이 날아가 버리기 때문이다"라고 대답했지만 믿지 않았다. 그가 용 한 마리에 눈동자를 그려 넣자 용이 벽을 차고 하늘로 올라가버렸다. 물론 눈동자를 그리지 않은 용은 그대로 남아 있었다. 그 뒤로 이 말은 화가의 신묘한 기예에 대한 찬사가 되었고, 후에는 문장과 연설에서 중요한 부분을 짧고 간략하게 표현해도 그 내용을 생동감 있게 전달한다는 의미로 쓰인다. 다시 말해 사물이나 일의 가장 중요한 부분을 끝내서 완성한다는 뜻이다. 실제로 세상의 모든 일은 그림의 떡인지, 결과물인지로 결정된다.

4. 등용문(登龍門)의 시대를 살고 있다

개인과 기업 모두 용이 되고 싶어 한다. 개천에서 용이 나지 않는다는 시대에 나는 예외이고 싶다. 용이 되지 못하면 결국 땅에 기어 다니는 뱀이나 이무기일 뿐이다. 출세하고 성공하고 부자가 되고 싶은 사람, 자신이 택한 분야에서 전문가가 되고 싶은 사람이라면 결국 용문(龍門)에 올라야 한다. 용문에 올라서면 비로소 섰다는 의미로 입신(立身)이라 하고, 출세의 관문을 막 통과했다고 생각했다. 이때부터 뜻을 펴고 용이 될 수 있을 것이다.

5. 와룡봉추(臥龍鳳雛)를 구하는 시대를 살고 있다

용처럼 숨은 한 명의 인재가 만 명의 물고기를 먹여 살린다. 용이 기업과 국가를 먹여 살리는 시대를 살고 있다. 유비가 삼고초려(三顧草廬)를 해서 영입한 제갈공명의 이야기가 담긴 《삼국지(三國志)》를 통해 잘 알려진 사자성어인 복룡봉추(伏龍鳳雛)는 '엎드려 있는 용과 봉황의 새끼'란 뜻으로 초야에 숨어 있는 훌륭한 인재를 말한다. 이른바 와룡봉추로 누운 용은 때를 만나면 운우(雲雨)를 얻어 하늘로 올라간다. 하지만 때를 만나면 용이 되어 승천(昇天)하고, 때를 만나지 못하면 뱀이 되어 못 속에 숨어야만(一龍一蛇) 한다. 태평한 시대에는 세상에 나와 일을 하고, 난세(亂世)에는 숨어 살면서 재능을 나타내지 않고 그 시대에 잘 순응함을 이르는 말이었지만 지금 같은 시대에는 때를 보아 반드시 세상에 나와 뜻을 펼쳐야 할 것이다.

6. 오룡쟁주(五龍爭珠)의 치열한 시대를 살고 있다

'다섯 마리의 용이 여의주를 얻으려고 서로 다툰다'는 뜻이다. 용은 상상의 동물인 만큼 종류가 무척 많다. 비늘이 있어서 교룡(蛟龍), 날개를 가져서 응룡(應龍)이라고 이름을 붙였다. 용생구자(龍生九子), 즉 '용의 아홉 자식'을 보면 무거운 것을 지기 좋아하는 용, 불을 좋아하는 용, 멀리 보기를 좋아하는 용, 잠그기를 좋아하는 용 등 그 성질도 다양하다. 많은 이름을 사용하지만 진짜 용은 여의주를 입에 물거나 발톱으로 움켜쥐고 있어야 한다. 용과 이무기를 결정짓는 것이 여의주다. 여의주는 꿈의 구슬, 꿈의 목록, 비전 확립을 상징한다. 사물이 이루어지는 핵이고, 씨앗이고, 설계도이다. 그런 여의주 하나를 가지기 위해서 다섯 용이 다투는 상황이니 얼마나 치열한 것인가.

7. 교룡득운우(蛟龍得雲雨)가 필요한 시대를 살고 있다

'교룡이 구름과 비를 얻어 하늘에 오른다'는 뜻으로, 영웅이 때를 만나 큰 뜻을 이루는 것을 비유한 말이다. 이처럼 하늘로 오르려면 준비가 필요하다. 용이 되는 데 천 년의 시간이 필요하다면 999년하고 364일은 준비의 시간이다. 단 하루의 승천을 위해서 평생 배우고, 습득하고, 체력과 심력, 경제력, 지력을 쌓아야 한다. 매 순간 승천을 생각하고 항상 비를 얻어 하늘로 오르는 상상을 하며 기뻐하고 감사하고 꿈틀대야 한다. 물이 증발하여 구름이 되고 구름이 짙어져서 비가 내리면 비로소 그 비를 타고 용이 하늘로 오른다. 얼마나 많은 물이 증발해야 하는지, 또 얼마나 많은 구름이 모여야 충분한 비가 될지는 준비하는 사람만이 알 것이다.

8. 어변성룡(魚變成龍)의 시대를 살고 있다

'물고기가 변(變)하여 용이 되었다'는 뜻으로, 어릴 적에는 신통(神通)하지 못하던 사람이 자란 뒤에 훌륭하게 되거나 아주 곤궁(困窮)하던 사람이 부귀(富貴)하게 됨을 이르는 말이다. 용은 훌륭하고 존엄한 동물이지만 그 출발은 작은 물고기나 흉측한 이무기다. 중요한 것은 '변하여 귀하게 되었다'는 것이다. 작은 것이 크게 되고, 미천한 것이 귀하게 되는 것은 모두에게 해당하는 은혜는 아니다. 지금 그 물고기를 지속 가능한 성장을 거쳐 용으로 만든 비밀은 어디에 있는가? 물고기로 끝까지 살지 않고 몸집과 체력과 능력을 키워서 마침내 용으로 변신한 것은 무엇을 하고 무엇을 하지 않았기 때문인가? 잊지 말아야 할 것은 용의 출발은 용이 아니라 물고기라는 점이다.

9. 용호오복(龍護五福)의 시대를 꿈꾼다

오복(五福)이란 수(壽, 장수하는 것), 부(富, 물질적으로 넉넉하게 사는 것), 강령(康寧, 몸이 건강하고 마음이 편안한 것), 유호덕(攸好德, 도덕 지키기를 좋아하는 것), 고종명(考終命, 제 명대로 살다가 편히 죽는 것)을 말한다. 그리고 이 '오복을 용이 보호해주는 것'이 용호오복이다. 왜 사람들은 용이 그렇게 해준다고 믿었던 것일까?

그것은 용에게 그만한 능력과 힘이 있다고 보았기 때문이다. 지금은 세상의 정치, 경제, 사회, 미래 등 모든 것이 불확실성의 시대로 돌입하고 있다. 이럴 때일수록 오복의 가치는 더 빛난다. 외적 불안은 커지는데 내적으로 인간이 희망하는 가치는 더욱 가지기 힘들어졌기 때문이다.

3. 4차 산업혁명 시대가 바로 용의 시대다

1760년 영국을 중심으로 일어난 1차 산업혁명은 증기기관과 철도의 발명으로 기계문명 시대의 역사를 쓰면서 경제적, 사회적 변동을 일으켰다. 그로부터 110년 뒤인 1870년에 시작된 2차 산업혁명은 전기를 이용한 대량생산의 본격화로 새로운 산업의 창출이 가능해졌다. 1969년 반도체와 인터넷이 이끈 컴퓨터 정보화 및 자동화 문명기의 3차 산업혁명 시대를 거쳐 마침내 4차 산업혁명 시대의 막이 올랐다. 1차 산업혁명에서 2차 산업혁명까지 진입하는 데 110년이라는 시간이 소요되었고, 2차 산업혁명에서 3차 산업혁명으로 옮겨 가는 데는 89년으로 줄어들었다. 그리고 3차에서 4차까지는 다시 절반의 시간으로 줄었다.

역사적으로 산업혁명 기술의 우위를 선점한 기업과 국가가 성장하고 발전해왔다. 4차 산업혁명 시대의 주요 기술은 디지털, 물리학, 생물학 등의 결합으로 요약된다. 먼저 디지털 기술의 구현이 실생활에 접목된 것이 사물인터넷Internet of Things, IoT이다. 사물인터넷은 인터넷으로 연결된 사물이 사람의 지시 없이 내장된 센서, 소프트웨어, 통신 기능으로 정보를 처리하는 사물 공간 연결망을 말한다. 디즈니랜드는 사물인터넷을 활용해 실시간으로 놀이공원 정보 데이터를 수집해 관람객에게 놀이기구의 대기 시간을 알려준다. 지금은 집에 들어가기 전에 보일러를 운전하고, 불을 켜고, 커튼을 걷는 것이 가능해졌다. 더 나아가 냉장고, 에어컨과 같은 가전제품뿐만 아니라 안면이나 사물을 인식하는 카메라까지 나왔고, 해당 기술을 자동차, 비행기에도 접목하고 있다

이세돌 9단과 알파고AlphaGo의 대국은 인공지능Artificial Intelligence, AI의 위력을 보여주었다. 인간의 결정과 행동을 판단하고 추론하며 문제를 해결하는 인공지능의 학습 속도는 날이 갈수록 빨라지고 있다. 학습의 핵심은 데이터의 양이다. 인공지능과 로봇의 발달로 인한 사이보그와 휴머노이드의 등장에 대한 두려움과 기대감도 시간이 갈수록 커지고 있다. 인공지능은 전문직의 영역까지 넘보면서 일자리

대체 가능성의 문제가 대두되고 있다.

물리학 기술의 선두주자는 드론이다. 처음에는 군사용으로 사용되었으나 지금은 항공 촬영과 배달 업무로 확산되고 있다. 아마존 Amazon을 제치고 아이슬란드 유명 쇼핑몰인 AHA가 세계 최초로 드론 택배를 상용화함으로써 드론이 선도할 물류혁명을 예고했다. 뒤를 이어 아마존은 드론 택배 시스템에 투입될 신형 드론 '프라임에어 Prime Air'를 공개했다. 프라임에어는 육각형의 프레임에 6개의 프로펠러를 장착한 형태로, 아마존에 따르면 최대 2.3kg의 화물을 적재할 수 있고 최대 24km를 비행할 수 있는 것으로 알려졌다. 이에 질세라 구글의 자회사 '윙Wing'도 미국 버지니아주 크리스천스버그에서 소규모 드론 택배 서비스를 시작했다. 윙이 서비스에 투입한 드론은 최대 1.5kg의 화물을 적재할 수 있고 최대 113km/h의 속도를 낼 수 있어 주문 후 수 분 이내에 배송이 완료될 것으로 전망된다. 미국 특송사인 UPS도 드론 택배 시스템 구축에 가세해 미국의 대형 약국 체인 CVS와 제휴를 체결하여 약품의 드론 배송을 추진하고 있다. 한국도 공공 부문을 중심으로 드론 택배 시스템 구축에 박차를 가하고 있다. 드론 배송 서비스는 기존 육로나 해상을 통한 배송보다 60% 가량 배송료가 절감되고 배달 시간도 최소 20분 이상 단축될 것으로 보인다.

안전성 문제와 사생활 침해 문제 등 많은 우려 속에서도 드론 시장은 빠르게 성장하고 있다. 그래서 세계 상업용 드론 시장의 70%를 장악하고 있는 중국 DJI(다장드론)의 창업자 프랭크 왕Frank Wang(汪滔)은 드론계의 스티브 잡스로 불린다.

3D프린터도 4차 산업혁명의 중요한 기술이다. 3차원 도면 데이

터를 가지고 입체 사물을 제작할 수 있는 3D프린터는 원래 상품을 내놓기 전 시제품인 프로토타입을 만들기 위한 목적이었다. 하지만 지금은 그 영역을 확장하여 건축물, 드론, 무인 자동차에 이어 인공혈관, 인공장기 제작까지 성공했다. 지금의 프린터처럼 집집마다 1대씩 갖게 되어 집에서 필요한 물건을 생산하는 하우스 팩토리house factory 시대가 올 날이 그리 먼 미래는 아닐 것이다. 이 밖에도 무인점포와 무인자동차, 산업용 로봇의 개발도 빠른 속도로 성과를 거두고 있다.

생물학은 유전공학, 바이오 분야의 4차 산업혁명을 이끄는 대표적인 기술로 주목받는다. 전 세계 인구 고령화에 따라 원격의료 기술, 줄기세포 연구, 재생의료 기술, 노화 연구, 바이오 의약품 개발이 각광받고 있다. 이 밖에도 유전자를 파악하여 예방하고 유전질환을 사전에 제거하는 크리스퍼 유전자 가위를 통해 인간은 질병을 극복하고 인간의 몸을 디자인할 수 있는 새로운 진화 단계에 와 있다. 향후 성체줄기세포를 이용한 줄기세포 치료 기술의 발달로 인해 최대 장수 시대, 복제 시대까지 바이오 시장은 끊임없이 확장될 것으로 기대된다.

우리는 현재 엄청난 변화의 기로에 서 있고 이미 4차 산업혁명은 진행되고 있다. 4차 산업혁명의 표면적 특징은 높은 생산성과 성장, 주문 제작형, 다중 품목 제작과 생산이 가능해진다는 점이다. 그러나 4차 산업혁명의 가장 큰 특징은 변화, 통합, 통섭의 혁명이라는 점이다. 그야말로 변화무쌍한 4차 산업혁명 시대를 맞아 기업들은 애자일 조직(agile, 유연성과 민첩성을 강조하며 시장 변화에 신속히 대응하는 조직), 다기능 팀(cross-functional team, 프로젝트 중심으로 각 부서 직원을 차출해 한시적으로 구성하는 팀) 등 다양한 방법론을 통해 기회를 잡으려 하고 있다.

이 변화를 기회로 삼는 기업과 국가만이 보다 나은 미래와 지속 가능한 성장을 이룰 수 있을 것이다. 비가 오면 승천을 준비해야 한다. 용이 될 수 있는 또 하나의 기회가 다가오고 있는 것이다. 이것이 4차 산업혁명의 준비가 필요한 이유다. 과거의 성공이 미래의 성공을 보장하지 못하는 냉정한 4차 산업혁명 시대에 진입하기 위해 필요한 리더십은 그래서 용의 리더십이다. 용의 리더십으로 확실한 비전을 제시하고 새로운 시대를 이끌어갈 수 있어야 한다. 미래 사회를 읽어내는 예지력과 올바른 의사 결정을 할 수 있는 통찰력으로 새로운 목표를 정하고 나아가야 한다.

4. 용이 되려면 살아남아 몸집을 키워라

고려시대 만들어진 국보 61호의 청자 어룡형 주전자는 물고기 몸에 용의 머리를 하고 있다. 상상 속의 동물인 어룡(魚龍)이 물을 박차고 힘껏 뛰어오르는 모습을 형상화한 것이다. 물을 따르는 부분은 용머리고, 몸통은 물고기 모습이다. 힘차게 펼쳐진 지느러미와 치켜세운 꼬리가 물을 박차고 날아오르는 용의 모습과 유사하여 '비룡(飛龍)'이라고도 한다.

이처럼 용은 물고기나 뱀 등 비늘을 가진 동물들의 왕으로 여겨지기도 했다. 그래서 물고기의 형상을 일부 지닌 용들이 등장하는 것이다. 용은 천 년의 세월 동안 물속에서 그들을 통치하고, 날씨 또한 자유롭게 다룰 수 있는 초능력을 가지게 된다. 다른 설에서는 뱀이 500년을 살면 비늘이 생기고 거기에 다시 500년을 살면 용이 되는데, 그다음에 뿔이 돋는다고도 한다.

이처럼 기업도 최초에는 작은 물고기로 시작해 서로 잡아먹으면서 살아남은 것은 계속 몸집을 키워 마침내 뱀이 되고, 또 용이 된다. 기업의 작은 물고기 시절을 대표하는 단어가 있다. 바로 스타트업start-up이다. 스타트업은 미국 실리콘밸리에서 설립된 지 오래되지 않은 신생 벤처기업을 뜻하는 용어다. 1990년대 후반 이른바 '닷컴 버블'로 창업 붐이 일어났을 때 생겨난 신조어다. 모든 업종에서 쓰일 수 있지만 보통은 고위험, 고성장, 고수익 가능성을 지닌 기술과 인터넷 기반의 회사를 칭하는데 우리가 잘 아는 구글, 트위터, 페이팔 등이 대표적인 스타트업이었다. 물론 이 작은 물고기들은 지금 각각 용이 되었다.

스타트업이 싹수가 보이기 시작하면 이름을 따로 붙인다. 바로 유니콘unicorn이다. 2019년 12월에 국내 배달 앱 1위 배달의민족 운영사인 우아한형제들이 독일의 배달 서비스 전문 기업 딜리버리히어로DH에 4조 7,500억 원에 매각되는 빅딜이 성사되면서, 국내 유니콘 기업에 대한 관심이 커지고 있다.

유니콘은 설립한 지 10년 이하의 스타트업 중 기업가치 10억 달러(약 1조 2,000억 원) 이상인 기업을 뜻한다. 원래는 스타트업이 상장하기도 전에 기업가치가 1조 원 이상 되는 것은 유니콘처럼 상상 속에서나 존재할 수 있다는 의미로 사용됐다. 2013년 여성 벤처 투자가 에일린 리Aileen Lee가 처음 사용했다. 우리에게 친숙한 한국의 유니콘 기업에는 쿠팡, 야놀자, 무신사 등이 있다.

최근 중국 연구기관에서 발표한 〈2019 전 세계 유니콘 기업

500강 발전 보고서〉를 인용하면 '글로벌 유니콘 기업 500강'에서 중국 기업이 217개로 가장 많은 것으로 조사됐다. 보고서에 따르면, 2019년 상반기까지 전 세계 500대 유니콘 기업의 총가치는 1조 9,300억 달러(약 2,247조 8,700억 원)으로 지난해 GDP 순위 9위였던 브라질(약 1조 8,700억 달러)의 GDP를 넘어섰다. 유니콘의 위상을 잘 알 수 있는 수치다.

1위부터 10위까지 우리가 잘 아는 구글의 자율주행 자동차 기업 웨이모Waymo, 중국판 우버인 디디추싱(滴滴出行), 전 세계 4억 명이 이용하는 숙박 공유 사이트 에어비앤비Airbnb, 미국의 1세대 핀테크 기업으로 성공한 페이팔의 뒤를 바짝 쫓고 있는 스트라이프Stripe, 우리에게는 DJI 브랜드로 잘 알려진 드론 업체 다장드론(大疆无人机) 등이 있다.

2019년 발표된 500대 기업 가운데 미국과 중국 기업이 차지하는 비중은 무려 82%에 달했다. 이번 순위권에는 아시아 기업들의 활약이 돋보였다. 실제로 아시아 유니콘 기업 수는 전 세계의 51.6%를 차지했다. 이 중 중국과 인도가 237개로 전체 아시아의 91.8%에 달했다. 중국 유니콘 기업 총 217개 중 45곳은 상위 100위 안에 들었고, 5곳은 상위 10위 안에 이름을 올렸다.

중국은 유니콘 기업 투자 규모에서 미국(916억 달러)을 제치고 938억 달러로 1위였다. 그리고 중국 유니콘 기업의 절반은 텐센트, 알리바바, 바이두와 같은 거대 IT 기업의 투자를 받았다. 용이 될 물고기를 용이 본격적으로 키우는 것이다. 미국이라고 가만히 있는 것은 아니다. 중국의 성장세가 빠르지만 미국의 영향력도 만만치 않다. 미국의 총투자액은 중국보다 적지만, 투자한 기업의 수는 중국보다 많다. 500대 유니콘 기업 중 무려 470곳에 투자하고 있다. 중국은 300곳에 그쳤다. 더구나 미국 자본이 오히려 중국 기업에 투자하는 경우가 많았다. 용이 될 물고기를 견제하고 다스리려는 것이다.

최근 미국 실리콘밸리에서는 유니콘보다 10배나 큰 데카콘 decacorn이 속속 등장하고 있다. 데카콘은 초거대 스타트업을 가리키는 신조어다. 기업공개(IPO) 전 기업가치가 100억 달러(약 12조 원)를 넘어선 스타트업을 지칭한다. 원래 데카콘이란 머리에 10개의 뿔이 달린 상상 속의 동물을 말한다. 미국의 경제 통신사인 블룸버그가 처음 사용한 용어다. 데카콘 기업에는 미국의 우버, 에어비앤비, 중국의 샤오미, 디디추싱 등이 있다. 데카콘 기업은 이미 차량 공유나 숙박, 사무실 공유, 전자상거래, 드론 등 신규 분야에서 전 세계 시장을 장악한 곳들이다. 이들은 IT 업계에서 구글, 페이스북과 같은 인터넷 기업의 뒤를 이을 리더로 관심을 모으고 있다.

물론 이렇게 용이 되려고 힘을 키우다 이무기로 끝나거나, 심지어 다른 물고기에게 잡아먹히는 경우도 있다. 이른바 유니콘으로 성장했다가 망한 기업이 되는 것이다. 이것을 지칭하는 말이 있다. 바로 죽은 유니콘, 유니콥스unicorpse가 그것이다. 유니콥스는 10억 달러 이상의 가치를 평가받았다가 상장 전에 망해서 사라진 신생 기업을 말한다. 용이 되려는 기업이 늘어날수록 유니콥스는 언제라도 생길 수 있다.

용이 되려는 기업이 활약하는 공간이 국가인 까닭에 미국과 중국 간에 용이 되려는 기술 패권 경쟁에도 변화의 조짐이 보인다. 구글, 페이스북 시대만 해도 미국 기업들의 압도적인 공세에 중국 기업들은 자국 시장을 수성하는 데 급급했던 것이 사실이다. 하지만 지금은 중국 기업들이 세계 시장에 도전장을 던지고 있다. 영국의 경제 잡지 〈이코노미스트〉도 '미국이 두뇌 역할을 하고 중국이 생산을 담당하던 시절은 이제 끝났다'며, '디지털 패권을 두고 미국과 중국이 본격적인 전쟁을 벌이고 있다'고 보도할 정도다.

누가 용이 되는가? 살아남아야 한다. 최근 몇 년간 글로벌 IT 기업들의 화두는 대형 M&A다. 급변하는 IT 기술 발전의 시대에 필수 전략으로 꼽히는 M&A는 새로운 기술을 획득하고, 사업 영역을 다변화하며, 제품 역량을 강화하는 데 가장 효율적인 수단으로 평가받고 있기 때문이다. 용이 되기 위해서 몸집을 키우는 것이다. 또 용이라고 생각한 기업들조차 추락하지 않기 위해 변화를 꾀하고 있다. 경제 기사를 열어보자. 그리고 글로벌 IT 기업이라고 알려진 애플, 구글, MS, 인텔, 오라클, 델테크놀로지스, IBM이 지금 하고 있는 일이 무엇인지 살펴보라. 사물인터넷(IoT), 클라우드, 빅데이터, 모바일, 드론, 생명과학 등 지금도 다양한 분야에서 생겨나는 용의 후보를 집어삼키거나 키우며 사업 확대 가능성을 저울질하고 있음을 알게 될 것이다.

5. 끝까지 살아남는 자가 용이 된다

적은 보수와 혹독한 추위
오랜 어둠의 시간
도처의 위험과 안전한 귀환을 보장하지 못하는 모험에
참여할 사나이들을 찾습니다.

성공 시 영광과 명예를 얻을 수 있음.

1907년 영국 런던의 한 일간지에 실린 광고문구이다. 남극 탐험을 준비하는 어니스트 섀클턴 경Sir Ernest Shackleton이 낸 광고였다. 1914년 12월 5일 그가 이끄는 남극대륙 횡단 탐험대가 남극해(남빙양)에 있는 사우스조지아South Georgia 섬에서 돛을 올렸다. 이 탐험대의 목적은 최초로 남극대륙을 육로로 횡단하는 것이었다. 6개월 전인 1913년 8월 3일에는 빌흐잘무르 스테팬슨Vilhjalmur Stefansson이 이끄는 캐나다 탐험대가 칼럭호Karluk號를 타고 캐나다 최북단 해안과 북극점 사이의 얼어붙은 북극 지역을 탐험하기 위하여 출발했다.

섀클턴은 27명의 대원과 함께 '인내'를 뜻하는 범선 인듀어런스호Endurance號를 타고 세 번째 남극 탐험 장정을 떠났다. 인듀어런스호는 말 그대로 뛰어난 인내력을 지닌 섀클턴을 지상에서 가장 강력한 탐험가이자 지도자를 상징하는 아이콘으로 만들었다. 비록 대륙 횡단은 성공하지 못했지만, 남극 빙벽에서 634일을 견디고 전 대원이 무사히 귀환했기 때문이다. 그래서 사람들은 이 세 번째 탐험을 '위대한 실패', 혹은 '위대한 항해'라 부르며 섀클턴의 리더십을 높이 평가한다.

634일간 영하 30℃의 남극 빙벽에 갇히는 극한 상황 속에서 어떻게 살아 돌아왔을까? 그것도 한두 명이 아니라 섀클턴과 인듀어런스호에 오른 대원 27명 전원의 귀환. 모든 대원을 이끌고 무사 귀환한 섀클턴의 리더십과 열정은 어디에서 나온 것인가?

공교롭게도 비교 대상마저 존재한다. 북쪽의 탐험선 칼럭호와 남쪽의 탐험선 인듀어런스호 모두 단단한 빙벽에 둘러싸이고 만 것이다. 빙벽에 갇힌 두 배의 승무원들이 펼친 사투는 동일한 환경이었다. 그러나 그 결과는 극과 극이었다. 북쪽의 칼럭호에 탄 11명의 승무원은 모두 죽음을 맞고 말았다.

그러나 인듀어런스호의 경우는 완전히 달랐다. 섀클턴의 탐험대도 똑같은 상황에 직면했다. 얼음에 둘러싸인 채 추위에 떨며 식량과 보급품 부족으로 고통을 겪었다. 그러나 이 상황에서 대원들이 보여준 행동은 위기에 처한 기업에게 많은 것을 시사한다. 거기에는 거짓말, 속임수, 약육강식의 이기심 대신 팀워크, 희생 정신, 그리고 서로에 대한 배려와 격려가 있었다. 그 결과 전원이 무사 귀환할 수 있었다.

두 탐험대가 전혀 다른 결과를 초래한 이유는 바로 섀클턴의 리더십에 있었다. 100년 전 이들이 처했던 처절한 생과 사의 상황은 첨예한 경쟁과 급격한 변화가 몰아치는 치열한 생존 경쟁의 상황을 매일 겪는 오늘날의 비즈니스 세계와 똑같다.

영국 브래드포드 대학교의 데니스 퍼킨스 교수는 극한 상황에서 발휘된 섀클턴의 뛰어난 리더십을 10가지의 전략적 측면에서 분석했다. 각각의 전략은 다음과 같다.

전략 1) 궁극적인 목표를 잊지 마라. 그리고 단기적 목표 달성에 총력을 기울여라.

전략 2) 가시적이고 오래 기억에 남는 상징과 행동으로 솔선수범하라.

전략 3) 낙천적 마인드와 자기 확신을 가져라.

전략 4) 자신을 돌봐라. 체력을 유지하고 죄책감에서 벗어나라.

전략 5) 팀 메시지를 끊임없이 강화하라.

전략 6) 이질감을 최소화하고 서로에 대해 예의를 지키고 존중하라.

전략 7) 갈등을 극복하라. 분노를 억제하고 다른 의견도 존중하며 불필요한 힘겨루기
　　　 를 피하라.

전략 8) 축하할 일, 그리고 함께 웃을 수 있는 일을 찾아라.

전략 9) 큰 모험을 적극적으로 시도하라.

전략 10) 절대 포기하지 마라. 항상 또 한 번의 기회가 있다.

　이런 전략의 도출은 모두 섀클턴이 이끄는 탐험대의 634일간의 기록에서 나온 것이다. 그들은 어떻게 행동했는가? 인듀어런스호 침몰 후 섀클턴은 약 12년 전에 남겨두었던 비상식량을 얻기 위해 썰매와 구명보트를 끌고 톱니바퀴 같은 얼음 벌판을 가로질러 하루에 5마일을 행군해서 폴렛 섬으로 가기로 결정했다. 섀클턴은 온갖 위험에도 불구하고 그 모험을 감행해야 할 필요성을 인식하고 있었다. 그리고 전 대원들이 하나의 공동 목표를 향해 나아갈 수 있도록 단결시켰다.

　인듀어런스호가 빙하에 갇혀 난파되었을 때, 섀클턴은 꼭 필요한 물건 외에 모든 것을 버리고 탐험에 들어가야 한다고 메시지를 전달했다. 그리고 한 움큼의 금 장식물들과 금으로 된 담배 케이스를 버렸다. 모범을 보인 것이다. 섀클턴의 극적인 행동은 오로지 생존만을 생각해야 함을 모두에게 각인시켰다. 그런데 정작 부피와 무게가 12파운드 나가는 한 대원의 발현악기인 밴조는 허락했다. 두려움과 긴장을 완화하여 팀의 힘을 재충전할 수 있다고 판단했기 때문이다. 그의 예상대로 밴조는 탐험대의 사기를 계속해서 밝게 유지하는 데 크게 기여했다.

　섀클턴은 리더에게 닥쳐오는 자기혐오, 자기파괴를 조절할 줄

도 알았다. 자신이 건강하지 않으면 올바른 결정을 내릴 수 없다는 것을 알고 신뢰하는 부대장과 대화로 소통하며 비밀을 털어놓기도 했다. 그리고 때때로 공유할 수 없었던 의혹들은 일기장에 적고 정리하면서 자신을 다스렸다.

섀클턴은 인듀어런스호가 침몰하기 전 저녁 식사를 마친 후 대원들을 모아 자발적인 토론을 유도했다. 나중에 섀클턴은 모두 머리카락을 자르는 의식을 행할 것을 제안했다. "우리는 하나다. 살아도 같이 살고 죽어도 같이 죽는다"는 심정을 공유했다. 이런 의식을 통해 정체성, 충성도, 팀워크를 확인할 수 있었다. 섀클턴은 모든 구성원들이 정보를 공유하고, 맡은 바 임무에 동참하도록 솔선수범했다. 대원들 각자에게 자신이 팀에 큰 영향을 미치는 역할을 하고 있다는 생각을 심어주어 자존감을 잃지 않도록 배려했다. 어떤 일의 계획을 변경할 때마다 공개 토론을 통해 대원들의 의견을 받아들이고 촉구했다.

섀클턴은 인듀어런스호 선상에서 모든 대원들이 출신과 계급을 초월하여 평등하게 생활하도록 했다. 이를 위해 리더인 자신부터 어떠한 특권도 누리지 않았다. 대원들과 똑같은 옷을 입고 똑같은 음식을 먹고 일상적 잡무에서도 자신의 순번을 빼놓지 않고 지켰다. 주방장이 특식을 제공했을 때도 공평의 원칙을 위배하는 것이라며 거절했다.

그는 갈등을 피하지 않고 대면하며 극복했다. 태도나 행동이 팀의 사기에 부정적인 영향을 미치거나 리더십에 반발할 가능성이 있는 대원들을 파악하고 이들을 분리한 것이 아니라 감싸 안았다. 그들을 인정하고 대우하고 소통했다.

섀클턴 일행은 식량이 바닥나는 상황에서 마지막으로 모험을 택했다. 지금까지 그 누구도 시도해 보지 않았던 800마일 거리의 사우스조지아 섬까지 보트 항해를 시도한 것이다. 구조 요청을 위해 작은 배로 사우스조지아 섬까지 목숨을 걸고 파도를 넘었다. 험난한 바다와 거친 바람과 끊임없이 사투를 벌이고 마침내 안전한 육지에 도착했다. 그렇게 3개월 뒤 28명 모두 살아남았다.

이러한 기적을 가능하게 했던 것은 바로 섀클턴의 탁월한 리더십 덕분이었다. 그는 포기하지 않았다. 인듀어런스호가 침몰했을 때, 두 번의 썰매 여행이 실패로 끝났을 때, 엘리펀트 섬에 고립되었을 때, 그리고 무수히 많은 불행과 부정적인 상황에 의해 원했던 것이 번번이 실패로 끝나고 말았을 때도 그는 좌절하거나 포기하지 않았다.

섀클턴과 그의 탐험대에게 배워야 할 것이 있다면 바로 이것이다. 용이 되려고 한다면 버텨야 한다. 목적지까지 살아남아야 용이 될 수 있다. 살아남는다는 것은 단순히 생존만을 의미하는 것이 아니다. 죽음에 직면하는 순간에도 살아서 육지에 도달해야겠다는, 여의주를 움켜쥐고 용이 되겠다는 생각을 버리지 않는 것이다. 그리고 당당하고 용감하게 행동하는 것이다.

6. 기업의 지속 성장, 용에게 배우다

세상의 어떤 국가나 기업, 개인도 지속 가능한 성장을 추구하지 않는 곳은 없을 것이다. 지속 가능성(持續可能性)이란 일반적으로 특정한 과정이나 상태를 계속 유지할 수 있는 능력을 의미한다. 생태학적 용어에서는 생태계가 생태의 작용과 기능, 생물 다양성, 생산을 미래까지 유지할 수 있는 능력을 말한다. 오늘날 경제학에서 지속 가능한 성장이란 장기간 지속되는 실제 이익과 생산의 증가를 말한다.

'땅 지(地)'라는 한자가 있다. 너무나 자주 사용되는 한자로 별 생각 없이 쓰고 읽지만 심오한 뜻이 숨어 있다. 이 글자를 파자해 보면 '흙 토(土)'에 '잇기 야(也)'가 합쳐진 것이다. 이 글자를 선태식물인 이끼MOSS로 생각하는 이들도 있다. 그러나 이 글자는 두 끝을 맞대어 붙여서 끊어지지 않도록 계속 이어주는 '잇기'라는 뜻을 가지고 있다. 따라서 '땅 지(地)' 자는 이 땅에 이어가야 한다는 것을 의미한다. 이 땅에 이어가야 하는 것은 무엇인가? 그것은 바로 생명력이다. 국가나 기업, 개인이 생명력을 이어가며 이 땅에 살아야 하는 것은 운명이고 사명을 가지고 있다. 이 시대를 살아가려면 지속 가능한 생명력은 필수이다.

우리 각 개인들은 조상이 수많은 자연재해와 기근, 수많은 전쟁 속에서도 생명을 이어주었기 때문에 존재한다. 지속 가능성은 문명과 인간 활동, 즉 인간 사회의 환경, 경제, 사회적 양상의 연속성과 관련된 체계적 개념이다. 기업이 망하지 않고 지속하려면 답은 혁신과 변화에 대한 적응밖에 없다. 시대가 아무리 흘러도 혁신과 변화는 계속된다. 기업은 살아남기 위해 규모나 분야와 상관없이 항상 혁신과 변화를 부르짖고 실천하기 때문이다. 따라서 혁신의 정의는 매우 다양하지만 궁극적인 목적은 기업과 개인의 지속적인 성장이 될 수밖에 없다. 최근 혁신은 제품과 서비스의 진화뿐만 아니라 프로세스의 변화, 비즈니스 모델의 변경 등에서도 강조되고 있으며, 기업의 모든 활동 단계에서 필수 불가결한 요소로 자리 잡고 있다.

글로벌 기업이 되려면 글로벌과 기업 사이에 혁신을 항상 넣어야 한다. 혁신 기업으로 성장하기 위해서는 사업 방식을 근본적으로 바꾸고 고객이 열광할 수 있는 제품을 출시할 수 있는 비즈니스 혁신이 필요하다.

"경쟁하지 마라. 온리 원only one 경쟁하지 않는 나만의 길, 새로운 길, 블루오션을 창출하라"는 말이 있다. 혁신의 궁극적인 목적은 새로운 시장의 창출이라 할 수 있다. 기존 시장에서 다른 기업의 고객을 뺏어오는 것이든, 아니면 근본적으로 새로운 시장이라 할 수 있는 경쟁 없는 블루오션을 만드는 것이든 마찬가지다. 새로운 시장을 창출하기 위해서는 고객에 대한 깊은 이해가 필수이며, 고객이 원하는 제품과 서비스에 대한 고민을 통해 새로운 아이디어와 사업 기회의 발굴이 촉진될 수밖에 없다. 요컨대 기업 스스로를 위한 혁신이 아닌 고객가치 증대를 위한 혁신만이 진정한 혁신이며, 수익을 동반한 성장profitable growth 또한 고객을 위한 혁신을 통해서만 달성할 수 있음을 되새겨야 할 것이다.

이 고객가치를 가장 중요하게 여기는 기업이 바로 아마존이다. 아마존의 설립자 겸 CEO 제프 베조스는 "아마존은 20년 동안 세 가지 생각으로 성공을 이룩했다"고 말했다. 그것은 "고객을 우선 생각하라. 고객을 위해 개발하라. 그리고 인내하며 기다려라"이다. 지금도 마이크로소프트의 창업자 빌 게이츠는 아이디어를 얻고 10년 뒤의 변화에 집중하기 위해 매년 두 번씩 칩거를 하는 '생각 주간think week'을 갖는다고 한다.

이를 통해 배울 수 있는 것은 글로벌 선도 기업조차 장기 존속을 보장할 수 없는 상시 위기 시대에 살아남는 것 뿐만 아니라 지속적인 성장을 위해서는 새로운 방식이 절실하게 필요하다는 것이다. 실제로 시간이 지날수록 세계는 점점 작아지고, 세계 전체를 상대로 경쟁해야 하는 시대가 되고 있다. 어느 때든 기술 혁신에 의해 공격당할 수 있으며, 예측 불가능성은 갈수록 커지고 있다. 기업의 경쟁우위는 그야말로 한순간에 뒤집힐 수 있는 초경쟁hyper=competition 환경으로 접어들었다.

이것은 기업 존속 연수가 지난 세기 지속적으로 감소했고, 시장을 선도하던 전통적 강자가 한순간에 몰락하고 새로운 기업이 신흥 강자로 부상하는 사례가 증가하는 것만 봐도 알 수 있다. 단순히 원가절감, 생산성 향상만을 부르짖다가는 지속적인 성장은커녕 생존 자체도 어렵다. 사업 구조의 성공적인 변신이 새로운 성장의 핵심이라고 할 수 있다. 변신을 하려면 짐을 덜어내고 군살을 빼고 운동을 해야 한다. 불필요한 부실 자산을 정리하고 포트폴리오를 최적화하고 정말 잘할 수 있는 비즈니스 모델을 재정립하고 신사업 역량을 구축하는 재활력revitalization이 필요하다.

기업이 몸집을 키우고 용이 되기 위한 글로벌 전략은 이제 특별한 경영 전략이 아니다. 매출 확대, 선진 역량 흡수, 자원 확보, 생산원가 절감, 규모의 경제 달성 등을 이유로 기업들이 경쟁적으로 해외 진출을 추진하고 있기 때문이다. 하지만 모든 기업들이 전략적인 글로벌화에 성공하는 것은 아니다. 모든 물고기가 용이 되지 못하는 것과 마찬가지다. 글로벌화가 뭔지, 어떤 영향을 줄 것인지에 대한 심각하고 철저한 분석 없이 해외로 나가는 경우도 허다하다. 전략적인 글로벌화에 성공하기 위해서는 뚜렷한 경쟁 우위에 있는 경영 자원이나 핵심 역량의 이전과 이식, 글로벌화가 가능한지를 파악해야 한다. 국내가 레드오션이라고 해서 해외가 블루오션일 리 없다. 갈수록 치열해지는 글로벌 경쟁 체제는 해외 시장에서 지속적으로 성장하는 것조차 어렵게 만들고 있고, 더 큰 문제는 이미 진출한 보다 나은 역량을 가진 글로벌 기업은 물론 이들에게서 선진 경영 기법을 흡수한 로컬 업체들과도 경쟁해야 하기 때문이다. 국내가 전쟁터라고 해서 나가 보면 해외가 지옥인 경우도 많다.

전략적인 글로벌화를 위해서는 어느 국가의 어떤 시장에 진출할지 결정하는 것 또한 매우 중요하다. 전 세계를 한꺼번에 공략할 수 있는 역량을 갖춘 기업도 찾기 드물고, 그렇게 한꺼번에 공략하지도 않기 때문이다. 기본적으로 전략적인 거점을 확보하고 주변 지역으로 확장하기 위해 선택과 집중하는 방법을 취하고 있다. 그런데 선진 기업은 물론 대부분의 기업들이 이제는 미국과 유럽 시장만으로는 지속적인 성장이 어렵다고 판단하고, 중국과 아시아 신흥시장, 러시아 등을 공략하고 있다. 그런데 대부분의 시장이 겹친다. 모두 하나같이 해당 시장이 돈이 되고 성장성이 있다고 판단하기 때문이다. 하지만 지금은 이러한 추세를 맹목적으로 따르기보다 자신이 가진 역량과 환경에 부합하는 시장을 찾고, 그 시장에 진입하기 위한 차별화와 집중력이 절실한 때이다.

'지속 가능한 경영'은 기업이 경제적 성과에만 매달려서는 장기적으로 생존할 수 없다는 반성에서 시작되었다. 점점 짧아지는 기업 수명을 연장하기 위해서는 경제적 책임에 더해 환경적 책임과 사회적 책임을 져야만 투자자나 소비자에게 인정받고 살아남을 수 있다는 것이다. 즉, 주주뿐만 아니라 다양한 이해관계자의 이익을 반영하고, 환경적 책임과 사회적 책임을 다하면서 경제적 이익을 추구하는 기업만이 장기적으로 성장 가능하다는 것이다. 매출은 커졌지만 환경을 오염시켰거나, 신기술을 만들어냈지만 회사의 부정과 사건 사고가 터져 나오면 지속 가능은 '불가능'하다.

'용'으로 평가받는 성공하는 기업은 지속 성장을 할 수 있도록 항상 성공적인 조직문화를 가지고 있다. 합당하고 사려 깊은 경영 철학의 성공적인 전파를 위한 전사적인 비전 설정과 그것을 공유하지 않으면 경쟁에서 살아남을 수 없으며, 지속적인 성장이 불가능하다는 것을 알아야 한다. 최근 기업 수명이 점점 짧아지는 원인 중 하나는 다양한 조직 구성원의 개성을 소화해 내지 못하는 빈약한 조직문화라고 할 수 있다. 이러한 조직문화를 융합하고 통합해서 단점을 장점으로 소화하는 것이 용의 리더십이다.

7. 세상의 무수한 리더십이 용 안에 녹아 있다

경영학에서 리더십처럼 많이 연구되고 다양하게 정의되는 주제도 없을 것이다. 한 연구 자료에 따르면 1990년대까지 리더십에 대한 연구물이 8,000여 건이었고, 이후 매년 수백 건의 연구가 추가되고 있다고 하니, 단순 계산만으로도 지금은 1~2만 건은 될 것이다. 리더십에 대한 관심과 깊이에 대해 가히 짐작할 수 있다. 리더십에 대한 정의, 개념, 방법론 등도 그 연구에 매달렸던 사람의 수만큼이나 많고, 연구의 목적과 배경에 따라 강조하는 측면도 조금씩 다르다.

리더십은 권력power, 권한authority, 관리management, 감독supervision 등의 개념과 섞여서 다양하게 정의되었다.

이처럼 많은 학자들이 제시한 리더십의 정의를 종합해 보면 몇 가지 공통점을 발견할 수 있다. 즉, 리더십은 조직의 목표를 달성하기 위해 리더가 집단 구성원들을 자발적으로 움직이게 하는 사회적 영향력 행사 과정을 의미하며, 목표 지향성, 사람들 간의 영향력, 상호 교류, 권력, 자발성 등과 관련된다는 것이다.

리더십과 관련해 가장 자주 등장하는 용어는 영향력influence이다. 이 단어는 한 사람이 다른 사람에게 어떤 행위를 하도록 하거나 어떤 효과를 불러일으키는 것을 말한다. 권력, 권한이라는 말로도 바꿔 사용하는데, 굳이 정리하자면 영향력을 행사하는 데 필요한 잠재적인 힘은 권력, 영향력을 행사할 수 있는 권리는 권한이라고 할 수 있다.

이런 다양한 정의 속에서 지금까지 전략적, 거래적, 변혁적, 관료적, 서번트, 카리스마, 셀프, 슈퍼, 위임형, 코칭, 컨설팅, 멘토와 같은 무수한 리더십의 종류가 세상에 모습을 드러냈다. 우리에게 잘 알려진 카리스마적 리더십은 자기 확신이 넘치고, 강력한 이미지 관리에 철저하며, 비전 제시와 솔선수범을 통하여 팀을 이끄는 방식이며 특히 감정 호소를 통해 팀원들을 리드하는 형이다. 윤리적 리더십은 정직성과 신뢰를 바탕으로 하는 섬김의 리더십, 구성원들의 감성을 이해하고 배려하여 마음을 움직일 수 있는 리더십이다. 코칭 리더십은 외부와의 연결자 역할을 하며, 문제에 부딪혔을 때 회의와 협상을 주선하고, 외부에 도움을 요청해 문제를 해결한다. 팀원 간에 갈등을 해결하기 위해 노력하며 팀원들의 장단점을 알려주는 리더십이다.

그러나 이제는 새로운 바람이 불고 있으며 리더십의 형태도 바뀌고 있다. 권위적이고 경쟁적이며 지극히 개인적인 특성을 지닌 진부한 개념의 리더십이 사라지고 있다. 다양성, 통합, 통섭이 필요한 변화의 거센 물결이 계속 들어오면서 전통적인 리더십이 급격하게 쇠퇴하고 있다. 세계도, 기업도, 사람도, 조직도 끊임없이 움직이고 변한다. 복잡하게 통합되고 다양화된 세계에서 리더는 계속 도전받으며 결단해야 한다. 결정의 시간은 점점 짧아진다. 속도와 기민함은 필수적이다. 두 번의 기회가 주어지지 않을 확률이 더 커졌다. 거의 첫 번째 시도에서 반드시 성공해야 한다. 과거와는 다른 혁신적인 해결책을 찾아야만 한다. 기존의 시장이 아니라 국경의 장벽을 넘어 글로벌 목표를 제시하고 성취해야 한다. 단기적으로 지속되는 성과도 챙겨야 하고, 동시에 불확실성에도 불구하고 장기적인 차원의 비전도 항상 제시해야 한다.

이것을 가능케 하는 리더십은 어디에 있는가? 나는 과거와 현재의 모든 리더십이 용의 리더십 안에 녹아 있다고 생각한다. 세상에는 많은 리더와 리더십이 존재한다. 그러나 그 이론과 사람은 완전할 수 없으며 조화롭지도 않다. 탁월함을 추구하는 리더는 다른 사람이 아닌 자기 스스로 그 일을 할 수 있다고 생각하고 자신이 직접 한다. 이 리더는 완전한가? 불완전하다. 경쟁을 삶의 원동력으로 삼는 리더도 있다. 엄격한 기준에 따라 평가를 내리고 기준 이하는 버리는 리더도 있다. 일을 위임하는 리더도 있지만 언제나 일을 통제하려고 하는 리더도 많다. 분명한 과업을 부여하고, 세부적인 실행 계획을 세워주며, 기준이나 마감 시한까지 정해 주고 다그치며 질책한다. 협력하고 책임감을 공유하는 것은 좋지만 실패한 것에 대해서도 함께 짚고 넘어가려는 리더도 있다. 상황과 자원, 사람과 관계를 모두 목표 달성을 위한 도구로 활용하는 리더도 있다. 극적인 제스처와 유머를 잘 사용해서 다른 사람들을 자신에게 끌어들이는 것에 능숙하지만 정작 무엇을 할 것인지 비전 제시도 못 하고 앞장서지도 않는 재미 위주의 광대형 리더도 있다. 이 모두가 진정한 리더는 아니며, 진정한 리더십도 아니다.

용에게는 아홉 아들이 있다고 하는데 바로 용생구자(龍生九子)라고 부르는 동물들이다. 용생구자에 대한 기록은 명나라의 호승지(胡承之)가 쓴 《진주선(眞珠船)》에 나와 있다. 용생구자는 중국이나 한국, 일본에서 용을 소재로 한 미술 조각에 꾸준히 사용되었다. 사찰이나 궁궐, 박물관에서 한 번쯤 보았을 것이다. 비희(贔屭)는 패하(覇下)라고도 하며 거북의 모습을 닮았다고 한다. 무거운 것을 지기를 좋아하여 돌비석 아래 놓여 있는 거북이 모양이 비희다. 이문(螭吻)은 조풍(嘲風) 또는 치미(鴟尾)라고도 한다. 먼 곳을 바라보기 위해 높고 험한 곳을 좋아하며 화재를 누를 수 있어 전각의 지붕 위에 세웠다. 포뢰(蒲牢)는 용의 모습을 닮았고 울부짖는 것을 좋아하여 범종의 상수고리에 매달았다. 폐안(狴犴)은 헌장(憲章)이라고도 하며 모양은 호랑이를 닮았다. 정의를 수호하는 것을 좋아해서 옥문(獄門)에 세우거나 관아의 지붕에 장식해서 사람들로 하여금 위엄과 경외심을 가지게 만들었다. 도철(饕餮)은 먹고 마시는 것을 좋아하므로 솥의 뚜껑에 세우거나 식기(食器), 반기(飯器) 등에 새겨 넣어 식욕과 탐욕을 경계하는 데 사용되었다. 공복(蚣蝮)은 물을 좋아하기 때문에 다리 기둥에 세우면 강을 따라 들어오는 악귀들을 막아준다. 애자(睚眦)는 죽이는 것을 좋아하기 때문에 주로 칼의 콧등이나 자루, 창날, 손잡이 등에 많이 조각했다. 관우가 애용하던 청룡언월도(青龍偃月刀)에 새겨진 용도 애자라고 한다. 산예(狻猊)는 사자를 닮았다고 한다. 연기와 불을 좋아하기 때문에 향로에 새기며, 또한 앉기를 좋아하여 불좌나 용좌에 앉아 있는 사자 동상이 바로 산예. 초도(椒圖)는 나방의 모습을 닮았으며 닫기를 좋아해서 주로 문고리에 붙였다.

용의 아홉 자식은 모두 각각의 기이한 능력을 가지고 있고, 머무는 공간이 있으며, 쓰이는 부분이 따로 있다. 그러나 이것들은 모두 용은 아니다. 용도에 맞게 의미를 붙여놓은 장식일 뿐이다. 여러 가지 리더십도 다 부분적일 뿐이다. 진정한 통합의 리더십은 바로 인간들이 수만 년 동안 자연의 이치 속에서 거르고 거른 통합의 상징인 용의 리더십이라고 생각한다.

8. 용이 되는 길을 찾는 자가 리더다

게리 해멀Gary Hamel 교수는 〈월스트리트저널WSJ〉이 선정한 '세계 경영 구루guru 20인' 가운데 1위(2008년)에 꼽힌 세계적인 경영 혁신 컨설턴트다. 2011년에는 〈하버드 비즈니스 리뷰HBR〉가 뽑은 '50대 경영 석학' 16위에 올랐고, 그가 쓴 《경영의 미래The Future of Management》는 2009년 아마존 '올해의 경영 도서'에 선정되었다.

이런 혁신 전도사 해멀 교수가 일관되게 주장하는 것은 100년 넘게 기업의 역사를 지배해 온 '통제'라는 이데올로기에서 벗어나 21세기에는 경쟁의 룰을 바꾸는 혁명과 새 비즈니스 모델을 만드는 창의력만이 새로운 가치를 창조할 수 있다는 것이다.

경영 혁신 전도사 게리 해멀은 일을 하는 태도를 크게 6단계로 구분했다.

1단계 순종$_{obedience}$, 2단계 근면$_{diligence}$, 3단계 지식$_{intellect}$, 4단계 선제적인 추진력$_{initiative}$, 5단계 창의성$_{creativity}$, 6단계 열정$_{passion}$이다.

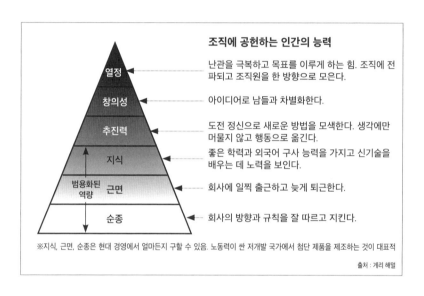

가장 아래 단계의 순종과 그 위의 근면에 해당하는 직원은 나름 노력하며 자기 업무를 완수하기 위해 필요에 따라서 주말 근무를 하고 결과에 대해 책임을 진다. 그다음 지식에 해당하는 사람들은 업무에 필요한 노하우를 보유하고 관련된 훈련도 받았다. 새로운 것을 받아들이려는 의지를 갖추고 있고 좋은 대학도 나왔다. 다음 단계인 선제적인 추진력을 가진 사람은 어떤 일을 하라고 지시받을 때까지 기다리지 않고 문제나 기회를 발견하는 즉시 실천에 옮긴다.

그 위 단계의 창의성을 가진 사람들은 끊임없이 새로운 아이디어를 찾고 기존 통념에 도전하며 여러 가지 가능성과 기회를 모색한다.

마지막 가장 상위 단계가 열정이다. 이들은 자신의 일로 이 세상에 변화를 가져올 수 있고 다른 사람의 삶을 바꿀 수 있다고 믿는다. 그런데 왜 지식과 추진력, 창의성보다 열정이 최상위 단계인가? 많은 사람들이 질문하는 부분이다. 우물 안에서는 우물 밖이 보이지 않는다. 지식은 배우면 된다. 추진력과 창의성은 뭔가에 도전하는 발판이 되지만 도전 그 자체는 아니다. 도전이 100% 성공을 보장한다면 가장 낮은 단계인 순종하면서도 성공할 수 있다. '그러니까 한다'는 것은 누구나 할 수 있는 것이다. '그럼에도 불구하고 한다'는 것은 맨 마지막에 나오는 힘이다.

조직 구성원에게 근면과 순종을 이끌어내는 일은 생각보다 쉽다. 강제적으로 할 수도 있고 적절한 보상을 통해서도 가능하다. 그러나 열정과 창의성은 쉽게 생겨나지도 않고 강제할 수 있는 것도 아니며, 돈을 준다고 해서 당장 발휘할 수 있는 것도 아니다. 열정이 없으면 몰입할 수 없고, 이렇게 되면 사람들은 생계수단으로 목구멍이 포도청이라서 어쩔 수 없이 직장에 다니게 된다.

대부분 누군가 시켜서 일하는 사람들이 많다. 누군가의 눈치를 보며 일하는 사람도 있고, 일하고 싶지 않지만 돈 벌기 위해 마지못해 일하는 사람도 많다. 내가 왜 사는가 하는 존재 가치와 이유, 일하는 의미, 소명과 사명의 가치는 물론 보람과 소신도 모른 채 그냥 살아간다.

반대로 자기가 좋아서 일하는 사람은 자발적이고 주인 정신을 가지므로 사업가가 되거나 임원이 되어 조직의 중심축에 선다. 이런 사람들은 눈치를 보지 않는다. 일하는 재미도 있고 일을 배우는 것 자체가 즐거운데 돈까지 받는다고 생각한다. 내가 일하는 것이 사회 발전에 이바지하고, 더 편리하고 더 좋은 세상을 만들어 인류에 공헌하여 쓰임 있는 존재가 된다는 데 가치와 의미를 부여한다. 이런 사람들이 리더가 되고 용이 되려고 한다.

혁신적이고 적응력이 뛰어난 조직을 만들기 위해서는 상사들의 의견에 도전할 수 있는 자유, 자신의 아이디어를 실험해 볼 수 있는 자유, 기존 통념에 도전할 수 있는 자유, 그리고 이런 자유를 터뜨릴 열정이 필요하다. 이런 변화를 주려면 CEO의 역할이 중요한데 지금 전 세계 CEO들은 거의 용병(傭兵)에 가깝다. 용이 되고 싶어도 이무기 상태에서 내쳐진다. 그러면 회사도 결국 이무기나 뱀에서 끝나고 만다. 리더십을 발휘하고 싶어도 임기가 2~3년밖에 되지 않기 때문에 이 짧은 기간 내에 조직에 변화를 주기 위해 M&A라든지 비용 절감 같은 쉬운 방법만을 선택한다. 용이 될 것 같은 분위기만 존재하지 실상은 계속 이무기로 머문다.

재무 실적을 눈으로 확인하려면 5년보다 적게 걸릴 수 있지만 조직이 허물을 벗고 용이 될 준비를 하려면 최소한 10년은 보아야 한다. 혁신적이고 적응 능력이 뛰어난 기업으로 바뀌려면 아이디어를 독려하고, 도전하고, 공부하고, 비판하고, 실험해 볼 수 있는 환경과 플랫폼을 제공해야 한다. 그것이 리더의 역할이다. 그러나 그런 리더는 흔하지 않다.

용이 되려면 등용문, 즉 폭포를 거슬러 올라가야 한다. 사고와 행동의 점프는 기본이다. 순종에서 근면으로, 근면에서 지식으로, 지식에서 추진력으로, 추진력에서 창의성으로, 창의성에서 열정으로, 그래서 열정에서 마침내 용으로 뛰어오르는 것이다. 과거에는 톱다운top-down 방식의 비즈니스가 효과적이었는지 모르지만 글로벌 비즈니스에서는 이무기와 작은 물고기만으로 득실대는 결과를 만들 것이다.

진정한 리더, 진정한 용이라면 모든 물고기를 끌어 올릴 수 있어야 한다. 리더는 방향성을 제시하고, 직원들을 이끌어나갈 수 있어야 한다. 이른바 다운톱down-top 방식이다. 미국의 기업은 리더가 미래의 목표나 비전을 제시하면 밑에 있는 전 직원들은 그 목표를 달성할 수 있는 방법들을 제안하고 팀을 만들어 전략적으로 추진한다. 이것은 모두 자발성과 집단 지성의 힘으로 이루어진다. 우리나라도 이제는 '무엇을 도와드릴까요?May I help you?'라는 다운톱 방식의 자발성이 있는 기업문화가 절실히 필요하다.

일이란 결국 나의 일, 남의 일, 세상의 일, 신(神)의 일로 나뉠 것이고, 신이 원하는 길로 가려면 용이 되기 위해 노력해야 한다. 리더가 용이 되려면 자기 자신을 경영할 줄 알아야 하고, 내 일을 잘하기 위해서는 나를 알아야 한다. 하늘이 준 나의 소질과 재능과 더불어 내가 좋아하는 것을 찾아서 배우고, 그 분야의 전문가가 되며, 이 세상을 위해 좋은 이웃이 되고 쓰임 있는 사람이 되어서 더 좋은 세상을 만들고, 지속적으로 늘 새롭게 배워서 더 발전시키고 향상시키며, 이런 삶 자체를 누리며 살겠다는 다짐과 실천이 필요하다.

세상의 이치는 동기감응(同氣感應), 끼리끼리 통한다고 했다. 자존심이 없거나 용기와 도전, 긍정과 희망이 없는 사람은 분발해서 위로 오르기보다는 자기와 비슷한 사람끼리 사는 것이 편한 법이다. 하지만 더 이상 발전할 수는 없다. 언젠가 말레이시아에 출장을 가서 호텔에 머물 때 창문 너머로 강 건너 수상가옥에서 옹기종기 모여 사는 가난한 사람들을 보았다. 그곳을 벗어날 수 있는 길은 그곳을 떠나는 것뿐이라는 사실이 뻔히 보였다. 실제로 누군가는 그곳을 떠나서 뛰어올랐을 것이다. 혹은 누군가는 자기가 사는 곳에서 편안함을 찾아 안주하고 한평생 도전 한번 못 하고 그대로 살아갈 것이다.

한 기업에서 승천은 출세(出世)라고 할 수 있다. 출세를 하려면 글자 그대로 세상 밖으로 나가야 한다. 나가려면 단계별로 점프해서 올라가야 한다. 올라가지 않고 떠나지 않는 한 고만고만한 기업에서 문을 닫아야 한다. 운명은 바뀌지 않는다.

부자가 되고 싶으면 부자에게 점심을 사라는 말이 있다. 점심을 살 정도면 친해져야 한다. 생판 모르는 남에게 부자가 점심을 얻어먹을 리 없기 때문이다. 행복하기 위해서는 힘들고 불편하더라도 행복한 사람을 만나야 하며, 성공하기 위해서는 성공한 사람을 만나야 한다. 건강하기 위해서는 건강한 사람을 만나야 하고, 전문가나 학식이 높고 실력 있는 사람이 되고 싶으면 전문가나 학식이 높고 실력 있는 선생과 스승을 만나야 한다. 만나서 관계해야 방법과 기술을 배우고 깨쳐서 알을 깨고 나와 위로 도약하고 이무기가 되고, 용이 될 수 있다.

언젠가 이스라엘을 방문했을 때 유대인의 세 가지 정신에 감탄했던 기억이 있다. 지금도 나는 이 정신을 스스로 매일 되묻고 실행한다. 그것은 도전 정신인 '후츠파 정신', 세상을 개선하는 '티쿤올람 정신', 철학에 기본을 두고 지혜를 사랑하며 배우고 학습하는 물음을 하는 '하브루타 정신'이다. 제로베이스에서 문제 해결에 관심을 가지고 질문을 통해 학습하며 더 탁월한 방법을 찾아 적극적으로 실천하고 지속적인 발전을 추구하고 열정적으로 도전하는 사람만이 용이 되는 길을 제대로 걷고 있는 것이다.

9. 용의주도(用意周到)하면 용의주도(龍意主道)하게 된다

용의주도(用意周到)는 '어떤 일을 할 마음이 두루 미친다'는 뜻으로, 마음의 준비가 잘되어 있어서 빈틈이 없고 무슨 일이든 주의하고 준비를 철저히 해서 실수가 없는 것을 말한다. 이런 용의주도가 반복되고 습관화되면 마침내 동음이의를 넘어 동음 확장어라고 할 수 있는 용의주도(龍意主道), '용의 뜻으로 주인 되는 길'을 갈 수 있다.

용(龍)이란 글자는 '용이나 임금'이라는 뜻도 있지만 '비범한 사람, 훌륭한 사람'이라는 뜻도 있다. 용(龍) 자는 그 자체로 부수자이지만, 파자해 보면 '달 월(月)' 자와 '설 립(立)' 자에 용의 형상을 담고 있는 상형문자가 오른쪽에 붙어 있는 형태이다. 개인적으로 이렇게 해석하고 싶다. 달빛은 빛이 없다. 사실은 태양빛에 반사되는 빛이다. 그러나 빛이 없는 내 마음속에 꿈의 빛을 세우기 위해 무(無)에서 유(有)를 창조하고, 서서히 내 마음의 심지(心志)가 드러나 내가 간절히 바라던 빛과 꿈을 12가지 동물의 장점과 지혜를 통합하여 나의 꿈이 용처럼 꿈틀거린다는 뜻으로 파자해서 해석하고 싶다. 일신우일신(日新又日新) 실천하다 보면 하늘로 승천(昇天)해서 자유롭게 비상한다. 여기서 승(昇) 자는 '하늘로 오른다'는 뜻도 있지만, '높은 자리나 지위에 오른다'는 의미도 있다.

두 번째 글자인 '의로울 의(義)' 자를 파자해 보면 '나(我)를 아래로 내려놓고 신께 양(羊)처럼 순종하며 사는 것'을 뜻한다. '나 아(我)' 자는 다시 '손 수(手)'와 '창 과(戈)' 자가 합쳐진 것으로 '내 손으로 나 자신과 타인을 상처 줄 수 있는 사람'을 말한다. 이때 상처란 물리적인 것과 정신적인 것을 모두 포함한다. 따라서 자아의 욕심을 내려놓고 목자를 따르는 양처럼 신의 뜻에 순종하는 삶을 사는 경천애인(敬天愛人)과 순천자(順天者)는 흥(興)한다는 뜻과 성경의 '그의 나라와 그의 의(義)를 구하라'는 것이 바로 의(義)로운 것이다.

세 번째 글자인 주(主) 자는 어두운 곳을 밝히는 등잔 접시 위에 불이 타고 있는 모양을 본떠 만든 상형문자이다. '어두운 곳에서 자신을 불태워 불을 밝힌다'는 뜻을 가지고 있다.

마지막으로 도(道) 자는 '쉬엄쉬엄 갈 착(辶)'과 '머리 수(首)'가 합쳐진 글자이다. '때를 알고 머리를 잘 써서 때에 맞게 가야 한다'는 것이다. 또한 착 자에는 '천천히 갈 때'라는 뜻도 있지만 '뛸 착', '전력질주로 달릴 착'을 포함하고 있다. 내가 지금 어떤 속도를 내고 가야 하는지 때를 알아야 하는 것이다. 너무 일찍 가면 철 모르고 핀 개나리처럼 철부지가 된다. 봄, 여름, 가을, 겨울 사계절에 맞게 준비해야 하고, 음양오행도 목화토금수(木火土金水)에 따라 결괏값이 바뀌므로 때에 따라 내가 무엇을 어떻게 해야 하는지 아는 것이 매우 중요하다.

또한 착(辶) 자는 '터럭 삼(彡)'과 '발 족(龰)' 자가 합쳐진 글자이다. 머리털을 가지런히 다듬는 행위는 은유적인 표현으로 '내 생각을 질서 있고 가지런히 잘 정리한다'는 뜻이고, '발 족'은 반드시 '내 발로 행동과 실천을 하며 가야 한다'는 뜻을 담고 있다. 한 글자 한

글자가 이처럼 깊은 의미를 담고 있다.

소크라테스는 "자기 삶에 대해 깊은 숙고를 하지 않는 삶은 살 가치가 없다"라고 말했다. 우리 삶에도 깊이 있고 의미 있는 용의주도가 꼭 있어야 할 것이다.

리더십을 공부하고 현장에 적용하며 관찰하고 경험한 것을 통해 나는 용이 되려는 리더들이 갖고 있는 일곱 가지 뚜렷한 특성들을 확인할 수 있었다. 그것은 성공적인 리더들의 특성일 뿐만 아니라 우리 모두의 발전을 위해 지향해야 하는 것이기도 하다. 그 특성들에 대해 하나씩 간단하게 전달해 보고자 한다.

① 끊임없이 배운다

리더들은 그들의 경험을 통해 끊임없이 배운다. 책을 읽고, 기회가 있을 때마다 교육을 받고, 또 각종 강의에 참석한다. 그들은 다른 사람의 말을 경청하며, 자신의 눈과 귀를 통해 배운다. 그들은 호기심이 강하여 끊임없이 질문을 한다. 또한 계속해서 역량을 키워나가고 일 처리 능력을 계발해 나간다. 그들은 계속 새로운 기술과 관심 분야를 개척하며, 자신이 아는 것이 많아질수록 모르는 것도 더 많아진다는 사실을 발견한다. 그리고 평생 학습인이 된다.

② 서비스 지향적이다

리더들은 인생을 직업적 측면이 아니라 하나의 사명으로 여긴다. 자라온 배경이나 교육이 이들을 서비스 지향적으로 만든 것이다. 실제로 이런 사람들은 아침에 일어나면서부터 '어떻게 하면 도와서 더 좋게 발전시키고 성장시킬 수 있을까?' 하고 다른 사람들을 생각하기 시작한다. 이들은 서비스 정신을 지니고 평생 살아간다.

③ 긍정적 에너지를 발산한다

리더들은 표정이 밝고 유쾌하며 행복에 차 있다. 태도 역시 낙관적이고 긍정적이며 또한 기대에 차 있다. 정신적인 면에서도 이들은 열정적이고 희망적이며 신념에 차 있다. 이러한 긍정적인 에너지는 마치 이들을 에워싸고 있는 에너지 장(場) 혹은 영기(靈氣)와 같아서 주변에 있는 약하거나 부정적인 에너지 장을 충전하거나 변화시킨다.

④ 자기 자신과 다른 사람을 믿는다

리더들은 부정적 행동이나 비판에 과잉 반응을 보이지 않는다. 이들은 설사 다른 사람의 약점을 발견하더라도 크게 개의치 않는다. 순진해서가 아니다. 이들 역시 그것을 충분히 인식하고 있지만 다른 사람들의 행동과 밖으로 드러난 잠재력은 별개의 것이라고 생각한다. 사람은 누구나 보이지 않는 잠재력을 가지고 있다고 생각하는 것이다. 그리고 긍정적으로 성장할 수 있도록 도와준다.

⑤ 균형 잡힌 삶을 산다

리더들은 국내외 정세는 물론 현재 일어나고 있는 일들도 잘 파악하고 있으며, 지적인 면뿐만 아니라 다방면에 관심을 가지며,

읽고, 보고, 관찰하고, 배운다. 또한 나이와 건강이 허락하는 한 신체적으로도 매우 활동적이다. 다양한 취미 생활로 자신의 인생을 즐기고, 건전한 유머감각을 갖고 있다. 한마디로 이들은 건강한 자기 존경심을 갖고 있으며, 자기 자신에게 매우 솔직하다. 또한 상황에 따라 균형감각과 자제심, 중용 그리고 현명한 처신을 통해 자신의 행동과 태도를 조절할 수 있다.

⑥ 협상하고 협동한다

리더들은 시너지를 잘 활용한다. 또한 변화를 일으키는 촉매자로 자신들의 분야에서 거의 모든 것을 개선한다. 이들은 일을 열심히 할 뿐만 아니라 스마트하게 한다. 동시에 놀라울 정도로 생산적이고 새롭고 창의적인 방법으로 일을 한다. 이들은 적대적인 상황에서 다른 사람과 협상이나 대화를 하게 되더라도 사람과 문제를 분리할 줄 알며, 유리한 위치를 확보하기 위해 다투기보다는 오히려 상대방의 이해와 관심사에 더 신경을 씀으로써 상대방도 점차 이들의 성실성을 이해하고 창의적인 문제 해결 과정에 동참하도록 이끈다.

⑦ 일신우일신(日新又日新)한다

리더들은 신체적, 정신적, 사회 감정적, 그리고 영적 차원을 부단히 쇄신한다. 예를 들어 운동을 통해 신체적 차원을 쇄신하고, 독서, 창의적인 문제 해결, 글쓰기 등을 통해 정신적 차원을 쇄신한다. 하루 24시간 가운데 자기 학습과 배움과 개선을 쇄신하는 데 투자하는 시간만큼 투자 효과가 큰 것도 없을 것이다.

매일 이와 같은 지속적인 성장을 위해 쇄신을 계속한다면 누구나 머지않아 일생 동안 지속될 좋은 효과를 경험하게 된다. 자기 쇄신의 원칙은 점차적으로 강한 자제력과 인류 사회에 공헌하고자 하는 투철한 서비스 정신을 바탕으로 견실하고 건전한 성품의 인간을 만들어낸다.

우리는 하나의 작은 원자가 쪼개질 때 엄청난 에너지와 힘이 방출된다는 사실을 알고 있다. 용은 원자이면서 동시에 거대한 우주이다. 이 말은 작은 것이 큰 것과 다를 바 없다는 뜻이다. 우주를 파괴하는 것은 낡은 습관, 작은 부정에서 출발한다. 이무기와 용의 차이가 여기에 있다. 식욕, 정욕과 같은 탐닉, 자존심과 가식, 그리고 야심과 허영심이 이무기를 승천하지 못하게 한다. 지키지 못할 약속은 절대 하지 말고 약속했다면 지키는, 작지만 착한 결심이 모이고 모이면 결국 '하늘은 스스로 돕는 자를 돕는다'는 말처럼 하늘에 기쁨의 밝은 빛을 전달하며 매일매일 승천하는 삶을 이끌어 낼 것이다.

2장 용의 출발,
이무기가 용이 된다

_____ 이무기로 천 년을 산다고 해
서 용이 되는 것이 아니듯이 리더가 되었다고 해서 당
연히 강력한 리더십을 가졌다는 뜻은 아니다. 진정한
리더십이 있는가, 없는가의 차이는 용과 이무기의 차
이와 같으며 그것은 1과 0의 차이다. 물속의 이무기가
되면 난폭한 괴물이라고 불리지만, 용이 되면 하늘의
왕이라고 불린다. 이무기가 아니라 용으로 살고 싶다
면 선한 목적의 여의주를 가져야 한다. 그리고 이무기
에서 머무는 것이 아니라 용이 되어야 한다. 그렇다면
작은 물고기, 혹은 고작 이무기인 우리가 용이 되려면
어떻게 해야 할까?

1. 이무기와 용, 리더와 리더십

용은 원래 용에서 나와야 하지만 작은 물고기, 뱀이나 잉어, 거북이
나 말(馬)이 오랜 세월 연륜을 쌓으면 용이 되어 승천한다는 이야기
가 정설이다. 그래서 용에게 아홉 자식이 있다는 용생구자설(龍生九
子說)에서도 자식들은 용이 아니다. 그런데 세상의 신화와 전설을
잘 들여다보면 용이 되었다는 해피엔딩보다 결정적인 순간에 일어
난 뜻하지 않은 사건으로 용이 되지 못하고 한을 품고 살아가는 존
재들에 대한 이야기가 더 많다. 이무기가 바로 그런 억울한 뱀이다.
이무기는 용이 되고자 했으나 사정에 의해 용이 되지 못한 큰 구렁
이를 가리킨다. 이무기가 천 년을 묵으면 용이 되어 승천한다고 한
다. 이무기는 다른 이름도 많다. 이시미는 이무기의 방언이다. 영노,
또는 비비라는 이름으로 등장하기도 한다. 용이 되지 못한 성질 사
나운 뱀을 깡철, 꽝철이라고도 한다. 국어사전에는 '강철이'라는 단

어가 등재되어 있다. 이놈이 하늘을 날면 온 하늘에 불이 가득해 비가 오지 않아 가뭄이 심해진다고 한다. 몸에서는 맹렬한 열기나 불을 뿜어내어 산천초목을 모두 말려버리고 구름을 마르게 하여 가뭄을 일으키며 우박을 동반한 폭풍을 일으키는 존재로 '강철이 간 데는 가을도 봄'이라는 속담이 있을 정도다. 풍성한 가을의 결실도 이놈이 휩쓸고 가면 아무것도 남지 않는 봄처럼 된다는 뜻이다.

이처럼 이무기 또는 이룡(螭龍)은 한국의 전설에 등장하는 상상의 동물이다. 용이 되기 전 상태의 동물로 여러 해 묵은 구렁이를 말하기도 한다. 일반적으로 천 년 동안 차가운 물속에서 지내면 용으로 변해 여의주를 물고 굉음과 함께 폭풍우를 불러 하늘로 날아 올라간다고 여겨졌다. 호수, 연못, 강 등 담수에 사는 모든 생물의 왕이며, 특히 헤엄치는 동물은 모두 이무기의 지배하에 있다. 물고기 무리가 2,500마리를 넘으면 어디선가 이무기가 나타나 그들의 왕이 된다고 한다. 이런 이무기들은 용이 되려고 수행을 한다. 만약 천 년이 지나도 용이 되지 않으면 절망해서 삐뚤어진다. 누구라도 그럴 것이다.

어떤 전설에서는 천 년 동안 수행한 후 밖으로 나와서 처음 만나는 사람이 자신을 보고 "용이다!" 하면 용이 되지만 "뱀이다!" 하면 이무기가 되어 다시 천 년을 수련해야 한다고 한다. 설화 중에는 천 년을 수행한 뱀이 승천하려고 용쓰는 것을 아기 업은 할머니가 보았는데, 할머니가 "저 뱀 봐라"고 하는 것을 업혀 있던 아기가 "아냐, 할머니, 용이야!"라고 정정한 덕분에 승천하여 용이 되었고 보답으로 그 일대의 논과 들을 비옥하게 만들었으며 수원지인 연못까지 덤으로 만들어주었다는 이야기가 있다.

아무튼 천 년이나 수행하고도 사람이 용이 아니라고 하면 승천을 못 하는 것은 이무기 입장에서는 열불 터질 일이지만 세상 일이 호락호락하지 않은 것만은 사실이다. 리더라고 자기 입으로 아무리 말해 봐야 소용없고 남이 진짜 리더라고 인정해 줘야 자격이 있는 것과 매한가지다.

게다가 리더십을 드러내는 짧은 순간에 곧바로 이무기와 용의 차이가 나타난다. 그것이 리더십인지 아닌지가 드러난다. 무엇을 기준으로 생각하고 행동하는지의 차이가 나타나는 것이다. 비전 수립부터 목표 공유, 조직문화 혁신, 인재 양성, 시스템 점검, 리스크 관리 등 실용적인 노하우부터 항구적인 전략까지, 조직 관리 전반에 걸쳐 리더가 갖춰야 할 마음가짐과 실천적 지침들을 가득 배웠지만 결국 중요한 순간에는 이무기의 결정이거나 용의 결정으로 판가름 난다.

경영 현장에서 마주치는 수많은 난관 앞에서 리더들은 수없이 흔들린다. 하지만 리더는 결국 돌파해 나가는 사람이다. 결과는 선택할 수 없지만, 대응은 선택할 수 있다. 이런 리더십 역량은 언제나 개인과 조직의 성공 가능성을 결정한다. 리더십이 강하면 조직의 성공 가능성도 높지만 그렇지 않으면 낮을 수밖에 없다. 때문에 조직이 어려움에 봉착하면 자연스럽게 새로운 리더십을 찾게 된다. 국가가 어려움에 처하면 새로운 대통령을 선출하고, 기업이 이익을 내지 못하면 새로운 최고경영자를 고용하고, 스포츠 팀의 성적이 좋지 않으면 새로운 감독을 찾는다. 하지만 그런다고 해서 위기가 사라지고 문제가 해결되지 않는다.

리더십의 필요성이 대두되고 학습도 20년 가까이 지속되었지만 여전히 리더의 자질과 역할은 논쟁거리다. 국가, 기업, 현장, 가정에 이르기까지 우리 사회는 전방위로 리더십 부재에 시달리고 있다. 무수히 많은 국내외 서적들이 나오고 리더십 전문 강연과 교육을 진행함에도 불구하고 진정한 리더십, 따르고 싶은 리더를 손에 꼽고 목마른 이유는 무엇일까?

불행히 아직도 우리는 리더십을 단순히 처세나 임기응변의 기교, 화려한 언변 기술 정도로만 인식하고 있다. 리더십에 대한 올바른 인식이 부족하고, 체계적인 교육과 지속적인 훈련도 중도에 흐지부지된다. 말로만 리더십을 외친다.

실제로 개인, 가정, 직장, 사회, 국가에서 벌어지는 모든 문제의 핵심은 리더십과 직결되어 있다. 리더십이 부족한 정치가로 인해 국민이 고통받고, 리더십이 있는 정치가는 사회와 국가를 발전시키고 국민들의 자존감을 높이고 행복하게 한다. 리더십이 부족한 경영자로 인해 기업은 파탄에 이르며, 리더십이 없는 상사는 직원을 불행하게 만든다. 리더십이 있는 CEO는 회사를 성장 발전시키며 직원들을 행복하게 한다. 리더십이 부재한 가정은 서로 싸우거나 무관심하고 세상을 비관한다. 리더십이 있는 가장은 가정을 화목하게 하고 행복하게 꾸려간다.

사실 리더십은 기업이나 국가를 운영하는 리더들만 갖춰야 할 덕목이 아니라 오늘을 사는 우리 모두가 알고 실천해야 할 철학이자 숙제이다.

흔히 '리더가 되는 사람은 따로 있다'고 말한다. 그러나 분명한 사실은 모든 개천에서 용이 난다는 것이고, 물고기가 용이 되며, 등용문을 오른 잉어가 처음부터 정해진 것은 아니란 점이다. 평범한 사람들도 학습과 노력을 통해 누구나 강력한 용의 리더십을 가질 수 있다.

토요타의 출발은 창업자인 기이치로의 부친 도요다 사키치부터라고 할 수 있다. 1867년 일본 시즈오카현 야마구치라는 시골 마을의 가난한 목수 집안에서 태어난 사키치는 장남으로서 가업인 목수 일을 이어야 했지만 다른 뜻을 가지고 있었다. 비록 정규교육도 제대로 받지 못했지만, 당시 산업혁명으로 인한 근대화의 영향으로 발명가가 되겠다는 큰 꿈을 꾼 것이다.

사키치는 어릴 때부터 발명이 국가를 위한 길이라면 아무도 생각해 내지 못하는 발명을 해야겠다는 야망을 가지고 있었다. 왜냐하면 부모로부터 물려받은 재산이 없는 젊은이가 무에서 유를 만들어낼 수 있는 방법은 범죄와 도박을 제외하면 발명밖에 없다고 생각했기 때문이다. 그래서 당시에는 발로 밟아 목면을 짜야 했던 수동식 직기를 개량해서 자동 직기를 발명했다. 이것은 기존 베틀에 비해 50% 정도 빠르게 직물을 만들 수 있었다.

그는 "농업으로 한 가구를 지탱하기 위해서는 1정보(약 3,000평)의 토지가 필요하다. 그러나 1정보의 토지에 공업을 일으키면 한 마을을 먹여 살릴 수 있다. 국토가 좁은 일본은 공업을 일으켜야 살아갈 수 있다. 이를 위해 나는 자동 직기를 발명하기로 했다"라고 말했으며, 이것은 당시 일본의 시대 상황과 나아가야 할 방향을 정확하게 파악하고 있기에 가능한 것이었다.

그는 단지 자동 직기 하나를 만드는 데 그치지 않았다. 그는 기존 제품의 개선을 거듭했다. 불편한 점이 나오면 끊임없이 연구하여 새로운 제품을 만들어냈다. 1894년부터 1914년까지 20년간 그가 개발한 대표적인 직기는 총 6개에 달한다. 이런 끊임없는 개선이 오늘날 토요타 자동차의 경영 정신인 '토요타 방식Toyota Way'을 이루게 되었다.

"모든 사람들은 그들의 삶에서 최소한 한 번은 큰 프로젝트에 도전해야 한다. 나는 새로운 종류의 직기를 발명하는 것에 대부분의 내 삶을 바쳤다. 우리는 무엇인가 사회에 공헌할 수 있는 한 번의 노력을 해야만 한다."

토요타 자동차를 설립한 창업주가 아들 기이치로에게 남긴말이다.

그가 가진 이런 정신은 토요타의 기업문화 형성에 지대한 영향을 미쳤다. 지금도 토요타의 홈페이지에는 기본 이념 바로 밑에 '토요타 강령'이 별도로 있다. 아직도 토요타의 기업문화에 지대한 영향을 미치고 있는 강령에서 읽을 수 있는 키워드는 첫째, 국가에 기여하는 기업, 둘째, 항상 도전하고 창조하는 기업, 셋째 화(和)를 중시하는 기업, 넷째, 사회에 감사하는 기업으로 정리할 수 있다. 결국 토요타 자동차라는 용은 사키치라는 인물의 시대적 사명감이 자동직기의 발명과 어우러져 만든 여의주를 품고 탄생한 것이라고 할 수 있다.

미국의 시어도어 루스벨트 대통령은 태어나면서부터 몸집이 작고 매우 허약했다. 그는 "몸이 강하지 못하면 정신도 제 능력을 발휘할 수 없다"는 아버지의 말씀에 따라 평생 몸을 단련하는 데 열중했다. 대통령이 되고 죽을 때까지 계속된 그의 느리지만 꾸준한 노력은 리더십이 하루아침에 이뤄지는 현란한 기술이 아니라 평생에 걸친 작업이라는 것을 보여준다. 위대한 리더로 추앙받는 링컨 대통령은 자신의 힘과 권위를 다른 사람에게 기꺼이 내주는 것으로 유명했고, 그래서 더욱더 많은 추종자들과 함께할 수 있었다.

우리 사회에서는 종종 이무기의 마인드를 가진 사람을 만난다. 겉모습은 용처럼 보이지만 겪어보면 이무기임을 알게 된다. 무엇이 있느니 없느니, 네가 뭘 안다고 나서느냐, 내가 누군지 아느냐, 닥치고 내 말 들어라, 시끄럽고 시키는 대로 해 등은 모두 이무기들이나 하는 짓이다. 용은 이것저것 따지지 않는다. 무언가를 탐하지도 않는다. 자리를 만들 뿐 자리를 탐하지 않는다. 모든 자리에서 자신이 주인공이기 때문이다.

2. 용이 되는 천 년의 시간도 시작은 하루부터다

세상에 감기에 걸리지 않는 사람은 없다. 감기에 걸리면 병원을 찾고 감기약을 먹는다. 하지만 정확히 말하면 이 약은 감기를 낫게 하는 약이 아니라 감기로 인한 증상을 덜어줘서 고생을 조금 줄여줄 뿐이다. 우스갯소리로 '감기는 약을 쓰면 일주일, 약을 안 쓰면 7일'이라는 말이 있다. 감기는 약을 쓰나 안 쓰나, 몸이 나을 때가 되면 자연히 낫는다는 의미다. 약으로 감기를 낫게 할 수는 없다.

이무기가 천 년을 수련해서 용에 도전하는데, 그 정도 시간이면 당연히 뭔가 속성의 방법론이 없을까 고민했을 것이다. 결론은 없다. 있었다면 그런 성공 사례가 전설이든 민담이든 남아 있어야 하는데 온통 실패 사례뿐이다.

용의 리더십을 가진 리더가 될 수 있는 속성의 방법이 있다면 좋겠지만, 마찬가지로 방법은 없다. 그냥 꾸준히 지금 딛고 서 있는 발부터 떼고 출발하는 것이 최고다.

생각만 하지 말고, 끊임없이 포기하지 않고
실천하며 노력하는 것이 성공을 향해 가는 지름길이다.
-윈스턴 처칠

어떠한 일도 갑자기 이루어지지 않는다.
나무의 열매조차 금방 맺히지 않는데
하물며 인생의 열매를 노력도 하지 않고
조급하게 기다리는 것은 잘못이다.
-에픽테토스

실제로 갑자기 되는 일은 아무것도 없다

우공이산(愚公移山), 우보만리(牛步萬里). '어리석어 보여도 조금씩 흙을 옮기면 산을 옮길 수 있고, 소걸음이 느려도 만 리를 간다'고 했다. 용이 되기까지는 엄청난 시간이 걸린다. 따라서 우공이산과 우보만리의 마음가짐이 꼭 필요하다. 우보만리를 더 자세히 표현하면 호시우보(虎視牛步)라고 할 수 있다. '소처럼 신중하게 걸으면서 호랑이처럼 주시한다'는 뜻이다. 호보(虎步)가 아니라서 한 번에 훌쩍 '비약'하지는 못할지라도 한 걸음 한 걸음 나아가는 것이다. 호시우보는 멀리 있는 것이 잘 보이는 원시와 가까이 있는 것이 잘 보이는 근시가 함께 갖추어져야 가능하다. 입체감을 가져야 한다는 것이다.

사람들이 대개 일을 망치는 것은 성급함과 조급함에 기다리면서 꾸준히 쌓지 못하기 때문이다. 뜸이 덜 든 밥솥을 열어 밥을 망치는 사소한 일부터 자식이 인생에 대한 결정을 내리기 전에 결론을 내고 아이의 앞길을 망치는 경우도 허다하다.

우공이산과 우보만리가 동양에만 있는가 하면 그것도 아니다. 1953년 출간된 장 지오노(Jean Giono, 1895~1970)의 프랑스 소설《나무를 심은 사람》은 초등학교 5학년 국어 교과서에 실렸을 만큼 널리 알려진 이야기다. 프랑스의 황량한 프로방스 지방 알프스 산간에 나무를 심은 노인의 이야기로, 이 노인을 만난 일인칭 관찰자 시점에서 서술되어 있다. 1913년 오지를 여행하던 여행자가 물을 찾다가 우연히 양치기하는 노인을 만나 물을 얻어 마시고 노인의 집에 가서 저녁을 얻어먹는다. 노인의 삶에 끌린 주인공은 하루를 더 머물며 노인의 삶을 관찰한다. 그리고 다음 날 노인이 3년간 10만 그루의 도토리나무를 심은 것을 알게 되고, 자작나무를 심을 거라는 계획도 듣는다. 그 후 주인공은 5년간 제1차세계대전에 참전했다가 종전 후 다시 노인이 사는 곳을 찾는다. 그곳에서 그가 발견한 것은 울창한 참나무 숲과 개울가였다. 그리고 오랜 시간이 흘러 제2차세계대전이 끝난 후에는 황량했던 그곳이 풍요로운 마을로 재건되었다.

지혜로운 리더, 용의 리더십을 추구하는 리더는 우공이산과 우보만리의 지혜를 가슴에 담고 매일 실천하는 사람들이다. 그 실천은 이미 체화된 것이다. 생각하고 실천하지 않아도 손이 알아서 움직이고 몸이 먼저 움직인다. 이것이 용의 습관이다. 지금 이 순간 꼭 해야 할 일에 집중해서 실천해야 한다. 천릿길도 한 걸음씩 나아가다 보면 도착하게 되어 있다.

내가 만난 우공이산의 실제 인물이 있다. 세계 최고의 정원을 가꾸겠다는 일념으로 50년의 시간을 바쳐온 사람이다. 바로 50년간 황무지를 개간해 만든 '생각하는 정원'의 성범영 원장이다.

생각하는 정원은 1968년부터 농부 성범영이 제주시 한경면 저지리의 황무지를 개척하여 집념으로 완성한 창조적인 정원으로 1만 3천 평(4만 3,000㎡)의 대지에 7개의 작은 정원으로 구성된 세계에서 가장 아름다운 정원이다. 이 공간을 그는 설계도면 없이 스스로 구상하고 만들었다.

1968년부터 가시덤불을 잘라내고 황무지를 개간해 돌담을 쌓기 시작했다. 수도와 전기도 없이 8년간 호롱불을 켜고 지내며 빗물을 받아 밥을 지어 먹고 벌어들인 돈으로 정원을 일궜다. 주위 사람들로부터 '두루외'('미친놈'이라는 뜻의 제주 방언)라는 말을 수도 없이 들었다. 그가 매일 새벽부터 밤늦게까지 돌을 쇠망치로 다듬고 담을 쌓으며 돌과 흙을 운반한 양이 15만 톤이 넘는다고 하니 정말 살아 있는 우공이산이 아니고 무엇이겠는가.

1992년 7월 문을 연 정원은 국내보다 해외에 더 많이 알려져 있다. 중국의 장쩌민 전 국가주석과 후진타오 전 국가주석, 베트남의 쯔엉떤상 전 국가주석, 몽골의 푼살마긴 오치르바트 초대 대통령, 뉴질랜드의 짐 볼저 전 총리, 일본의 하토야마 유키오 전 총리 등이 이곳을 찾았다.

이곳은 중국 〈인민일보〉 등 주요 언론에 다수 소개됐고, 중국 인민출판사에서 《생각하는 정원》의 중국어판 《사색지원(思索之苑)》이 출간되었다. 중국 교과서에 생각하는 정원과 성범영 원장에 대한 내용이 실리기도 했다. 중국의 시진핑 국가주석 역시 이곳을 방문했다. 그는 이곳이 '농부의 정신'을 드러내는 공간이라며 중국에도 똑같은 정원을 만들어주기를 요청했다고 한다. 그리고 나도 가보고 만나보았다.

한국 고유의 정원수와 분재 그리고 괴석과 수석이 오름의 여백을 따라 전시되어 있고, 돌 하나하나 손으로 직접 다듬어 쌓아 올린 거대한 돌담과 돌문도 있다. 그곳에는 독창적인 한국 정원이 제주의 자연과 어우러져 장관을 이루고 있다.

그야말로 마부작침(磨斧作針)이고, 수적석천(水滴石穿)이다. '도끼를 갈아 바늘을 만드는 것'도 능히 할 수 있는 일이며, '물방울이 돌을 뚫는 것'도 미미(微微)한 힘이지만 한평생을 바친 인고의 시간과 노력이 있다면 어떤 결과물이 생기는지 보여주는 공간이다.

집에서 보내는 시간을 효율적으로 활용해야 하는데 게임기나 TV를 보면서 시간을 낭비하는 경우가 많다. 한번 지나가면 돌아오지 않는 소중한 시간이다. 그 소중한 시간을 어떻게 관리하고 사용해서 축적하느냐에 따라 삶의 공든 탑이 된다.

집에 가서 밥을 먹고 재미있는 게임과 TV 프로를 보기 위해 채널을 검색하고 이것저것 보다 보면 저녁이나 주말 시간을 낭비하는 경우가 대부분이다. 그래서 소중한 시간을 낭비하는 TV를 나는 과감히 없애버렸다. 그 대신 음악을 듣고, 책을 읽고 쓰며, 가족들과 대화를 하면서 더 많은 시간을 알차게 보내고 있다. 천 년을 갈 습관을 만들기 위해서는 첫 단추가 얼마나 중요한지 역설적으로 말한다. 효율적이고 좋은 습관을 만들기는 어려워도, 비효율적이고 나쁜 습관은 자신도 모르게 생긴다. 습관은 축적되고 복리로 작용한다. 경박하고 조급한 마음을 품은 이무기형 리더들은 기업의 대박을 꿈꾸고 자기 마음대로 휘저으면서 좋은 결과가 나오기를 원한다. 생각한 것은 예술인데, 정작 자신이 가진 기술은 생각하지 않고 채근한다. 뜻대로 조직원들이 움직이지 않고, 자꾸만 본인 마음만 저만치 앞서가면서 보채고 성화를 해댄다. 만사는 쌓여서 이루어진다. 지구상에 생존하는 모든 기업은 크게는 글로벌 경제, 작게는 국내의 대소사에 영향을 받으면서 하루하루 앞으로 나아간다. 매 순간에 전력을 다해야 한다. 용이 되겠다는 꿈을 이루고자 하는 노력이 조금씩 시간과 함께 쌓여간다면 결국 원하는 목표를 이룰 수 있다. 토끼와 거북이의 경주는 결과가 뻔하다. 그런데 동화 속 승자는 거북이다. 이미 정해진 결과라는 것은 없다. 이무기가 천 년을 다 채운다고 해서 무조건 용이 되는 것이 아니다. 토끼는 원래 빨리 달리는 동물로 인식되어 있기 때문에 사람들은 토끼가 당연히 이긴다고 생각한다. 하지만 정말 중요한 것은 포기하지 않는 거북이의 느린 걸음이다.

스스로의 부족함을 알면 그 약점이 오히려 용이 되는 발판으로 작용한다. 먹고 먹히는 세상에서 약점을 알고 노력하면 강점을 믿고 쉬면서 여유를 부리는 자를 이길 수 있는 좋은 기회를 얻게 된다. 자신의 약점을 잘 아는 거북이와 이무기는 그래서 쉴 수가 없고 쉬지 않는다. 쉬는 것은 빠르고 강하다고 생각하는 어리석은 이무기뿐이다. 동서고금(東西古今)의 역사를 보면 자신의 약점과 부족함을 극복하고 성공한 인물이 한둘이 아니며, 반대로 재주를 가진 자가 겸손하기란 참으로 어려운 법이라는 것을 보여주는 이야기로 가득하다.

강이나 호수, 연못에서만 용이 나지 않고 개천에서도 용이 날 수 있다는 말은 자신의 부족함을 채우기 위해 목표를 설정하고 쉬지 않고 노력한 사람도 용이 될 수 있다는 뜻이다. 반대로 좋은 환경에 있더라도 편안함에 안주하며 도전하지 않는 자는 용이 될 수 없다는 뜻이기도 하다.

또 다른 의미의 개천(開天)을 해석해 보면 "하늘은 누구에게나 열려 있다"라고 할 수 있다. 용이 될 것인가? 이무기가 될 것인가? 평범한 뱀으로 살 것인가? 결국 나의 노력에 따라 크기와 이름이 달라진다는 것이다.

3. 학자필승(學者必勝), 배우는 자만이 용이 될 수 있다

약간 살찐 사람이 □□□□.
욕먹으면 □□□□.
빨리 걸어야 □□□□.
개를 기르면 □□□□.
행복한 노인이 □□□□.
부자들이 7년 더 □□□□.
낙천적인 사람이 □□□□.
천천히 먹어야 □□□□.

4개의 '□' 안에 들어갈 말이 무엇인지 알겠는가? 정답은 '오래 산다'이다. 이렇게까지 강조하지 않아도 우리는 이제 정말 오래 사는 시대에 접어들었다. 2000년 이후 출생자는 150세까지 살 것이라는 말도 있다. 이럴 때 중요한 과제는 단순히 오래 사는 것이 아니라 추가로 주어진 삶에서 무엇을 할 것인가이다.

그 가운데 최고는 배움이다. 누가 뭐라고 해도 오래 살면서 평생을 배워야 하는 시대로 접어들었다. 세계경제포럼World Economic Forum의 보고서에 의하면 지금 초등학생들의 65%가 아직 존재하지도 않는 일자리를 갖게 될 것이라고 한다. 이 말은 나이 든 사람들은 65%의 다른 산업이나 상황을 맞닥뜨리고 이해하거나 해결해야 한다는 뜻이다. 우리가 이미 배운 지식 기반은 모두 빠르게 진화하고 있다. 새로운 산업이 끊임없이 나타나고 낡은 산업은 시대에 뒤떨어지고 있다.

더 나은 리더십, 용의 리더십을 가지고 싶다면 배워야 한다. 우리는 변화가 가속화되는 세상에 살고 있으며, 동시에 정보의 홍수 속에 살고 있다. 디지털 시대에 접어든 인류는 이미 10년 전에 매일 250경(京)인 2.5퀸틸리언quintillion 바이트에 달하는 데이터를 생성하기 시작했다. 빅데이터의 시대가 열렸고, 이러한 정보는 끊임없이 우리의 지식 기반을 빠르게 업데이트하고 있다.

예전에는 고등학교나 대학을 졸업하고 나면 직장 생활에 몰두하느라 배워야 한다는 인식이 부족하거나 그럴 필요도, 여유도 없었다. 하지만 이런 상황은 정보화 시대를 맞아 스마트폰이 일상생활에 필수품이 되면서 틀린 것이 되었다.

'나는 나이가 많아 그런 것 몰라도 여태까지 잘 살아왔는데' 하면서 정보화 능력을 갖추지 않으면 변화하는 시대에 뒤떨어져 컴맹 또는 폰맹 취급을 받으며 불쌍한 삶을 살아가야만 한다. 보통의 사람도 변화에 맞선 대응이 부족하고 학습되지 않으면 그런 대접을 받는다. 하물며 리더는 어떨까? 시대는 끊임없이 변화하고 세월은 빠르게 흘러간다. 그 변화를 이해하지 못하면 승천은 요원한 일이 된다.

대중교통만 봐도 불과 40년 전에는 차표나 회수권을 사거나 현금을 운전기사나 차장에게 주었다. 지금은 카드를 거쳐서 스마트폰 앱으로 자동 결제된다. 환승도 가능하다. 모바일로 비행기를 예약하고, 출국할 때 QR코드를 단말기에 대면 탑승 수속도 신속하게 처리된다. 현금이 오히려 잔돈을 남겨서 불편한 실정이다. '동전 없는 사회' 운동이 계속되고, 앞으로 10년 안에 동전이 없어질 것으로 보인다.

예전에는 돈의 입출금이나 이체를 하기 위해서는 은행 창구를 직접 이용해야 했다. 번호표를 뽑기 전에는 줄을 섰다. 하지만 지금은 인터넷의 발달로 텔레뱅킹이나 폰뱅킹을 이용하고 은행을 직접 찾는 일이 크게 줄어들었다. 메시지를 주고받다가 송금하고, 실물로 사용 가능한 쿠폰을 선물하기도 한다. 불과 5~6년 사이에 생긴 일이다. 하루가 다르게 변화하는 시대에 정보화 추세를 무시하거나 종전의 방법만 고집하다가는 많은 시간이 낭비되고 이용할 때마다 불편을 감수해야 한다. 배우지 않는 리더는 사회와 사람들의 관심이 어디에 있는지 알지 못하게 된다.

《명심보감(明心寶鑑)》〈권학편(勸學篇)〉에서 부적규보 부이지천리 부적소류 무이성강하(不積蹞步 不以至千里 不積小流 無以成江河), 즉 '발걸음을 쌓지 않으면 천리에 이르지 못하고, 작은 흐름이 모여 강과 바다가 된다'고 했다.

물론 평생을 배워야 한다는 말에 반감을 가지는 사람들도 있다. 얼마 못 가서 죽을 텐데 평생 배워서 어디다 쓰냐는 것이다. 하지만 그 '얼마'가 생각보다 길어지고, 언제 죽을지도 모른다. 미루고 미루다 불편하고 답답하게 꽤 오래 살아가는 것은 미련한 짓이다. 변화에 수동적으로 대응하거나, 나이가 많다고 배움을 소홀히 해서는 안 된다. 배운다고 생각하지 말고 즐긴다고 생각하는 것이 편하다.

일찍이 공자도 《논어(論語)》에 비슷한 말을 남겼다. 지지자 불여호지자 호지자 불여낙지자(知之者 不如好之者 好之者 不如樂之者), 즉 '알기만 하는 사람은 좋아하는 사람만 못하고, 좋아하는 사람은 즐기는 사람만 못하다' 어떤 일을 스스로 즐기는 경지에 도달하면 노동은 놀이가 되고, 경지에 도달한 놀이는 예술이 된다. 노동이 예술이 될 때 비로소 명장(名將) 혹은 장인(匠人)이 탄생한다. 자신이 하는 일에서 아무런 즐거움도 느끼지 못하는 사람은 똑같은 일을 반복하는 기계나 다를 바 없다. 기계는 아무리 세월이 흘러도 결코 예술가가 될 수 없다. 승천 불가능이다. "안코라 임파로!Ancora imparo!" 천재 예술가 미켈란젤로가 87세에 시스티나 대성당의 천장화를 완성하고 나서 스케치북 한쪽에 적은 글로 '나는 아직도 배우고 있다'는 뜻이다.

> 가장 성공한 사람은 평생 배우는 사람이다. 그들은 끊임없이 묻고 경이로운 세상을 탐험한다. 나이가 15세이든 115세이든, 지금 시련을 겪고 있든 최고의 전성기에 있든, 당신이 인생의 어느 시기에 있든 상관없이 자신을 위한 교육과정을 만들어야 한다.
> -탈 벤 샤하르(하버드 대학교 교수)

리더라면 평생 배우고, 배운 것을 현장과 기업에 도입하고, 다시 반응을 파악하고 또 배우고 실천해야 한다. "세상에 제일 무서운 사람은 배우는 사람이다" 과거 MBC에서 다큐로 제작된 미라이 공업 야마다 아키오 회장의 말이다. 그는 고객을 감동시키는 것은 직원이기에 경영자는 고객보다 먼저 직원을 감동시켜야 하며, 사람은 말(馬)이 아니기 때문에 당근만 필요하다고 말했다. 그래서 구글의 복지에 버금가는 혜택을 제공한 것으로 유명하다.

그는 《샐러리맨의 천국을 만든다》라는 책에서 이런 말을 했다.

"경영자가 되면 여러 모임에 초대된다. 비단 동우회뿐만이 아니다. 이때 서로의 비위를 맞춰주면서 체면치레 인사만 오가는 장소에 가는 것은 아무런 도움이 되지 않는다. 함께 공부하면서 토론할 수 있는 곳을 선택해야 한다. 기분만 좋아지는 모임 따위는 무시해도 좋다. 모처럼 시간과 돈을 내서 참석하는 모임인데, 사장은 자신에게 도움이 되는 모임을 찾아내서 이 시간을 적극적으로 활용해야 할 의무가 있는 것이다."

누가 뭐라고 해도 우리는 변화를 맞이하며 삶을 살아간다. 과거와 미래로 가서 살 수 없고, 오직 현재 이 순간만을 살아갈 수 있다. 따라서 이러한 변화의 시대에 잘 적응하면서 살아남으려면 지금 오늘 깨어 있는 지식과 앎을 지닌 지식 전문가가 되어야 한다. 미래학자 앨빈 토플러는 21세기의 문맹은 문자를 읽고 쓰지 못하는 사람이 아니라 배우려 하지 않고 낡은 지식을 버리지 않으며 끊임없이 재학습하지 않는 사람이라고 했다.

지피지기 백전불태(知彼知己 百戰不殆), 즉 '적을 알고 나를 알면 백 번 싸워도 위태롭지 않다'고 했다. 전쟁이든 어떤 일에서든 승리하거나 좋은 결과를 거두려면 남도 알아야 하고 나도 알아야 한다는 말이다.

노자(老子)는 두 한자로 이 문제를 풀고 있다. '남을 아는 것은 지(知), 나를 아는 것은 명(明)이다' 밝다는 것은 눈에 훤히 보인다는 뜻으로 잘 듣는 것까지 포함해서 총명(聰明)하다고 한다. 잘 듣고 잘 보아야 자신이 밝고, 자신이 밝아야 총명함을 등불 삼아 어두운 세상에서 앞으로 나아갈 수 있다.

4. 리더는 배우는 사람이고, 아는 만큼 보인다

디지털 시대에 지식 전문가의 역할이란, 세상의 흐름과 변화를 예리하게 통찰하며, 쏟아지는 수많은 정보 속에서 필요한 정보를 재빨리 골라내는 안목을 키우고, 관련 지식들을 한 줄로 꿰어 정보화해서 대중에게 제품과 서비스로 제공하는 것이다.

지식만 충분히 쌓으면 전문가가 된다는 생각은 곤란하다. 현장에서 요구하는 전문가의 자질은 다른 것이기 때문이다. 그리고 단순히 쌓여 있는 지식만으로 문제를 해결할 수 있는 것도 아니다. 하루하루의 일과, 순간순간의 결정, 내가 하는 말과 행동, 내가 가진 지식들이 어떤 식으로 작용하는지를 충분히 이해하고, 적절한 시점에 그 지식을 행동으로 녹여낼 수 있어야 진정한 전문가라고 할 수 있다.

왜 많은 곳에서 전문가를 원하는 것일까? 전문가는 자신의 지식을 기반으로 합리적이며 일관성 있는 상황 판단과 결론을 내릴 수 있다. 설령 그 판단과 결론이 적절치 못하거나 기대한 만큼의 성과를 가져다주지 못하더라도, 합리적이며 일관성이 있기 때문에 어디서 문제가 생겼는지를 역추적해 수정하고 미래에 더 나은 결론을 내릴 수 있다. 또한 기존의 실수를 수정하고, 다른 사람들에게 같은 실수를 반복하지 않도록 조언할 수 있다.

제너럴리스트generalist는 한 분야에 뛰어난 지식은 없을지 몰라도 여러 분야에 대한 지식을 두루 갖춘 사람을 말한다. 그래서 한쪽으로 치우치지 않고 종합적으로 사고한다. 제너럴리스트의 반대는 스페셜리스트specialist다. 스페셜리스트는 한 가지 분야에 깊은 지식과 경험을 가지고 있는 전문가를 말한다. 교수, 운동선수, 의사 등이 스페셜리스트에 속한다.

스페셜리스트는 특정 분야에 대해서는 모르는 것이 없을 만큼 많은 지식을 가지고 그와 관련된 업무를 누구보다 효율적으로 처리할 수 있다. 하지만 이들은 자신이 잘하는 분야에 대한 지식이 깊을 뿐 다른 분야의 지식이 부족한 경우가 많아서 팀 내 다른 분야의 동료를 이해하거나 협력하지 못할 수 있다.

반면 제너럴리스트는 다방면에 지식을 가지고 있어 팔방미인이라고도 볼 수 있는데, 달리 말하면 어느 한 분야에 대해 특출 나게 잘하는 것이 없다고 볼 수 있다. 결국 한 분야만 놓고 보면 제너럴리스트는 스페셜리스트보다 못하다.

그렇다면 용의 리더십을 추구하는 자는 어느 쪽인가? 둘 다 갖춘 사람이다. 기업이 성공적으로 운영되기 위해서는 제너럴리스트와 스페셜리스트가 모두 필요하다. 제너럴리스트는 스페셜리스트들 간에 발생할 수 있는 갈등을 조정, 긴장감을 완화할 수 있으며, 이들에게 적합한 업무를 배분할 수 있다. 또 제너럴리스트는 스페셜리스트들이 자신들의 임무에 집중할 수 있도록 지원하고 소통을 촉진할 수 있다. 이런 제너럴리스트들의 지원에 힘입어 스페셜리스트는 최고의 업무 효율을 달성할 수 있으며, 이것은 결국 조직의 발전으로 이어진다.

때때로 강의에서 제너럴리스트와 스페셜리스트의 차이에 대한 질문을 받으면 간단히 제너럴리스트는 단거리 선수, 스페셜리스트는 장거리 선수에 비유해서 설명한다. 제너럴리스트의 본질은 일을 하는 데 있어서 얕고 넓게 파는 사람들이다. 반면 스페셜리스트의 본질은 일을 하는 데 있어서 깊고 좁게 파는 사람들이다. 사실 제너럴리스트는 효율적으로 일을 처리하기 위해서 단거리 선수가 될 수밖에 없다. 단거리 선수의 특징은 멀티태스커multitasker다. 멀티태스커는 여러 가지 일을 한꺼번에 처리하는 능력은 뛰어나지만 멀리 오래 달리지 못한다. 반면 스페셜리스트는 장거리 선수다. 장거리 선수는 본질적으로 싱글 태스커single tasker다. 싱글 태스커는 한 번에 여러 가지 일을 동시에 처리하는 능력은 떨어지지만 누구보다 멀리 오래 달릴 수 있다.

그래서 진정한 리더는 진정한 전문가이며, 제너럴리스트인 동시에 스페셜리스트여야 한다. 리더는 한꺼번에 많은 일도 처리해야 하고, 장기 프로젝트를 매의 눈으로 지켜보며 미래를 예측할 수 있어야 하기 때문이다.

용이 되려는 리더는 기본적으로 일에 대한 열정도 있어야 하고, 남들이 가지 않는 길을 개척하는 정신도 필요하다. 기본에 충실하면서도 자신의 강점을 이해하고 이용할 수 있는 지혜가 있어야 하고, 이 모두를 활용할 수 있도록 구성원이 자신을 따라오게 만드는 능력이 있어야 한다. 이것을 간직하고 일을 전후좌우로 처리하며 평생을 지속할 수 있는 사람이 용의 리더십을 가진 자라고 할 수 있다.

마지막으로 제너럴리스트와 스페셜리스트 모두에게 필요한 것은 공부를 해야 한다는 것이다. 오늘도 최고를 꿈꾸며 고군분투하는 사람들은 많다. 중요한 것은 내일도 모레도, 언제가 될지도 모를 미래까지 그렇게 고군분투할 수 있느냐 하는 것이다. 자기 분야에서 최고가 되려면 갖춰야 할 것들이 많지만 그중에서 중요한 덕목으로 꼽을 수 있는 것이 꾸준히 공부하는 노력이다. 누구나 꾸준히 노력만 하면 그 분야에서 최고가 될 수 있다. 중국의 고사성어 마부작침(磨斧作針)과 같이 쇠붙이에 그치지 말고 바늘이 될 수 있어야 한다.

공부(工夫)라는 글자의 '工(공)'은 '孔(공)', '空(공)'과 음(音)이 같아서 '구멍 → 구멍을 뚫다 → 꿰뚫고 빠져나간다'는 뜻을 가지고 있다. 막힘없이 시대의 흐름을 따라서 앞으로 나아가는 것을 말한다. 용이 되려면 시련과 난관을 뚫고 승천을 해야 하는데 공부 역시도 마찬가지 이치다.

'夫(부)'는 '지아비 부'로 흔히 남편을 뜻하는 말로 알고 있지만 사내, 장정, 일꾼, 노동일을 하는 남자는 물론 그보다 높은 의미인 선생, 사부의 뜻을 가지고 있다. '大(대)'는 사람, 어른, 훌륭한 사람을 나타내고, 夫(부)는 상투를 튼 어엿한 장부(丈夫)를 이르기 때문이다. 그러니 공부한다는 말은 높은 선생을 만나서 막힘없이 그 길을 따라간다는 말이며, 이 시대의 모든 도구와 기술을 익히고 자기 분야의 전공을 살려 지식을 습득하여 전문가가 되는 것을 뜻한다. 공부한다는 것은 모든 무지에 대한 해방을 뜻하기도 한다. 체력(體力), 심력(心力), 재력(財力)을 키우는 것 역시 지력(知力)이 기본으로 축적되어야 가능하다.

책을 읽고 공부를 하다 보면 삶에 의문이 생기고 질문이 생기지 않는가? 그럴 때 전문가를 만나서 배우거나 직접 전문가가 되어야 한다.

강의에서 많은 관리자와 리더들에게 이런 질문을 해보았다.

"여러분은 의문이 들고 질문이 생겼을 때 배우기 위해 전문가를 만나러 간 적이 있습니까? 그 분야의 전문가는 몇 명이나 알고 있고, 수시로 만나 관계를 맺고 있습니까?"

능동과 수동은 삶과 죽음이다. 용과 이무기다. 고민이 생기면 해결할 때까지 찾아가는 것이 진짜 공부다. 자기가 일하는 분야의 서적을 몇 권이나 읽었는가? 자기 분야의 전문 서적 30권만 읽고 깨쳐도 전문가가 되고, 300권을 읽고 설명할 수 있다면 국내 최고의 전문가가 되며, 3,000권을 읽으면 세계적인 전문가가 된다. 전문가가 되기 위해 반드시 도전해 보라.

용이 된다는 것은 매 순간 능동적으로 계속 배우고 발전하는 것이다. 이무기가 아니라 지렁이 신세인 사람은 이미 다 안다고 생각하거나, 혹은 더 배운다고 해서 변하는 것이 없다고 생각하는 사람이다. 그래서 전문가가 되지 못하도록 만드는 가장 위험한 것이 "내가 그거 배워서 뭐 해. 내가 그것을 어떻게 해"라고 핑계만 대거나, "그건 내가 좀 아는데"라고 교만을 떠는 것이다.

세상에 존재하는 지식은 네 가지로 구분할 수 있다. 첫째, 무엇을 모르는지도 모르는 무지식. 둘째, 알고는 있는데 잘못 알고 있는 오류 지식. 셋째, 알고는 있으나 전체가 아닌 부분만 알고 있는 부분 지식. 넷째, 내가 알고 있는 것이 무지식, 오류 지식, 부분 지식일 수도 있으므로 끊임없이 배우는 바른 지식이다. 이때 알고 있다는 것은 과거의 지식에 기반을 두고 미래를 살아가겠다는 미련한 확신이다. 그마저도 '다' 아는 것이 아니라, '좀' 아는 자잘한 지식에 불과하다.

이무기의 시점에서 벗어나 보라. 다 알고 있다는 태도에서 더 배우겠다는 태도로 바꾸고, 실제로 그렇게 행동해야 세상이 바뀌고 용이 되는 길로 접어들 수 있다. 이무기는 하늘이 무너져도 자신이 옳다고 믿고 그것을 억지로 증명하려고 고집을 부린다. 그것은 행패다. 그런 고집을 멸하는 것이 진정한 도, 즉 고집멸도(苦集滅道)라고 할 수 있다. 예전의 방식을 지키면서 다음 세상을 향해 갈 수는 없다. 승천하는 것은 불가능하다. 계속 배우고 계승 발전해 나가는 것이 중요하다. 세상은 정지되어 있는 것이 아니다. 생명이 있는 것뿐만 아니라 세상의 모든 것은 끊임없이 변화와 진화를 통해 발전해 가기 때문이다.

5. 제대로 된 학습의 축적이 용을 만든다

지금은 '지식 융합'의 시대다. '노하우know-how'보다 '노웨어know-where', '노후know-who', '노와이know-why'가 중요하다. 그것이 어떤 기술이고, 그 지식이 어디에 있고, 그 지식을 가진 사람이 누구이며, 그 일을 누가 할 것이며, 이 일을 왜 해야 하는가를 알아야 한다. 시험 유형도 크게 변화하고 있다. 많은 시험이 융합 서술형으로 바뀌고 있다. 자신만의 시각으로 지식을 재조합, 재해석하는 능력이 요구되고 있는 것이다. 학교 교육과정에도 많은 변화가 생기고 있다. 과감한 통합 수

업을 하고, 수업 시수가 탄력적으로 운영되며, 창의적 체험 활동이
확대 시행된다.

미국 하버드 대학교 학생 1,600명의 학습 습관을 연구한 리처
드 라이트 교수는 성적 우수생들에게서 한 가지 공통점을 발견했다.
모두 다양한 활동을 하면서도 공부하는 시간만은 엄격히 관리한다
는 것이다. 이들은 자신의 스타일에 맞는 공부 습관을 갖고 있었다.
또한 토론, 프로젝트 과제 등을 통해 비판적인 사고를 키운다는 것
도 공통점이었다.

미국 동부의 8개 명문 대학 아이비리그에 합격한 학생 20여 명,
민사고 학생 260여 명 등의 공부 습관을 연구해 온 고려대학교 정철
희 교수 역시 우등생들에게서 공부 습관의 대원칙을 찾았다. '매일,
일정한 시간에, 일정한 장소에서, 정해진 학습량을, 꾸준히 실천하
는 것'이라고 한다.

어떤 지식을 학습할 때 공부 습관을 들이기 어려운 까닭은 습관
이 길들여지기까지 '절대 시간'을 넘기지 못하기 때문이다. 공부 습
관을 들이는 데 필요한 시간은 21일이라고 한다. 생각이 대뇌피질
에서 뇌간까지 내려가는 데 걸리는 최소한의 시간이다. 뇌는 충분히
반복되지 않아서 시냅스가 형성되지 않은 부분에 대해서는 거부 반
응을 일으킨다. 이 시기를 지나면 의식하지 않아도 습관적으로 행동
할 수 있다. 21일이 지나면 평생의 습관으로 학습을 이어갈 수 있다.

학습의 축적이 일어나려면 제대로 공부해야 한다. 그런데 충격
적인 것은 학생들은 물론 어른들도 제대로 공부하는 방법을 모르고
있다는 것이다. 시간과 노력 대비 가성비가 나오지 않는 방식으로
공부하는 사람들을 종종 본다. 효율적인 성과를 내기 위해서는 제대

로 된 방법이 필요하다. 내가 보기에 공부 습관에서 가장 중요한 것은 체계적으로, 그리고 규칙적으로 학습하는 것이다. 벼락치기가 아니라 시간을 정해 놓고 구체적인 계획에 따라 규칙적으로 학습해야 한다. 축적은 한순간에 이루어지는 것이 아니라 정교한 시간의 흔적이 남긴 업적이기 때문이다.

'이렇게 공부하는데 혹시라도 기대한 만큼 안 되면 어쩌나' 하는 불안감을 참기란 대단히 어렵다. 무언가를 배우고 축적하는 과정에는 끈질긴 포기 유혹이 옵션으로 따라붙는다. 학습이란 당장에 성과를 내놓기 힘든 일이다. 그럼에도 삶을 용으로 만들기 위해서는 '차근차근 알아나가는 방법'을 익히는 것이 중요하다. 어쩌면 밑 빠진 독에 물을 붓는 것이라고 생각할지도 모른다. 우리 사회는 아주 어릴 때가 아니면 밑 빠진 독을 쳐다볼 시간조차 주지 않는다. 바로바로 성과와 효과가 드러나야 한다. 이런 사회에서 20년쯤 지나면 세상은 무조건 단기간에 성과를 내야만 하는 곳으로 바뀐다. 나도 모르게 무조건적으로 조급해지는 것이다. 이럴 때 정말 중요한 것은 멈추고 집중하고 꾸준하게 묵묵히 갈 길을 가는 것이다. 용이 된다는 것은 100미터 달리기를 하는 것이 아니다. 전력질주를 해서는 마라톤 코스의 10분의 1도 달리지 못한다. 이무기는 오늘 살고 말지도 모르지만, 용이 되기 위해서는 천 년의 마라톤을 뛴다는 심정이 필요하다. 꾸준함에 대한 확신을 얻는 데는 시간이 필요하고, 꾸준함에 대한 확신이 있어야 지속적으로 학습할 수 있다.

자연의 속도를 진지하게 느껴본 적이 있는가? 봄이 가고 여름, 가을, 겨울이 지나가면서 잎새가 커지는 속도, 꽃이 피는 속도를 생각해본 적이 있는가? 자연은 천천히 성장한다. 어릴 적 시골길에 소달구지를 끌고 가는 소의 걸음은 참 여유로웠다. 느리게 살기처럼, 서서히 시간이 무르익어 도달하게 되어 있다는 것처럼 자연스럽게 하다 보면 자연스럽게 되어 있다.

학습이 끝나면 이것을 어떤 식으로든 삶에 응용하는 지혜가 필요하다. 학습이 학습에서 끝나면 단지 백면서생의 이론일 뿐이다. 책으로 읽은 내용은 가능한 직접 관찰하고 실제 현장에서 경험해본다. 그게 불가능하면 간접 영상이라도 접해서 이해하고 받아들이고 깨쳐야 한다. 요즘 학습 공유 방식이 얼마나 뛰어난가. 유튜브에는 공짜 학습 영상이 널렸다. 배운 것을 진정 자신의 것으로 만들어야 한다.

지식을 구분하는 방법에는 여러 가지가 있겠지만 크게 암묵지와 형식지로 나뉜다. 지식을 이렇게 처음 구분한 사람은 일본 히토츠바시(一橋) 국립대학교 명예교수로 경영학자이자 지식 경영의 대가인 노나카 이쿠지로(野中郁次郎)이다. 하지만 원조는 영국의 철학자이자 물리화학자 마이클 폴라니Michael Polanyi라고 한다.

암묵지(暗黙知)tacit knowledge는 학습과 경험을 통해 습득함으로써 개인에게 체화(體化)되어 있지만 언어나 문자로 표현하기 어려운, 겉으로 드러나지 않는 지식을 말한다. 암묵지는 대개 시행착오와 같은 경험을 통해 체득하는 경우가 많다. 그래서 경험지experiential knowledge라고도 한다.

형식지(形式知) 혹은 명시지(明示知)explicit knowledge는 암묵지와 상대되는 개념으로 암묵지가 문서나 매뉴얼처럼 외부로 표출돼 여러 사람이 공유할 수 있는 지식을 말한다. 언어나 문자를 통해 겉으로 표현된 지식으로 교과서, 데이터베이스, 신문, 비디오와 같이 어떤 형태로든 형상화된 지식은 형식지라고 할 수 있다.

노나카 교수는 암묵지가 고도화되거나 형식지로 바뀌어 공유되는 등의 변환 과정을 거쳐 더 높은 가치를 창조한다고 말한다. 두 가지 형태의 지식을 균형감 있게 축적해 나가는 것이 매우 중요하다는 것이다. 형식지는 본인의 직접적인 경험을 통해 유도해 낼 수도 있고, 기존에 형식지화되어 있는 책과 같은 자료들을 통해 간접적으로 배울 수도 있지만 암묵지는 오로지 직접적인 경험을 통해서만 얻을 수 있다. 따라서 세상에 나가 직접 부딪혀가며 체험을 통해 얻은 암묵지가 없다면 아무리 많은 명시지나 형식지가 있다 한들 공허한 지식이 될 수밖에 없다.

그래서 대철학자 칸트도 암묵지와 형식지의 구분과 유사한 개념으로 직관지식과 개념지식으로 분류했고, "직관 없는 개념은 공허하고, 개념 없는 직관은 맹목적이다"라는 유명한 말을 남긴 것이다. 개념과 직관, 즉 암묵지와 형식지를 균형 있게 발전시키는 것이 중요하다는 뜻이다.

이쿠지로 교수는 암묵지와 형식지의 개념을 기업에 적용해서 지식이 네 가지 과정을 순환하면서 창조된다고 설명했다. 암묵지와 명시지의 사회적 상호작용, 즉 경험을 공유하여 암묵지를 체득하는 공동화(共同化), 구체화된 암묵지를 명시지로 전화하는 표출화(表出化), 표출된 명시지를 체계화하는 연결화(連結化), 표출화와 연결화로 공유된 정신 모델이나 기술적 노하우가 개인의 암묵지로 전화하는 내면화(內面化)가 그것이다. 이것을 SECI 모델Socialization-Externalization-Combination-Internalization Model이라고 하고, 네 가지 변환 과정에서 지식은 원이 아니라 나선형을 그리면서 변환되고 창조된다고 한다. 개인의 암묵지와 집단의 형식지가 나선형으로 회전하면서 생성, 발전, 전환되는 지식의 발전을 기반으로 한 기업의 경영을 지식경영knowledge management으로 본 것이다.

많은 사람들이 명품을 사는 이유는 '명품'이라는 존재가 자신을 고급스럽게 만들어준다고 생각하기 때문이다. 그러나 명품이 사라지면 자신의 고급스러운 존재감도 사라지고 만다. 항상 명품이 몸에 붙어 있을 수는 없기 때문이다. 명품을 걸쳤는데, 브랜드를 인지하지 못한 사람들에 의해 외면받는 일도 생길 수 있다. 그렇게 본다면 축적된 지식과 경험, 시련을 통해 발전한 자신의 모습은 이런 고급스러움과는 비교할 수 없는 내면의 명품을 만들어낼 수 있을 것이다. 사람은 삶에 대해 많은 조언과 지식을 전달해 줄 때 주변 사람들로부터 존경받는다. 누가 봐도 용의 모습으로 비치는 것이다. 몸에 명품 몇 개 더 걸쳤다고 해서 그 사람에 대한 존경심이 높아지지는 않는다. 축적된 내공으로 용의 모습을 보여주는 것이 훨씬 더 대단한 존경심을 불러일으킨다.

이런 과정 중에는 분명히 슬럼프가 온다. 승천이란 수직으로 솟구치는 것처럼 보이지만 사실은 끊임없이 오르락내리락하는 움직임 속에 서서히 올라가는 것이다. 내려가 봐야 올라갈 수 있는 힘을 얻게 된다. 뼈저린 후회와 금전적 손해와 인간에 대한 배신감까지 학습 과정에 넣어야 한다. 그것이 큰 도움이 된다. 반동이 있어야 더 높이 올라갈 수 있다. 슬럼프라는 경험이 용의 성장을 위한 밑거름이 될 것이다.

용기 되기 위해 1,000년이 아니라 100년도 채우기 힘든 이유도 여기에 있다. 젊어서 성공한 사람들이 나이 들어 그 성공을 유지하는 경우가 드문 것은 젊었을 때의 금전적인 성공은 축적된 지식과 경험이 없는 상태에서 운으로 번 것이므로 곧바로 빠져나가기 때문이다. 그것을 지킬 수 있는 힘이 바로 지식과 경험의 축적이다. 사람들은 흔히 부, 명예, 권력을 갖추는 것을 성공의 지표라 여기고, 어떠한 성공이든 필요조건은 지식과 경험의 축적에 있다고 생각한다. 그런데 지식과 경험이라는 것은 근본적인 성질이 시간의 흐름에 따라 축적되는 것이지, 남의 것을 한 번에 가져올 수 없다. 따라서 성공이란 시간의 흐름에 따라 지식과 경험을 계속 축적해 나가다 보면 어느새 내 앞에 오는 것이다.

이때 제대로 된 지식과 경험의 축적을 염두에 둔다면 반드시 생각하고 또 생각해야 할 것이 다음의 사자성어다.

적선지가 필유여경(積善之家 必有餘慶). 이것은 원래《주역》〈문언전(文言傳)〉에 나오는 말인데,《명심보감》과《사자소학(四字小學)》에도 수록되어 있을 정도로 귀한 말이다.

적선지가 필유여경(積善之家, 必有餘慶)
적불선지가 필유여앙(積不善之家, 必有餘殃)
신시기군 자시기부(臣弑其君, 子弑其父)
비일조일석지고(非一朝一夕之故)

선을 쌓은 집안은 반드시 남는 경사가 있고,
불선을 쌓은 집안에는 반드시 남는 재앙이 있다.
신하가 그 임금을 죽이고, 자식이 그 아비를 죽이는 일이 벌어진
것은 하루아침과 하룻저녁에 그렇게 된 것이 아니다.

적선(積善)은 '착한 일을 많이 한다'는 뜻이고, 여경(餘慶)은 '남는 경사'라는 뜻으로 선한 일을 많이 행하면 그 아름다운 뜻과 복이 후손에게까지 미친다는 말이다.

대표적인 사례를 든다면 우리나라에는 경주 최 부잣집이 있다. 최 부자는 흉년이 들면 필요한 사람은 누구라도 쌀 한 줌을 가져가게 해서 사방 백 리 안에 굶어죽는 사람이 없도록 했고, 또 소작료를 받지 않았고, 힘들어서 내놓은 논을 싼값에 매입하지 않았다. 이를 통해 부자가 3대 가기 힘들다는 통설을 깨고 경주 최 부잣집은 진정한 노블레스 오블리주_noblesse oblige_를 실천하면서 300년간 부를 이어올 수 있었다. 미국에는 건국의 아버지로 불리는 벤저민 프랭클린_Benjamin Franklin_을 들 수 있다. 그는 유명한 〈미국 독립선언문〉, 〈파리조약〉, 〈미국연방헌법〉의 초안에 모두 참여하고 서명한 인물이다. 그는 피뢰침과 복초점 렌즈를 개발한 발명가이며, 인쇄소 견습공에서 출발해 자수성가한 사업가이고, 미국 산문 문학의 정수로 꼽히는 《자서전_Autobiography_》을 집필한 문필가였다.

그러나 프랭클린이 미국인들에게 그토록 사랑받는 이유는 그가 미국에서 최초로 기부와 재능의 환원을 실천했기 때문이다. 자선병원과 대학을 설립했고, 도로를 닦고 가로등을 세웠으며, 종파를 가리지 않고 모든 교회에 기부했다. 특히 지금 우리가 마음껏 쓰는 피뢰침에 대한 특허권을 전 세계가 번개의 위험으로부터 벗어날 수 있도록 하겠다는 마음으로 포기했다는 것이다. 가진 자로서의 의무와 상생을 평생에 걸쳐 실천하고자 했기에 지금도 그의 이름이 살아 있는 것이다. 오늘날 미국의 기부 정신은 그에게서 비롯되었다고 할 수 있다.

> 선한 사람은 그 쌓은 선에서 선한 것을 내고, 악한 사람은 그 쌓은
> 악에서 악한 것을 내느니라.
>
> -《신약성경》〈마태복음〉12장 35절

결론은 어떤 학습을 축적하더라도 선한 의지의 축적이 필요하다는 것이다.

6. 용을 만드는 절대 시간의 법칙

말콤 글래드웰의《아웃라이어Outliers》를 통해 전 세계 대중들에게 각인된 '1만 시간의 법칙'이란, 여러 방식으로 설명되고 있지만 간단히 말해서 '무언가에 대해 전문가가 되려면 1만 시간을 투자해야 한다' 또는 '한 가지 일에 큰 성과를 이루기 위해서는 1만 시간 동안의 학습과 경험을 통한 사전 준비 또는 훈련이 이루어져야 한다'로 정리할 수 있다.

1만 시간이라고 하면 하루에 평균 약 3시간, 일주일에 20시간씩 10년이 걸리는 기간인데, 이것은 스톡홀름 대학교의 앤더스 에릭슨Anders Ericsson 박사가 말한 '10년의 법칙'과 일맥상통한다.

아인슈타인, 피카소, 프로이트 등 우리가 천재라고 부르는 위대한 업적을 남긴 대부분의 사람들의 공통점은 최소 10년간의 집중적인 투자를 한 후에 비약적인 성장을 이뤘다는 것이다. '큰 그릇은 늦게 만들어진다'는 의미의 대기만성(大器晚成)이란 말과도 통한다.

그저 평범한 고등학교 록밴드에 불과했던 비틀즈는 1960년 독

일의 함부르크에 초대받았는데, 당시 함부르크에는 로큰롤 클럽이 없었기 때문에 비틀즈는 풋내기에 불과했는데도 하루에 8시간씩 연주했다. 리버풀에서 고작 1시간 연주한 것에 비하면 엄청난 시간이었기 때문에, 비틀즈는 여러 가지 곡을 다양한 연주로 시도할 수밖에 없었다. 더욱이 그들은 하루도 쉬지 않고 일주일 내내 연주했는데, 그들이 성공하기 시작한 1964년까지 모두 1,200시간을 공연했다. 이런 끈질긴 노력의 결과로 풋내기 비틀즈는 어느새 누구도 따라올 수 없는 놀라운 밴드가 되었다.

6세에 작곡을 시작하여 신동이라고 불린 모차르트 또한 10년의 법칙에서 벗어나지 않는다고 한다. 어린 시절부터 작곡을 했던 모차르트는 처음부터 대단한 작품으로 평가받았던 것이 아니라, 그의 나이 21세에 〈협주곡 9번〉을 만들고서야 비로소 진정한 천재 음악가로 평가받았다는 것이다. 이때가 협주곡을 만들기 시작한 지 10년이 흐른 시점이었다고 한다.

중국 춘추시대 병법가 손무(孫武)의 집안은 제나라에서 큰 공을 세워 넉넉했지만, 반란에 연루되면서 정치 투쟁에 휩쓸리게 되었다. 결국 젊은 손무는 가족을 따라 오(吳)나라로 피신하여, 20년 동안 산간벽지에 숨어 병법을 깊이 탐구하면서 생활했는데, 이때 그 유명한 《손자병법(孫子兵法)》이 탄생했다. 그리고 오나라의 왕 합려(闔閭)에게 발탁되어 장군이 되고 자신이 만든 병법이 단지 이론에 그치는 것이 아니라는 것을 증명하며 초나라를 격파하고 중대한 공을 세웠다. 《손자병법》은 2,500여 년이 지난 지금도 동서고금을 망라하는 최고의 병법서로 통한다. 만약 손무에게 20년의 피난 생활이 없었다면, 그리고 동시에 그 피난 생활 동안 끈질긴 병법 연구를 하지 않았다면 오늘날 우리는《손자병법》을 만나지 못했을 것이다.

　직장에서도 신입으로 입사하여 대리를 거쳐 대략 10년쯤 경력을 쌓고 과장이 되면 장래가 촉망되는 인재로 인정받기 시작한다. 가성비가 최고인 인재인 것이다. 당연히 10년간의 직장 생활 동안 하나에 안주하지 않고 다양한 경험과 노력을 해야 10년의 법칙이 적용된다.

　단순히 10년을 채우기만 하면 되는 것이 아니다. 뱀은 허물을 벗기만 하면 되지만 이무기에서 용이 되기 위해서는 하루하루가 생존의 연속이다. 오롯이 자신의 발전과 성장을 위해 자기계발을 하고 투자해야 한다. 물고기든 이무기든 천 년을 지나야 용이 된다면 그 과정에 얼마나 많은 고통과 난관이 따르겠는가? 일의 고난뿐만 아니라 상하좌우 다양한 사람, 동물, 환경, 사건, 변수들과 어려움도 많을 것이다. 그것을 겪고 극복하여 성장한 사람이 리더가 되고 임원이 되고 사장이 되고 용이 되는 것이다.

　진정한 1만 시간의 법칙의 비밀은 '의식적인 연습'이다. 최고가 되고 싶다면 명확하고 분명한 목표를 세우고 자신의 안전지대를 벗어나 새로운 도전을 해야 한다. 그리고 온전히 집중하는 것이 중요하다. 70%의 집중력으로 장시간 연습하는 것보다 100%의 집중력으로 단시간 연습하는 것이 낫다.

　리더가 되면 많은 사람들의 시간을 공유하고 사용하게 된다. 이런 모든 일을 '의식적인 연습'이라 생각하고 안전지대를 벗어난 목표를 세우고, 조직 구성원으로부터 즉각적인 피드백을 구하고, 온전히 집중해 혼자 연습한다면 용이 되는 길로 갈 수 있다.

　용을 만드는 절대적 시간에는 경험의 시간도 빼놓으면 안 된다.

무엇보다 직접적인 경험이 제1순위로 중요하다. 깨지면서 몸으로 배우는 것만큼 배움에 지름길은 없다. 처절한 실패의 경험이 승천의 밑바탕이 된다.

회사에서 용이 되려다 밀려나서 은퇴한 용 후보자들이 왜 사회로 나와서 사업만 하면 쉽게 망할까? 대한민국의 중심축에서 활동하던 그들은 평균 이상의 학력과 지식과 대인관계를 유지하던 사람들이다. 그렇게 똑똑하고 잘났다고 소문난 은퇴자들이 왜 망하는가? 전문지식에 대한 절대적인 경험 시간이 부족하기 때문이다.

사업이나 창업은 철저한 준비와 경험의 시간을 거치고 검증한 다음에 시도하는 것이 올바른 수순인데 주변의 눈총이 무섭다고 무턱대고 프랜차이즈 김밥집, 커피 전문점, 편의점, 잘된다는 핫한 음식점을 창업했다가 실패하고 문을 닫는다.

그 시간에 1만 시간의 책 읽기를 했다면 어떠했을까? 책의 가치는 삶의 모든 공간과 시간에서 모든 경험을 직접적으로 하지 못하기에 역사적으로 훌륭한 사람들, 여러 분야를 경험했던 사람들의 글을 읽음으로써 간접적으로 많은 것을 경험할 수 있다는 점이다. 단언컨대 역사적으로 성공한 사람치고 책을 멀리한 사람은 없다. 책을 많이 읽을수록 자신의 무지를 더 잘 알게 된다. 이것은 용에서 멀어지는 것이 아니라 비로소 용이 보이기 시작하는 현상에 가깝다.

결국 시간과 함께 지식과 경험을 계속 축적하고, 실패에서 배우며 교만하지 않는 자세로 정진해야 성공에 이르는 길로 갈 수 있다.

윈스턴 처칠은 "힘이나 지능이 아닌 끈질긴 노력이 우리의 잠재력을 해방시켜주는 열쇠다"라고 말했다. 토머스 에디슨도 "천재는 99%의 노력과 1%의 영감으로 만들어진다"고 했다. 여기서 노력

이란 결국 용을 만드는 절대적인 시간을 버티는 힘이라고 할 것이
다.

7. 준비된 이무기만이 용이 될 수 있다

유비무환(有備無患)이라는 사자성어는 《서경(書經)》에 나오는 말로 실
생활에서 적지 않게 사용되고 있다.

처선이동(處善以動)

동유궐시(動有厥時)

긍기능 상궐공(矜其能 喪厥功)

유사사 급기유비(惟事事 及其有備)

유비무환(有備無患)

생각이 옳으면 이를 행동으로 옮기게 되고

그 옮기는 것이 시기에 맞게 하며

그 능한 것을 자랑하게 되면 그 공을 잃게 되고

모든 일은 다 갖춘 것이 있는 법이니

갖춘 것만 있어야 근심이 없어지게 될 것이다.

이와 비슷한 표현으로 '우연은 준비된 자에게 찾아온 행운'이란
말이 있다.

예방접종법을 발견한 루이 파스퇴르는 1878년 닭의 콜레라 병

원체를 연구하다가 예기치 않은 일이 생기는 바람에 잠시 연구를 중단하게 되었다. 여름 내내 다른 일을 하다 실험실에 돌아온 파스퇴르는 시험관의 배양액이 변질된 것을 모르고 닭에게 주사했다. 주사를 맞은 닭들은 처음에는 시름시름 앓더니 이내 회복됐다.

그로부터 얼마 후 파스퇴르는 병원균을 배양해 닭들에게 주사했다. 모든 닭이 죽었지만 변질된 배양액 주사를 맞은 닭들은 멀쩡했다. 인체가 어느 미생물과 접촉했을 때 이를 병원체로 인식해 방어태세를 갖추고 다음번 접촉 때는 더욱 강한 방어를 할 수 있게 된다는 예방접종의 원리가 밝혀진 순간이었다.

알렉산더 플레밍이 페니실린을 발견한 순간도 비슷했다. 플레밍은 오랫동안 방치했던 곰팡이 핀 박테리아 배양액을 보고 깜짝 놀랐다. 곰팡이가 박테리아를 모두 죽였기 때문이다. 10년에 걸친 그의 연구는 이처럼 우연한 순간 꽃을 피우게 되었다.

인간의 역사에서 우연이 차지하는 비중은 상당하다. 그러나 이 우연은 늘 지난한, 그야말로 지극히 어려운 시간이 쌓인 습관적 노력의 산물이다. 그리고 누구에게나 우연이 생길 수는 있지만 불현듯 생기는 우연을 어떻게 창조적으로 활용하느냐에 따라 성공과 실패가 나뉜다. 그때의 성공과 실패는 결국 준비된 자인가, 그저 우연히 맞이한 자인가에 따라 결정될 것이다. 우연을 필연적 성공으로 바꾼 사람들은 우연을 기다리지 않았다. 그들은 노력과 열망의 긴 시간을 버티다 정말 우연처럼 우연을 만난 것뿐이다.

노력은 행운이 찾아올 기회를 늘려준다.
승리는 준비된 자에게 찾아오지만

사람들은 이를 행운이라 부른다.

패배는 준비되지 않은 자에게 오지만

사람들은 이를 불행이라 부른다.

-로알 아문센(탐험가)

기회는 준비된 자에게 온다. 고대 로마신화에서 포르투나Fortuna 는 기회와 행운의 여신이다. 달려오는 그녀를 잡으려면 앞 머리카락을 낚아채야 한다. 이미 지나간 뒤에 잡으려 하면 실패할 수밖에 없다. 포르투나는 뒤통수에 머리카락이 없기 때문이다. 사람들은 누구나 한 번은 포르투나와 마주친다고 한다. 포르투나는 절묘한 시기에 우리를 찾아온다. 모든 일에 최선을 다하고, 열심히 살다 보면 반드시 만날 것이다.

18세기 영국의 작가 호레이스 월폴Horace Walpole이 처음 사용한 '세렌디피티serendipity'란 말은 '예기치 않은 행운' 또는 '우연을 가장한 행운'이라는 뜻이다. 그러나 모든 사람이 세렌디피티의 순간을 붙잡아 축복을 얻지는 못한다. 역전 만루 찬스에 타석에 들어서서 홈런을 치거나 승리를 장식하는 한 번의 안타를 만들어내기를 전 세계의 모든 타자가 원하지만, 냉엄한 현실은 99%가 삼진을 당하고 경기는 종료된다.

성경에도 '때가 차매', '주님의 날에'라는 어떤 순간, 타이밍을 나타내는 말이 굉장히 많이 나온다. 마찬가지로 어떤 순간, 타이밍은 용의 리더십에서도 냉정하고 엄격하게 작용한다. '아무리 용을 써도' 때가 차기 전에는 그 어떤 일도 이루어지지 않는다. 때가 되어야 비로소 용을 쓰면 이루어진다. 하지만 반대로 그때가 올 때까지 준비되어 있지 않으면 결코 비상할 수 없다.

기회는 마치 정거장을 향해 달려오는 버스와 같다. 버스를 타려면 버스 요금을 준비하고 해당 정거장에서 기다려야 한다. 하지만 막상 버스가 왔는데 버스비가 없다면 탈 수 없다. 그 시간에 내가 정거장에 없어도 탈 수 없다. 기회도 마찬가지다. 어떤 일이든 준비하고 있는 사람에게 절호의 기회가 온다.

"하늘은 스스로 돕는 자를 돕는다"라는 말이 있다. 스스로 노력하는 자에게 행운의 기회가 주어진다는 의미다. 노력하지 않는 사람에게는 하늘은커녕 어떤 사람도 도와주지 않을 것이다. 아무런 노력도 하지 않거나 준비되지 않은 사람에게는 기회가 주어지지 않으며, 설사 기회가 주어진다 하더라도 놓치게 될 것이다.

"모든 것은 기다리는 자에게 온다Everything comes to those who wait."는 영국 속담은 '기회란 준비된 자에게만 주어진다'는 의미다. 아무 일도 하지 않고 그냥 복이 굴러오기를 기다리는 것이 아니라 준비를 해야 한다는 것이다.

'때를 잘 만나는 것'과 '그 순간을 잡을 수 있는 준비를 갖추는 것'이 줄탁동시(啐啄同時)해야만 알이 깨어지고 마침내 용의 시대가 열리는 것이다.

단순히 열심히 하는 것만으로는 부족하다. 현재 일에 성실히 임하면서도 눈과 마음은 늘 새로운 하늘을 향해 열어두어야 한다. 눈앞에 있는 나무를 어떻게 잘 벨 것인가도 중요하지만 앞으로 이 숲의 나무을 다 베고 나면 어느 숲에서 벨 것인가도 고민해야 한다.

기회는 무작정 기다리는 것이 아니라 스스로 구하고 준비하는 것이다. 기회(機會)의 사전적 의미는 어떠한 일이나 행동을 하기에 좋은 때나 경우를 말한다. 한자로는 '베틀 기(機)'와 '만날 회(會)'를 쓴다. 베틀은 삼베를 짜는 틀이다. 베를 짤 때 씨실을 풀어주는 구실을 하는 배처럼 생긴 나무통인 북이 날줄과 교차하며 무수한 누적의 시간을 거치면 마침내 베가 된다. 제대로 된 삼베는 촘촘하고 규칙적이고 아름답다. 기회는 이처럼 반복된 축적의 행동이 쌓여서 만들어진 결과물이다.

8. 용이 되려면 용을 만나 배워야 한다

역사를 더듬어보면 수렵과 어로의 유목민 사회에서 농업 시대와 산업화 시대, 정보화 시대와 지식정보화 시대, 감성 미학의 시대를 넘어 지식경영자 시대, 지식 융합을 통한 창조의 시대 등 지속적으로 변화하고 있음을 알 수 있다.

변화의 시대에 잘 적응하면서 살아남으려면 자신의 분야에 대해 잘 알아야 하고 깨어 있는 깊은 지식을 갖춘 전문가가 되어야 한다. 매 순간 변화하지 못하면 죽은 것과 다를 바 없고, 남보다 늦게 변화해도 도태되어 죽을 것이다. 파도는 타는 것이지 휩쓸려 침몰하는 것이 아니다. 앞서 변화를 이끌어야 살 수 있고, 개인과 조직과 나라의 운명을 유지하기 위해 지속적으로 생존하려면 평생 학습과 배움과 성장을 게을리해서는 안 된다.

우리는 지금 용이 되려고 한다. 그러려면 먼저 이 시대에 맞는 지식과 정보를 습득해야 하고, 그 분야의 전문가가 되어야 하며, 사회적 지위와 존경받을 만한 역량을 갖추어야 한다. 그렇게 용이 되는 리더의 길을 걷다 보면 반드시 물음이 생겨난다. 용이 되려는 자의 물음에 대한 대답은 용의 리더십을 배우고 걸어본 사람만이 알려줄 수 있다. 산상수훈(山上垂訓)으로 잘 알려진 〈마태복음〉 7장에 이런 말이 나온다.

> 구하라 그러면 너희에게 주실 것이요,
>
> 찾으라 그러면 찾을 것이요,
>
> 문을 두드리라 그러면 너희에게 열릴 것이니.
>
> 구하는 이마다 얻을 것이요,
>
> 찾는 이가 찾을 것이요,
>
> 두드리는 이에게 열릴 것이니라.

'구하라'는 말은 헬라어로 '아이테오$_{aiτέω}$'이다. 이 말은 '요청하라'는 뜻이다. 삶에 물음이 생기면 멍하니 있지 말고 찾고, 구하고, 두드리고, 요청하라는 것이다. 소크라테스가 위대한 철학자인 것은 그가 엄청나게 똑똑해서가 아니라 자신의 무지(無知)를 깨달았기 때문이다. 그리고 끊임없이 요청했기 때문이다. 그는 모르면 묻고 또 물어 배웠다. 탁월함$_{arete}$을 추구하기 위해서는 자기 삶에 대하여 깊이 숙고해야 한다는 것이다.

성공한 사람은 모두 멘토가 있다. 〈하버드 비즈니스 리뷰〉에서도 성공한 모든 사람의 공통점은 멘토가 있는 것이라고 했다. 애플의 전설적 CEO 고(故) 스티브 잡스는 페이스북의 창업자 마크 저커버그의 멘토였다. 페이스북이 초창기에 어려웠던 시절 저커버그는 잡스를 찾아 도움을 청했고, 잡스는 그에게 자신이 영감을 받았던 인도의 사원을 가보라고 권했다. 저커버그는 그곳에 머물면서 페이스북 미션을 구상해냈다. 저커버그는 잡스의 죽음에 대해 다음과 같은 글을 올렸다.

"스티브, 친구이자 멘토가 되어주셔서 감사합니다. 그리고 당신이 만든 것들이 세상을 변화시킬 수 있다는 것을 보여주셔서 감사합니다. 당신이 그리울 것입니다Steve, thank you for being a mentor and a friend. Thanks for showing that what you build can change the world. I will miss you."

풍부한 경험과 지혜를 겸비한 스승, 조언자, 안내자 등을 의미하는 '멘토mentor'란 단어는 호메로스의 《오디세이》에서 유래했다. 그리스 연합국 중 하나인 이타카 왕국의 왕인 오디세우스가 트로이 전쟁에 출정하기 전에 아들과 부인 그리고 자신의 가문을 지킬 보호자로 지명한 사람의 이름이 멘토르Mentor였다. 하지만 실제로는 10년 동안 지혜의 여신 아테나가 멘토르의 모습으로 현신하여 아버지의 대리인으로서 아들인 텔레마코스를 이끌고 가문을 보호해주었다. 따라서 멘토란 곧 지혜 그 자체이다.

리더의 삶에서 제대로 된 지혜의 화신인 멘토를 만난다는 것은 엄청난 행운이다. 멘토는 개인의 인생에 지대한 영향을 미칠 뿐만 아니라 사업의 결정적인 성장을 이끌어낼 중대한 결정을 할 때, 경험과 식견을 가진 조언으로 인생과 기업을 바꿀 수 있도록 해준다.

잭 웰치가 GE의 회장이 된 직후 피터 드러커를 만나 GE의 방향에 대한 조언을 구했다. 멘토인 피터 드러커의 조언에 따라 잭 웰치는 핵심 사업에만 집중하고 나머지는 모두 정리하는 '고쳐라, 매각하라, 아니면 폐쇄하라!'는 그 유명한 경영 전략과 6시그마로 대표되는 혁신을 통해 GE를 세계 최고의 기업으로 성장시켰다.

멘토는 무작정 나타나지 않는다. 내가 무지함을 인정해야 나타난다. 내가 물고기이고 이무기임을 인정해야 나타난다. 이무기 중에서도 용이 되려는 열정을 품었음을 끊임없이 알리고 노력해야만 나타난다. 훌륭한 멘토는 어느 날 갑자기 나타나서 돈과 명예와 행복을 주는 무소불위의 존재가 아니다. 의식적으로 끊임없이 노력하여 찾아내야 한다. 마크 저커버그와 잭 웰치가 돈이 없거나 배움이 부족해서 조언을 구하고, 의견을 묻고, 도움을 청한 것이 아니다. 멘토의 역할과 가치를 명확하게 인식했으며 본인들이 반드시 용이 되겠다는 굳은 의지를 삶의 최우선 가치로 정했기에 그들 곁에 진정한 멘토가 나타난 것이다. 이무기가 이무기임을 인정할 때 비로소 어두웠던 등잔 밑이 환하게 밝아지듯이 멘토가 나타나 도와준다.

그런데 사실 멘토라고 대표되는 한 단어로 표현했지만, 용의 길로 가면서 만나는 모든 사람이 스승이다. 우리는 공자, 석가모니, 소크라테스, 예수와 같은 성현(聖賢)도 만나고, 영적 지도자인 구루guru도 만나며, 경영 문제 분석, 시스템 개선을 권하는 컨설턴트consultant도 만난다. 경기를 승리로 이끌어주거나 기술을 전승하는 코치도 만나고, 학점과 학위, 입시와 진학, 각종 시험을 이끄는 교수와 선생님도 만난다.

크든 작든, 어떤 분야이든 우리는 스승을 만난다. 증자와 안회도 공자를 만났고, 가섭도 석가모니를 만났다. 갈릴리 호수에서 물고기를 잡던 베드로도 동생 안드레아, 야고보, 요한 등과 함께 스승인 예수를 만나 사람을 낚는 어부가 되었다. 우리는 만나야 한다. 만나서 물어보고, 따라가고, 넘어가야 한다. 용이 되려는 자는 용을 만나야만 길이 열린다. 물론 자신이 이무기임도 인정해야 한다.

스승의 7단계	
등급 분류	등급 분류 기준
① 성현(聖賢)	존재와 신이 인간과 하나로 연결된 관계 공자, 석가모니, 예수, 소크라테스
② 구루(guru)	깨달음을 위한 영적 지도자, 스승
③ 멘토(mentor)	자아실현을 위한 전인 개발 교육 (知·情·意를 모두 갖춘 인간)
④ 컨설턴트(consultant)	경영 분석 보고서, 문제 해결, 시스템 개선 및 도입
⑤ 코치(coach)	기술 습득, 경기 우승, 자격증 취득
⑥ 교수(professor)	대학 학점, 학위, 자격증, 각종 고시
⑦ 선생님(teacher)	초·중·고 교과서 학습, 시험 성적, 입시, 진학

지금 당신의 스승은 누구인가? 당신이 만나는 모든 스승과의 관계가 당신 삶의 수준이 되고 미래가 된다. 용이 되고 싶은가? 그렇다면 진짜 용을 만나라.

9. 용이 되려면 사방력(四方力)을 키워야 한다

당신의 삶은 지금 어디에 와 있고, 또 어디를 향해 가고 있는가? 그리고 그런 현재의 삶에 만족하는가? 진정한 리더가 되고 싶은가? 돈과 명예를 모두 가지고 싶은가? 그렇다면 그런 리더가 되기 위해 무엇을 준비했는가? 진정한 용의 리더십을 가진 리더가 되려면 먼저 내가 어떤 사람이고, 무엇을 하고 싶은지, 나의 현 위치, 나의 싹수, 씨앗을 알아야 한다.

용이란 균형의 동물이고 변화와 조화의 상징이다. 용과 같은 인간은 체력은 좋고 건강하지만 돈이 없다거나, 돈은 많지만 마음이 약해서 남의 말에 무조건 따르는 존재가 아니다. 이른바 자기의 소질과 재능, 전공을 토대로 체력, 지력, 심력, 재력이라는 동서남북 네 방위가 모두 강한 존재가 용이다.

나는 동서남북 네 방위의 강력한 힘을 사방력(四方力)이라고 부른다. 먹는 것과 운동하는 것은 건강한 체력을 만든다. 수련과 마음의 의식 세계를 넓히고 향상하는 사람은 고난 앞에 담대한 심력의 소유자가 된다. 가진 자금을 안정적으로 운용하고 투자하며 관리하는 능력은 경제력이다. 깊이 있는 독서와 자기계발을 꾸준히 행하는 사람의 지력은 강력한 힘이 된다. 체력과 심력, 지력과 재력은 내가 삶을 꾸려나가는 전공, 즉 일을 중심으로 함께 성장할 것이다.

누구나 자기만의 방식과 선택에 따라 살아간다. '어떤 삶을 산다'는 것은 자기만의 주관적인 틀에 갇혀 산다는 것을 의미한다. 어떤 삶도 소중하며 각자 다른 삶이기에 정답도 없다. 그런데 용은 '어떤'이라는 하나의 방식에서 벗어나 '그 어떤 삶도 살아갈 수 있는' 조화의 능력을 부여해 준다.

우리는 대부분 그렇게 살아가기를 희망할 것이다. 고정되고 편협한 주관이 아니라, 유연성 있고 명쾌하면서도 자유로운 삶을 살고 싶을 것이다. 전문지식과 깨달음으로 풍성한 지혜, 넉넉한 부, 무엇이든 실천할 수 있는 튼튼한 몸을 동시에 가지기를 바란다. 그 기초 위에 과학적 사실을 토대로 배우고 질문하는 철학자가 되기도 하고, 아름다운 재능으로 음악과 미술의 세계를 열기도 하고, 평생 가르치고 배우는 사람으로 존경받으며, 사랑과 봉사로 나와 내 주위를 행복하게 만드는 사람이 되고 싶을 것이다. 가능하다면 말이다.

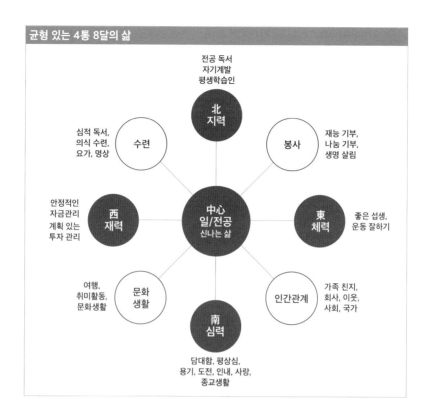

균형 있는 4통 8달의 삶

北
지력
전공 독서
자기계발
평생학습인

수련
심적 독서,
의식 수련,
요가, 명상

봉사
재능 기부,
나눔 기부,
생명 살림

西
재력
안정적인
자금관리
계획 있는
투자 관리

中心
일/전공
신나는 삶

東
체력
좋은 섭생,
운동 잘하기

문화
생활
여행,
취미활동,
문화생활

인간관계
가족 친지,
회사, 이웃,
사회, 국가

南
심력
담대함, 평상심,
용기, 도전, 인내, 사랑,
종교생활

　　이무기의 삶이란 어떤 것인가. 사방력이 미진한 이무기는 자기가 무엇을 원하는지, 무엇을 배워야 하는지, 전문지식을 어떻게 쌓아서 어떤 직업을 택하고 어떤 일을 통해 경제적 안정을 꾀해야 하는지에 대한 관심 없이 되는 대로 살아간다. 이무기는 꿈도 없고 열정도 없다. 그래서 안정을 통해 삶을 변화, 발전시키는 것에는 관심이 없다. 배우려 하지도 않고, 자기 삶에 대한 애착이나 생명력도 없다. 진정한 리더가 되겠다는 생각은 없으면서 무조건 사람들이 자신을 따르고 존경하기를 바라며, 부와 명예가 구름처럼 몰려들기를 희망한다.

또 어떤 이무기들은 배우고 깨치기는 하지만 이론과 지식에 관념이 고착화되어 입과 머리로만 결정하고 행동한다. 실천하며 살지 않기에 지식은 풍부하더라도 물질적으로는 부족하거나 가난하다. 그러면서도 모르는 사람들을 무식하다고 비난하고, 반대로 자기의 얄팍한 자존심은 악착같이 지키며 살아가는 경우가 많다.

또 다른 이무기는 물질과 돈에만 치중한다. 오직 돈만 잘 벌고 사업만 잘하면 된다고 생각한다. 물질이 전부이기에 돈을 좇으며 살다 보면 그냥 돈 많은 이무기로 끝난다. 승천은 물 건너가고 깊은 연못에 금은보화만 가득 채우고 헤엄치면서 살아간다. 깊이 있는 지식과 인격과 교양이 부족한 사람이 될 수도 있고, 돈은 좀 벌었다고 하지만 극도의 자만심으로 어그러진 허무한 삶을 살기도 한다. 언제가 될지는 모르지만 금은보화에 현혹된 사람들에 의해 죽임을 당할 운명을 스스로 만드는 셈이다. 물질의 풍요만으로는 결코 다 채울 수 없고 이룰 수도 없는 것이 용의 세계이다.

진정한 리더, 진정한 용이 되려는 사람들의 세계가 있다. 이들은 소질과 재능을 발휘해 즐겁게 배우는 평생학습인, 지식 전문가가 된다. 마음에는 평상심과 평화, 사랑과 감사가 넘치며, 자기 자신을 사랑해서 건강한 체력 관리도 한다. 전공을 살려 경제적인 안정을 통해 물질적 여유도 가지면서 자기 삶을 균형 있고 풍요롭게 누린다. 그 모든 것을 모으고 전력투구해서 용의 리더십을 발휘하고 기업을 키운다.

그러려면 먼저 물질적인 것에만 치우치지 않고 건강한 체력의 토대 위에 올바른 정신과 지식을 쌓아야만 용의 길을 갈 수 있다. 과연 우리는 어떤 삶을 살고 있는가? 한쪽으로 치우쳐 균형이 맞지 않은 삶을 살고 싶은가, 아니면 좌우의 균형을 맞춰 물질적 안정과 아름다운 학습을 모두 누리며 살고 싶은가? 용이 되고자 한다면 자신의 전공을 두고 동서남북 사방(四方)의 힘(力)을 키워야 한다.

3장 용을 만든 동물들

_____ 용은 봉황, 기린, 거북과 함께 '사령(四靈)'의 하나로 상상 속 동물이다. 그러나 실존하는 어떤 동물보다 최고의 권위를 지닌다. 용은 다른 동물들이 보유한 최상의 무기를 모두 갖춤과 동시에 무궁무진한 조화와 능력을 가지고 있다. 옛날 속담에 "보지 않은 용은 그려도 본 뱀은 못 그린다"는 말이 있을 정도로 오래전부터 용은 정형화된 형상을 지니고 있다. 하늘, 땅, 물에 사는 여러 동물 중에 최대 강점들만 모았으니 이만하면 최고의 강자이자 우두머리라고 할 수 있다.

지금까지 인류는 자연 속에 살면서 자연의 이치를 통해 다양한 지식을 발전시켜 왔다. '가장 높은 도는 자연에 있다(道高自然)'는 말처럼 자연의 동물 속에서 '나'의 꿈을 이루기 위해 꼭 필요한 12개의 리더십을 뽑아 상상의 동물인 용(龍)을 만들어 낸 것이다. 그룹을 지어 본다면 외부 환경의 감지는 매, 소, 돼지, 메기가 해당할 것이고, 변화와 혁신은 뱀으로 상징된다. 용기와 투쟁은 사슴, 호랑이가 담당하며, 안전 관리 및 방어는 잉어, 꿈과 목표 집중과 몰입은 여의주와 독수리, 인내와 도전은 악어와 낙타, 재력은 조개가 해당한다. 이제 12가지 동물에서 용을 구성하는 요소들의 장점과 지혜를 찾아보자.

0. 여의주-꿈의 구슬

여의주(如意珠) 또는 여의보주(如意寶珠)는 뜻한 바 모든 것을 원하는 대로 이룰 수 있는 것으로 상징되며, 소유자의 모든 소원을 이루어주는 보배로운 구슬이다.

불교에서는 신령스러움과 기묘함을 표현하는 보물이자 구슬이며, 이것을 가진 자들의 모든 소원을 성취해 준다는 설이 전해 내려온다. 동아시아의 신화에 등장하는 가공의 도구로서 특히 이무기가 용이 되기 위한 과정에서 꼭 필요한 도구로 여겨진다.

특별히 3장의 시작에 용을 닮은 동물보다 먼저 여의주를 넣는 것은 용의 시작이자 끝이기 때문이다.

소원을 들어주는 구슬

여의주는 범어로 '친타마니_cintamani_'라고 표기된다. 친타는 '생각', 마니는 '구슬'을 의미하므로 '소원을 들어주는 구슬'이란 뜻이다. 범어의 영향을 받아 마니주(摩尼珠)라고 불리기도 한다. 여의주(如意珠)라는 한자를 파자해 보면 '마음의 빛을 세우는 구슬과 같다'는 뜻이다. 결국은 자기 삶의 꿈 목록이다. 이것을 이루려면 다양한 성공 에너지의 어젠다를 사용해야 한다. 그래서 통합의 상징인 용(龍)의 리더십을 통해 용써야 한다.

한국 전설에서 여의주는 용의 상징처럼 여겨진다. 설화에 따르면 이무기가 수행을 거쳐 여의주를 얻고 용이 될 수 있다. 설령 하늘에 오른 용이라도 여의주를 잃으면 신통력을 잃고 땅에 떨어져 다시 이무기가 된다. 특히 오랜 기간을 수행하고 용이 되어도 여의주가 없으면 승천할 수 없다.

바라는 꿈과 소원을 모두 들어주는 신통력을 지닌 물체가 있다면 누구라도 그 귀한 보물을 얻으려 힘쓸 것이다. 그래서 용이 승천할 만한 힘을 얻었을 때 여의주를 지니고 있는 것이며, 모든 중생의 고난과 어려움을 해결해 주는 관세음보살 역시 여의주를 지닌 것으로 알려져 있다.

용이 가지고 있는 여의주는 일명 야광주(夜光珠)로서 달과 관련이 있다. 민간 설화에서는 달의 위상 변화를 여의주와 관련시켜서, 용은 달이 이지러지고 있을 때는 여의주를 삼켰다가 달이 차면 삼켰던 여의주를 내뱉어 달로 내보낸다고 한다.

달빛을 보면서 자기 소원과 꿈을 빌었을 것이기에 용(龍)이란 글자 속에 달빛(月)을 세운다(立)는 한자가 들어갔을 것이라고 짐작해 본다.

가공의 동물임에도 용에 대한 중국 사람들의 기대는 대단하다. 그들만큼 용을 좋아하는 민족도 드물 것이다. 이렇게 용을 숭상하는 까닭은 용이 지닌 무한한 능력 때문이다. 이놈은 작아지려고 마음먹으면 번데기만 한 크기로 줄어들고, 커지려고 하면 천하를 뒤덮을 수도 있다. 아래로는 깊은 연못에 잠길 수도 있는 반면 위로는 구만리 창천(蒼天)에 솟구칠 수도 있으며 비구름을 마음대로 부린다. 여의주라도 입에 무는 날이면 온갖 조화를 부린다. 한마디로 무소불능(無所不能)의 존재인 것이다. 개인의 꿈도 마찬가지다. 꿈이 없는 사람도 있고, 전 세계를 향해 꿈을 꾸는 사람도 있다.

4차 산업혁명 시대에는 한 개인이 창조적인 생각으로 스타트업을 통해 세계 최고의 회사를 만들 수 있듯이, 어떤 꿈의 여의주를 갖고 있느냐에 따라서 시작은 작은 회사의 여의주이지만 전 세계를 흔들고 영향을 줄 만큼 큰 회사가 될 수도 있다.

신비한 여의주와 묘정

신라 38대 원성왕이 하루는 황룡사의 승려 지해를 불러《화엄경》을 가르치게 했다. 지해는 묘정이라고 하는 어린 중과 함께 궁으로 들어왔는데, 묘정은 귀염성 없이 생긴 데다 성격도 활발하지 못해 아무와도 어울리지 못했다. 그는 식사를 마치면 언제나 혼자 금광정이라는 우물가에서 그릇을 씻었다. 그때마다 우물가에서 자라가 한 마리 떠올랐다 잠겼는데, 혼자서 심심하던 묘정은 그 자라에게 매일같이 먹이를 주며 귀여워했다. 그러다 다시 절로 돌아갈 즈음이었다. 여느 때와 마찬가지로 묘정은 우물에서 자라에게 먹이를 주고 있었는데, 자라를 보고 말하기를 "곧 돌아갈 날이 다가오는구나. 내가 너를 이렇게 귀여워해 주었는데, 너에게 베푼 은혜를 넌 무엇으로 갚을 것이냐?"라고 했다. 물론 농담이었을 것이다.

그런데 며칠이 지나자 우물에서 나온 자라가 갑자기 작은 구슬 하나를 토해 냈다. 묘정은 어리둥절했지만 자라가 주는 선물이라는 것을 깨닫고는 허리띠 끝에 매달고 다녔다. 그런데 그 이후로 희한한 일이 벌어졌다. 묘정을 보는 사람들마다 웃으며 반기는 것이었다. 마침내 절로 돌아갈 날이 되어 묘정은 지해 스님과 함께 왕에게 하직 인사를 드리러 갔는데, 왕은 갑자기 묘정을 마음에 들어 하며 궁으로 데리고 갔다. 그 이후로 묘정은 항상 왕 옆을 지키며 시중을 들게 되었다.

그러던 어느 날 한 신하가 당나라에 사신으로 가게 되었다. 평소 묘정을 귀여워하던 그 신하는 묘정을 데리고 가고 싶어 했다. 왕도 좋은 경험이 될 것이라며 그를 당나라로 함께 보냈다. 묘정이 당나라 황실에 들어가자 당 황제가 매우 총애했다. 그뿐 아니라 보는 사람들마다 그를 좋아하고 귀여워했다. 그때 당나라의 한 관상쟁이가 이 모습을 보고 임금에게 말했다.

"저 아이는 얼굴의 어느 한 군데도 좋게 생긴 곳이 없습니다. 그런데도 사람들이 좋아하는 것을 보니 필시 뭔가 연유가 있는 것이 분명합니다. 어떤 특별한 물건을 지니고 있는 것 같으니 한번 뒤져 보십시오."

이 말을 들은 당나라 황제가 혹시나 싶어 묘정의 몸을 뒤지자 허리띠 끝에서 작은 구슬이 나왔다. 가만히 살펴보던 황제가 "작년에 내가 가지고 있던 여의주 4개 중에 하나를 잃어버렸는데, 이것이 그 여의주와 똑같구나. 어디서 이 여의주를 얻었느냐?" 하고 물었다. 묘정은 자초지종을 설명했다. 이 말을 들은 황제가 따져보니 자신이 구슬을 잃어버린 날이 바로 묘정이 여의주를 얻은 그날이었다. 결국 묘정은 당 황제에게 여의주를 돌려주고 신라로 돌아왔다. 여의주를 잃은 묘정의 얼굴에서는 광채가 사라졌고, 아무도 그를 반기지 않았다.

이 이야기를 통해 알 수 있듯이 꿈을 품은 여의주를 가지고 있는 사람의 얼굴과 자기 삶에 꿈의 여의주가 없는 사람의 에너지는 정말 큰 차이가 있을 것이다.

당신은 어떤 여의주를 물고 있는가?

용이 승천하기 위해서는 여의주가 필요하다. 여의주가 없으면 용은 다시 도롱뇽이나 뱀 같은 범속한 생물로 추락한다. 그런데 이렇게 중요한 여의주가 구슬처럼 작아서 눈에 잘 띄지도 않는다. 우리의 삶도 마찬가지다. 물고기나 이무기처럼 비루한 삶을 살다 용처럼 승천하는 삶을 살기 위해서는 여의주가 있어야 한다. 그 여의주는 새로운 계획일 수도 있고 꿈과 야망일 수도 있고 목표를 달성하는 열정일 수도 있다. 타인에 대한 배려일 수도 있고 자비일 수도 있고 사랑일 수도 있다. 어떤 빛깔의 여의주든 분명한 사실 한 가지는, 여의주는 남에게서 뺏을 수 있는 것이 아니라 스스로 만들어야 한다는 것이다.

한번 쏘면 백발백중인 좋은 활이 있어도 맞힐 과녁이 없으면 무용지물이다. 리더가 되려는 사람은 마땅히 꿈이 있을 것이다. 꿈의 화살이 날아가 맞힐 과녁도 존재할 것이다. 꿈이 있어야 꿈틀거리기 시작한다. 꿈이 있어야 활시위를 당길 수 있다. 여의주는 활이고, 꿈이고, 과녁이다.

1. 매의 눈-잘 보는 통찰력

4차 산업혁명 시대에 용이 지녀야 하는 필수 요소인 통찰력을 매의 어떤 부분에서 찾을 수 있을까? 평온하게 하늘 높이 원을 그리면서 날던 새 한 마리가 갑자기 아래로 방향을 꺾은 뒤 지상의 먹이를 재빠르게 발톱으로 낚아채는 장면을 다큐멘터리에서 종종 볼 수 있다. 많은 사람들이 그 새를 하늘의 제왕이라 불리는 독수리로 알겠지만, 낙하하는 속도와 먹이를 낚아채는 속도가 쏜살같다면 맹금류의 제왕이라 불리는 매다.

매가 지상의 먹이를 순식간에 낚아채는 데는 남들보다 빠른 속도가 필요하다. 그리고 소위 '하늘만큼' 먼 거리에서 작은 점처럼 보이는 지상의 먹이를 발견하는 좋은 눈이 매우 중요하다. 이는 예리한 관찰력으로 사물을 꿰뚫어보는 통찰력에 비유할 수 있다. 흔히 '보는 눈이 매섭다', '매처럼 날카롭다'라고 표현하듯이 매의 눈은 집중해서 똑바로 잘 보는 것을 상징한다.

백문불여일견(百聞不如一見)이라고 했듯이 보지 않고 추측하고 예측해 봐야 허상이다. 도(道)의 목적이 견성수도(見性修道)이듯이 아는 것이 아니라 직접 보는 직관력(直觀力)이 지혜로 가는 출발선이다. 경영학에서 현장 경영을 이야기할 때 내세우는 '3현주의'도 마찬가지다. '현재', '현장'에서 '현물'을 봐야 단기적 문제는 즉시 해결하고, 중장기적 문제를 인식한 후 준비하고 대응할 수 있다.

아는 만큼 보이고, 보이는 만큼 느끼고, 느끼는 만큼 관계할 수 있다. 그래서 '잘 본다'는 것이 매우 중요하다. 잘 보고 더 나은 방법과 지혜를 찾아서 탁월한 생각을 발견해야 한다. 그래야만 지극히 착한 경지에 이른다는 지어지선(止於至善)을 할 수 있다. 모든 종교의 출발은 이 사실의 세계에서 무지(無知)를 발견하고 견성(見性)의 제로 베이스를 통해 최선의 지혜를 추구하는 것임을 알아야 한다.

세상을 살면서 어떤 일을 시작하든 잘 보는 것이 중요하다. 상상이든 현실이든 글, 꿈, 도표, 그림, 사진, 동영상에서 본 이미지를 선명하게 그려보아야 한다. 이것이 선견지명(先見之明)이다. 간절히 원하는 것은 보이게 마련이다. 현재 나타난 현상을 관심을 가지고 세밀하게 보면서 미래의 자기 꿈인 여의주를 구체적으로 상상하고 그려볼 줄 알아야 한다. 모든 일은 마음먹기에 달린 일체유심조(一切唯心造)이고, 믿음은 바라는 실상으로 나타나게 된다. 현재의 나와 세상, 그리고 미래의 나에 대한 꿈을 잘 보고 있는가?

생존에 특화된 매의 눈

지상에 들쥐 한 마리가 있다면 먹이를 노리는 사냥꾼이 매만 있는 것은 아니다. 아무리 낙하 속도가 빠를지라도 먼저 알아채지 못하면 다른 사냥꾼에게 빼앗기고 만다. 매의 눈은 낙하로 이어지는 추진력에 불을 당기는 역할을 한다. 이것은 행동을 중시하는 리더일수록 중요하게 여겨야 할 부분이다.

매의 눈은 매우 뛰어나다. 망막의 맨 안쪽 중앙에 위치해 시력의 90%를 담당하는 부분을 황반이라고 한다. 그 부위에 시각세포가 집중적으로 분포되어 있을수록 '잘 보는 눈'에 가깝다. 이런 점에서 동물은 인간보다 시력이 더 뛰어난 것으로 알려졌으며, 그중에서도 매는 최상위층에 속한다. 알려진 바에 의하면 매는 사람보다 시각세포가 5배는 더 많다. 정면을 응시하는 황반과 좌우를 볼 때 사용하는 황반이 양쪽 눈에 각각 존재한다. 사람보다 4~8배 멀리, 좌우로 폭넓게 볼 수 있는 이유다. 게다가 눈 밑에서 턱까지 길게 그어진 검은 띠무늬는 얼굴 부위에 반사된 햇빛 때문에 생기는 눈부심을 줄여준다.

우리는 이러한 점을 바탕으로 눈이 좋은 사람을 표현할 때 '매의 눈'을 가졌다고 한다. 전 세계에서 평균 시력이 가장 높다고 알려진 몽골 유목민을 이야기할 때 빼먹지 않는 표현이기도 하다. 그들은 평균 4.0 이상의 시력을 가졌으며, 최대 6.0~8.0까지 있다고 한다. 이는 일상생활에서도 200~300m를 바라볼 정도인데 넓은 초원에서 생활하며 먼 곳을 바라보는 것에 익숙하기에 가능한 일이다. 평균 1.0 이하에 속하는 우리에게는 먼 나라 이야기다.

'매의 눈'이라는 표현은 인간의 범주를 벗어나는 경우에도 사용된다. 테니스, 축구 등 구기 종목에서 사용되는 비디오 판별 시스템을 '호크아이'라고 부르며, 20km 상공에서 지상의 30cm 크기 물체까지 식별해 내는 무인정찰기 RQ4를 글로벌호크라고 부른다. 이 모든 것은 사물을 식별해 내는 능력을 강조하는 표현이다. 오늘날 인공위성 시대에 선진국들은 무인기를 띄워 하늘에서 지상의 모든 것을 관측한다. 누가 더 높이 더 멀리 더 자세히 잘 보느냐가 경쟁력의 핵심인 시대다.

핵심을 꿰뚫는 통찰력

'매의 눈'은 단순히 시력에서 끝나지 않는다. 특히 리더는 사물을 바라보는 것에서 그치지 않고 그 안의 본질을 꿰뚫어 봄으로써 상대 가치의 수준과 진정한 의미를 깨달아야 한다. 이는 현시대에 각광받는 단어인 인사이트insight, 즉 통찰력을 뜻한다.

그런데 사물과 현상을 보고 번개가 번쩍하듯 한순간에 무언가를 깨닫기란 쉬운 일이 아니다. 어쩌면 삶에서 불가능한 일일 수 있다. 깨달음은 눈에서 레이저가 나오도록 사물을 뚫어지게 본다고 얻어지는 것이 아니다. 그렇다고 소 뒷걸음치다 쥐를 잡는 것처럼 노력 없이 우연히 얻는 것도, 수학 문제 풀듯 공식을 암기한다고 얻을 수 있는 가치도 아니다. 깨달음은 오랜 학습과 사유에서 얻어진다.

깨달음을 의미하는 각(覺) 자는 '볼 견(見)'에 '배울 학(學)'이 합쳐진 것이다. 깨닫기 위해서는 끊임없이 보고 배워야 한다는 의미로도 볼 수 있다. 이를 뒷받침하는 예로 불교에서 가르치는 정견(正見)을 들 수 있다. 정견은 사물을 관찰하고 상황을 판단하며 결정하는 데 있어서 바르게 보는 것을 말한다. 불교 교리 중 하나인 팔정도(八正道)에서 가장 먼저 언급된다. 불교의 교리가 깨달음을 얻기 위함이라고 봤을 때 결국 깨닫기 위해서는 '바르게 보는 것'부터 시작하는 것으로 볼 수 있다.

그런데 이것은 단순 불자에게만 해당하는 것이 아니다. 리더에 게도 중요한 덕목이다. 불교에서는 바르게 보지 못하면 어떤 일을 하더라도 잘못된 길을 갈 수 있다고 한다. 바르게 보지 못하고 정진 하면 아집과 독선만 기를 수 있음을 주의한다. 사회 지도층이 손가 락질을 받는 이유는 바르게 보지 못해서이며, 정견이 없는 사람은 좋은 일을 하더라도 해악을 끼치는 경우가 있다. 리더의 잘못된 식 견으로 구성원에게 피해를 줄 수 있다는 뜻이다. 바르게 보아야만 모든 것을 바르게 처리할 수 있으며, 조직을 바르게 이끌 수 있다. 여기서 '바르게 본다'의 의미는 자신이 아는 고정된 생각이 아닌 다 름을 인정하고 제로베이스에 기본을 두는 것이다. 그래야 새로운 지 식과 정보를 받아들이고 더 나은 방법을 배울 수 있다.

우리는 정보화 시대에 살고 있다. 얻고 싶은 정보가 있다면 몇 초의 인터넷 검색만으로 획득할 수 있다. 다만 수많은 정보들이 모 두 올바른 것만은 아니다. 매의 눈과 통찰력의 가치는 정보가 범람 할수록 더욱 두드러진다. 잘못된 가르침과 정보를 명확히 구분해 내 는 시야를 가짐으로써 함께하는 사람들을 올바른 길로 끌고 갈 수 있다. 매가 돌을 들쥐로 판단하여 낚아챈다면 발톱이 부러지거나 부 리가 상할 수 있다. 이는 매의 생존에도 영향을 끼치게 된다.

리더가 통찰력을 키워야 하는 이유

통찰력으로 한 시대를 풍미했던 스티브 잡스가 세상을 떠난 후 현시대에 통찰력을 논할 때 가장 먼저 거론되는 리더 중 한 명은 아마존의 CEO 제프 베조스Jeffrey Preston Bezos이다. 현재 아마존은 단순히 물건을 판매하는 유통업체가 아닌 2019년 브랜드 가치 1위에 오를 만큼 세상을 선도하는 기업이 되었다.

그가 말하는 경영 핵심은 고객을 위한 서비스를 최우선으로 하여 고객을 성공시키면, 고객이 우리를 성공시킨다는 원칙하에 고객이 원하는 몇 개의 좋은 아이디어를 포착해서 현실화하는 것이다. 아마존은 고객이 멀리 있는 서점에 가서 책을 사는 불편을 없애고, 인터넷 쇼핑을 통해 책을 편리하게 구입할 수 있는 서비스를 제공한다. 오프라인 전시 공간과 재고도 없다. 그저 더 편리하고 쉽게 책을 구입하려는 고객의 마음에서 사업을 시작했다. 동물이 먹이를 사냥할 때 목표를 정하는 방법과도 같은 이치다. 낮은 가격, 빠른 배송, 방대한 선택의 폭이라는 좋은 아이디어가 행동으로 이어져 지금의 아마존이 만들어졌다.

그런데 이와 같은 단순한 방식이 세상을 리드하는 데는 그가 가진 통찰력이 주효했다. 성공의 탄탄대로라고 불렸던 월가의 헤지펀드에서 나와 온라인 책 판매를 선택할 수 있었던 데는 두 가지가 필요했다.

한 가지는 인터넷 산업의 성장 속도였다. 지금은 필수가 아닌 기본적인 통찰이다. 하지만 그가 이 선택을 했을 당시인 1994년에는 거의 도박에 가까웠다. 도박은 예상할 수 없는 리스크가 존재한다. 다른 한 가지는 후회 최소 프레임 가치관이다. 인간은 후회하게 마련이지만, 이러한 가치관을 가지고 있으면 80~90세가 되었을 때 그 순간의 선택에 대한 후회를 최소화할 수 있다.

2000년대 초반 IT 산업의 최대 이슈였던 닷컴 버블로 인해 아마존의 주가와 사업 환경이 바닥까지 곤두박질쳤다. 그러나 그는 회사가 올바른 방향으로 가고 있다면 걱정할 필요 없다고 직원들과 주주들에게 동기부여를 했다. 이처럼 아마존의 성공을 확신한 데는 그의 명확한 가치관에 미래를 꿰뚫어보고 정확하게 예측하는 통찰력이 더해진 결과였다. 용이 되기 위해 가장 필요한 것은 매의 눈처럼 잘 보는 지혜다. 아는 세계에서 보는 세계로 나아가는 진정한 리더라면 어느 한 면만을 보아서는 안 된다. 내 생각을 빼고 있는 그대로 사실을 잘 보아야 한다. 아는 만큼 보이고 보이는 만큼 느끼고 느끼는 만큼 경험할 수 있다. 앞면만 보는 것이 아니라 뒷면, 양쪽 측면, 상하(上下)까지 6면을 다 본 다음 내 내면의 중심점까지 7가지 방향을 다 볼 줄 아는 것이 진정한 통찰이고 올바른 지혜의 시각이다.

2. 소의 귀-잘 듣는 경청

인간에게 소는 돼지처럼 고기를 제공하고, 말처럼 운송수단이 되며, 개처럼 친근한 동물이다. 비록 느리지만 인간의 근면함과 묵묵함을 상징할 만큼 긍정적인 이미지를 가지고 있다. 소의 행동에서 긴장감이나 성급함을 찾아보기 힘들며, 아무것도 모르는 듯한 눈동자는 순수했던 과거를 떠올리게 한다. 이렇게만 본다면 우리는 소에서 용의 어떤 모습을 찾을 수 있을까? 근면함, 순수함, 순종? '소' 하면 떠오르는 기존의 이미지와는 달리 소의 귀를 통해 경청의 힘을 발견할 수 있다.

소의 귀에서 드러나는 경청의 중요성

소의 성격은 순박하며 근면하다고 알려졌다. 사람을 소에 비유할 때 이런 부분을 강조하며 긍정적으로 표현한다. 그런데 이와는 반대의 경우도 있다. 우리는 한 가지 목표를 향해 열심히 달려갈 때 소처럼 우직하다고 칭찬한다. 특히 리더에게는 과거, 현재, 미래 모두에 꼭 필요한 부분이다. 목표를 향해 나아갈 때는 대내외적으로 장애물이 많은데, 우직함이 없으면 중간에 포기하는 경우가 대부분이다. 그런데 이러한 성격을 소의 귀에 빗대어 단점으로 표현하기도 한다.

소의 귀는 거대한 몸체와 안면의 크기에 비해 현저하게 작은 것이 특징이다. 그래서 크게 말해도 잘 안 들릴 수 있다는 이미지에 빗대어 '소귀에 경 읽기'라는 표현을 자주 사용한다. 실제로 우둔한 사람은 아무리 가르쳐주고 일러주어도 알아듣지 못한다는 뜻을 내포한다. 그런데 소의 귀는 크기에 비해 상대적으로 작을 뿐 실제 소의 청력이 매우 떨어지는 것은 아니다. 동물의 평균에 속한다. 그럼에도 불구하고 이처럼 표현하는 이유는 주위의 이야기에 귀를 기울이지 않고 황소고집처럼 우직하게 목표를 향해 달려 나간다면 언젠가는 뜻하지 않게 낭패를 볼 수 있음을 주지시킨 것이라고 볼 수 있다. 사람은 어떤 선택을 할 때 자신의 가치관을 기준으로 행하는 경우가 대부분이다. 그 선택이 범법이 아닌 이상 소신을 가지고 자신이 가고자 하는 길을 걸어가면 된다. 어쩌면 용에게 있어 소귀는 황소

고집처럼 물러서지 않는 자기 확신을 의미하는지도 모른다. 그러나 소의 우직함과 대비하여 오랫동안 이를 주지시키는 이유는 경청의 중요성을 강조하기 위함이다. 특히 경청의 필요성이 더욱 부각되는 리더에게는 매우 중요하다.

경청이 더 중요해지는 이유

옛말에 사람의 입은 하나이지만 눈과 귀는 두 개인 이유는 그만큼 보고 듣는 것이 중요하기 때문이라고 한다. 이와 같은 표현이 아니어도 많은 사람들이 경청의 중요성을 인지하고 있다. 리더 또한 경청을 필수로 갖춰야 할 덕목으로 받아들인다. 리더 중에 경청과 관련된 책과 강의를 보지 않는 사람은 거의 없을 것이다. 그렇지 않다면 당장 경청의 기술과 관련된 책을 한 권 사서 읽기를 권한다.

특히 요즘 들어 경청의 중요성이 더욱 강조되다 보니 경청하지 않는 리더는 소처럼 우직하고 자기 확신이 뛰어난 사람이기보다는 오만하고, 인내심이 부족하며, 소통을 하지 않는 사람으로 낙인찍힌다. 이는 리더의 이미지뿐만 아니라 오너 리스크로 판단되어 조직에 큰 영향을 미친다. 사람과 사람 간의 소통이 점점 더 중요해지고 있는 시대에 경청은 특히 더욱 갖춰야 할 덕목이다.

조직을 대표하는 리더의 나이가 예전보다 낮아지고는 있지만, 아직 조직의 리더와 구성원의 나이 차이는 예전과 크게 다르지 않다. 그 시대에 따라 신조어는 언제나 존재했고, 세대 간의 생각 격차 또한 마찬가지였다. 그러나 이제는 세대별로 삶에 대한 생각이 많이 달라졌고, 리더는 모든 세대를 통괄하는 가치를 받아들이지 못하면 성장하기 어려운 시대가 된 것이다. 중년의 나이인 리더는 젊은 세대를, 젊은 리더는 중년 세대를 이해하기 위해서 그들의 말을 듣고, 삶의 가치를 이해하고 받아들이는 경청이 더욱 중요해진 것이다.

이처럼 경청이 중요한 것은 알겠지만, 많은 사람들이 경청을 어렵게 받아들인다. 그렇다면 경청의 가장 기본적인 부분이 상대방의 이야기를 '듣기만' 하는 것인지, 상대의 생각을 내 것으로 '받아들이고 공감하는' 것인지를 다시 한 번 생각해야 한다. 후자에 있어 자신 있게 고개를 끄덕일 수 있다면 경청의 기술을 계속 연마하면 된다. 그렇지 못하다면 수많은 경청 기술이 아무 쓸모가 없음을 명심해야 한다.

경영학의 아버지라 불리는 피터 드러커는 "소통에서 가장 중요한 것은 상대방이 말하지 않는 소리를 듣는 것이다"라고 했다. 리더는 경청이 단순히 귀로 듣는 것뿐만 아니라 마음으로도 듣는 것임을 깨달아야 한다.

경청과 리더십

전 세계 소비재 생활용품 시장을 이야기할 때 항상 언급되는 기업은 P&G~Procter & Gamble~이며, 지금의 P&G를 만드는 데 혁혁한 공을 세운 사람은 전 CEO A. G. 래플리다. 그는 원래 교사를 꿈꿨지만 소매업을 하면서 마케팅 전문가로서 꿈을 키웠다. 이후 P&G에 입사해 아시아 지역에서 엄청난 성과를 보이면서 2000년 CEO로 발탁되었다. 그러나 시장은 그를 P&G 내 브랜드인 '조이~JOY~' 영업사원으로 입사한 점을 내세워 그다지 환대하지 않았다. 오히려 비웃었다. 당시 여러 이유로 주가는 반 토막이 났고 벼랑 끝에 몰려 있었다.

래플리는 기업 생존 방식으로 경청 리더십을 택했다. 온화하고 소통하기 좋아하는 그의 성격 때문이기도 했지만, 전임 CEO의 독선적인 경영 방식에 조직원의 불만이 높아 사기가 바닥으로 떨어졌기 때문이다. 그는 회의 중 3분의 2를 '듣는 시간'으로 책정했다. 그는 한 인터뷰에서 경청의 중요성을 언급하며, "CEO가 연봉을 많이 받는 이유는 경청의 스트레스에 대한 보상이라고 생각한다. 지위가 올라갈수록 아랫사람의 말에 귀를 기울여야 한다. 그 스트레스는 정말 대단하다"라고 이야기했다.

이러한 경청 방식은 리더와 직원 간의 소통으로 이어졌고 신뢰로 연결되었다. 이로 인해 상품 개발, 마케팅, 디자인 팀을 한데 모아 시너지를 극대화하는 '컬래버레이션 마케팅collaboration marketing'이 점진적인 성과를 보일 수 있었다. 이러한 노력이 비웃던 시장을 놀라움으로 바꿨고, 그가 재임했던 10년간 P&G의 매출은 2배, 이익은 4배 늘어날 수 있었다.

삼성 이건희 회장이 부회장으로 임명되고 처음 출근하는 날, 창업자 이병철 회장이 자기 방에서 써준 글이 '경청(傾聽)'이었다. 이는 아버지가 아들에게 들려주는 지혜이자, 리더가 리더에게 건네는 최고의 중요한 조언이었다.

또한 기독교에는 '믿음은 들음에서 난다'는 말이 있다. 성경에도 많이 나오는 말이 '들어라, 경청하라'이다. 그만큼 세상에서 지혜를 얻고 살아가기 위해서는 자기 말만 하는 것이 아니라, 경청을 통해 배우는 것이 가장 으뜸이라고 해도 과언이 아닐 것이다.

경청은 내 생각으로 듣지 말고 상대방이 하는 말을 잘 들어야 하고, 통째로 다 듣고, 전체를 다 들어야 한다. 진정한 고수의 경청 방법은 상대방의 마음 속 소리까지 들을 줄 알아야 한다.

어떤 말을 들을 때 상대방의 속마음에 깔린 의도와 감정을 듣는 것이다. 음악을 들을 때 소리만 듣지 말고 연주자의 감정 상태까지 듣는 것처럼 상대방 속마음의 심정과 의도까지 읽어내고 들을 수 있는 심안이 열리도록 경청해야 한다. 심안이 열리면 신이 보내는 내면의 소리도 들을 수 있다. 지금 이 순간 자신의 생각에서 깨어 있지 않으면 경청할 수 없다. 매 순간 깨어 있어야 모든 소리를 들을 수 있다.

3. 돼지의 코-환경 변화 감지

후각이 뛰어난 사람을 개에 빗대어 '개 코'라는 표현을 자주 사용한다. 실종된 사람을 찾거나 마약을 탐지할 때 동원되는 동물이 대부분 개인 것도 같은 선상이다. 그런데 개보다 후각이 뛰어난 동물이 바로 돼지다. 돼지는 후각이 뛰어나 지상과 땅속을 가리지 않고 먹잇감을 잘 찾는다. 예민한 후각 덕분에 돼지는 환경 변화에 쉽게 적응한다. 이는 돼지의 생존 기술이자 시시각각 변하는 현시대에 용이 지녀야 하는 필수 요소 중 하나이다. 오직 먹고 자는 것에만 집중하는 동물로 여겨지는 돼지에서 어떤 리더십을 발견할 수 있을까?

돼지의 생존은 코에서 시작된다

돼지는 우리가 일반적으로 생각하는 것 이상으로 똑똑한 동물이다. 실제로 돼지의 아이큐는 70~80 정도로 추측되며, 이것은 우리가 똑똑하다고 여기는 돌고래에 미치는 수준이다. 그럼에도 불구하고 돼지를 하등으로 여기는 이유는 큰 덩치에 '우걱우걱' 잡식성으로 먹어치우는 왕성한 식습관 때문이다. 그런데 돼지의 강한 비위는 미각의 둔감함에서 비롯되며, 먹을 만큼만 먹고 배가 부르다 싶으면 고개를 돌린다고 한다.

한편으로 그 덩치를 유지하기 위해 먹이를 먹는다고 해도 돼지는 곰이나 호랑이와는 달리 본격적으로 사냥하는 존재가 아니다. 집에서 주인이 가져다주는 여물만 먹는 돼지가 아니라면 먹이를 수급하는 데 어려움이 있다. 이때 돼지의 생존 방법이 발휘되는데 가장 중요한 부분이 바로 '코'다.

돼지는 눈이 작아서 사물을 잘 볼 수 없지만 후각이 발달하여 먹이를 잘 찾는다. 돼지 게놈 분석 논문에 따르면 돼지는 냄새를 인지하는 후각 기능 유전자의 진화 속도가 타 동물에 비해 매우 빨랐다고 한다.

후각 시스템은 콧속의 비강에 있으면서 냄새를 맡는 '후각 상피세포층'과 뇌에서 후각을 담당하는 부위인 '후각 신경구'로 나뉜다. 후각 상피세포층에는 매우 많은 후각 신경세포가 존재하며, 표면에는 다양한 형태의 후각 수용체 단백질이 붙어 있다. 서로 다른 종류의 수용체 단백질이 화학반응하며, 어떤 형태로 활성화되느냐에 따라 발달 정도가 달라진다. 그런데 돼지의 후각 수용체 유전자 수는 후각이 뛰어나다고 널리 알려진 개보다 200개나 많은 1,300개 정도이다. 즉, 유전자만 보면 개보다 돼지가 냄새를 더 잘 맡는다고 할 수 있다. 인간은 약 400개 정도로 포유동물 중에서는 가장 적다.

발달된 후각은 환경 변화에 빠르게 반응하여 어느 곳에서든 먹이를 먼저 찾을 수 있는 생존 기술이 된다. 실제로 서양 요리에서 '땅속의 다이아몬드'라 불릴 만큼 귀한 송로버섯은 땅속에서 자라기 때문에 돼지나 개의 후각을 이용해 채취한다. 돼지는 버섯을 먹어버린다는 문제가 발생하여 먹지 않는 훈련이 가능한 개가 더 많이 이용되지만, 돼지가 더 잘 찾는다고 한다. 또한 30km 떨어진 곳에 있는 사과 냄새를 맡을 정도로 후각이 뛰어나다. 후각 시스템은 인간을 포함한 동물들이 생존하고 집단생활을 하는 데 매우 중요하다. 집단 내 위계질서 형성은 물론 짝짓기를 할 때 상대방의 감정을 알아차리는 중요한 역할을 한다. 어쩌면 이 또한 생존에서 중요한 역할을 하는지도 모른다.

현시대에 살아남기 위한 후각의 힘

후각은 여느 감각보다 수억 년 앞선 35억 년 전에 나타난 것으로 전문가들은 짐작한다. 화학물질의 농도 차로 일어나는 주화성chemotaxis이라 불리는 박테리아 기능에서 비롯되었다고 본다. 이는 대부분의 동물에게 필수적인 생존 본능으로 진화했다.

그러나 인간은 후각으로 의사소통을 하는 동물들과는 달리 시각이나 청각에 의존한다. 앞서 말한 인간의 후각이 유전자상으로 덜 예민하기 때문일 수도 있지만, 한편으로는 후각으로 소통하는 것이 무엇인지 짐작조차 되지 않는 것도 사실이다.

그렇다고 우리가 킁킁대며 상대와 소통하는 것은 현대문명상 그리 바람직한 일은 아니다. 그러나 우리는 후각에 몸을 맡겨야 한다. 돼지의 코처럼 시시각각 변하는 환경의 변화에 신경을 곤두세워야 한다. 코끝으로 전해져 오는 향에 취하지는 않더라도 어떤 냄새인지, 어디서 나는지 방향은 알아야 한다.

지금 시대는 어떤 부분에 한정되지 않고 다양한 방면에서 시시각각 환경이 변화한다. 어제의 가치가 옛것이 되며, 오늘의 가치는 옛것을 앞두기도 한다. 20년 전 세계를 선도하던 기업 중에 환경 변화를 감지하지 못해 쓰러진 기업이 다수이다. 이제 기업은 성장하기 위해서가 아닌 생존하기 위해 변화에 집중해야 한다. 지금 세상을 선도하는 기업들이 끊임없이 환경 변화에 주시하는 이유다.

한 예로 불과 10~20년 전까지만 해도 한 세대를 상징하던 워크맨, 삐삐, CD플레이어, 2G 핸드폰 등은 스마트폰이라는 거대한 파도 앞에 무릎을 꿇고 말았다. 위대한 기업가 스티브 잡스에 의한 것이기도 하지만, 그가 아니었어도 언젠가는 불어올 바람이었다. 단지 잡스는 돼지의 코처럼 환경의 변화를 먼저 감지하여 새로운 먹이를 발견했던 것이다.

환경 변화와 리더십

얼마 전 한국에서 큰 이슈가 있었다. '배달의민족'으로 대표되는 기업 우아한형제들이 4조 7,500억 원의 기업가치를 인정받아 독일 동종 업체 DH_{Delivery Hero}에 매각되었다. 국내 스타트업 인수합병 중 가장 큰 규모였다. 우아한형제들의 김봉진 대표는 아시아 11개국의 배달 앱 사업을 이끄는 우아DH 아시아 대표를 맡게 되었다.

김봉진 대표는 2010년 자본금 3,000만 원으로 기업을 일으켰는데, 길거리에서 모은 5만 장의 음식점 홍보 전단을 기반으로 개발한 앱인 배달의민족이 대박을 터뜨렸다. 배달업은 오래전부터 있었다. 그러나 배달은 각 가게가 매출을 올리기 위한 선택의 갈래 중 하나였다. 전문적인 영역 구축은 김봉진 대표가 시초라고 해도 무방하다. 그는 1인 가구가 증가하는 시대의 변화를 감지했다. 그리고 스스로 잘한다고 판단한 B급 감성 마케팅을 바탕으로 몇 년 만에 스타트업을 대표하는 리더가 되었다. 가히 환경 변화를 감지하여 행동한 돼지 코의 상징이라고 할 수 있다.

그러나 그는 시간이 흐를수록 거대 외국 자본의 공격적인 투자 앞에 수비만 하다가는 고립될지 모른다는 위기감에 빠졌다. 그래서 해외로 눈을 넓혔고 변화가 감지되는 동남아 시장에 발을 내딛기로 한 것이다. 그의 선택에 아쉬움이 담긴 비판 또한 존재한다. 그조차 인터뷰에서 '게르만 민족'이라 불리고 있음을 언급하기도 했다. 그러나 그는 겸허하게 받아들이며 성과로 보여주기 위해 준비하고 있다. 그는 시장 환경 변화의 냄새가 어디서 불어오는지 알고 있다.

맛있는 냄새가 어디서 나는지, 지식과 기술 그리고 돈과 성공의 냄새가 어디서 나는지, 리더라면 환경 변화의 냄새를 잘 맡는 후각 세포가 돼지처럼 활짝 열려 있어야 할 것이다.

4. 메기의 수염-변화 예측, 초감각

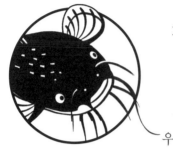

2016년 경주에서 지진이 발생했다. 그 후로 우리나라에서도 잦은 지진 현상 및 전조가 나타나고 있다. 이제 지진은 옆 나라 일본만의 문제가 아니며, 우리나라도 지진 안전지대가 아닌 것이다. 그런데 지진이 날 때마다 실시간 검색어에서 동물과 관련된 글과 영상을 심심치 않게 볼 수 있다. 흔히 말하는 동물의 특정 행동이 지진을 예측할 수 있으며, 이로 인해 피해를 최소화할 수 있다는 내용이다. 그중 자주 언급되는 동물 중에 하나가 메기다. 메기의 수염을 통해 갑작스러운 변화를 예측할 수 있다는 것이다. 이는 빠르게 변하는 세상에 대응해야 하는 리더에게 필요한 요소다. 우리는 메기의 수염을 통해 용의 단면을 볼 수 있다.

변화를 예측하는 메기의 수염

메기가 보통의 물고기와 다른 점은 양쪽으로 길게 난 수염이다. 메기의 수염은 단순히 물고기를 구분 짓는 하나의 액세서리가 아니다. 메기를 캣피시catfish라고 부르는 데는 수염이 고양이 수염과 닮은 점도 있지만, 고양이처럼 수염이 일종의 감각기관 역할을 하기 때문이다. 즉, 메기의 수염은 생존을 위해 만들어진 특별한 무기다.

수염은 먹이를 찾는 중요한 역할을 한다. 민감도가 높아 진흙 바닥의 모든 진동을 느낄 정도라고 알려졌다. 물고기는 머리의 표면에 있는 미각세포 덩어리인 미뢰로 맛을 느끼는데, 메기는 수염을 포함해 온몸에 미뢰가 퍼져 있다. 동물을 통틀어 가장 많다고 알려진 만큼 먹이를 찾는 데 매우 용이하다. 덕분에 위기 상황을 빠르게 파악할 수 있다.

그런데 수염이 메기 자체의 생존보다 널리 알려진 이유는 앞서 언급한 지진 때문이다. 지진은 땅속 지층에 쌓인 응력이 풀리는 과정에서 일어나는 현상인데, 보이지 않는 깊은 땅속에서 일어나는 일이기에 인간의 힘으로 파악하기란 쉽지 않다.

기원전 373년 헬리케라는 도시에 대지진이 덮치기 5일 전에 쥐, 족제비, 뱀, 벌레 등이 땅속에서 나와 도시를 빠져나갔다는 기록이 있다. 그 이후로 동물의 민감성으로 지진 및 화산을 예측할 수 있다는 이야기가 지속적으로 나오고 있다. 그중에 메기가 수염으로 지진을 감지하여 물 밖으로 뛰어오른다는 이야기가 널리 퍼졌다.

특히 오래전부터 일본에는 일본열도 밑에 거대한 용이 있으며, 이 용이 가끔 움직여 지진이 일어난다는 전설이 있다. 그런데 시간이 지날수록 용이 거대한 메기로 바뀌면서 자연스레 메기와 지진의 연관성을 믿어왔다. 실제로 일본에서는 1923년 관동대지진 이후 도후쿠 대학교에서 메기와 지진의 관계를 과학적으로 연구하는 실험을 했다. 그 결과 메기가 난폭하게 움직이면 몇 시간 내에 지진이 일어날 가능성이 크다는 점을 발견했다.

그 이후에도 전 세계적으로 메기를 포함해 지진과 동물의 연관성을 조사하고 있다. 메기의 수염이 변화를 예측하는 상징성을 가지고 있음은 분명한 듯하다.

리더는 변화의 본질을 파악해야 한다

리더는 변화를 읽어야 하는 사람이다. 조직원은 리더의 발걸음에 맞춰 뒤따라 걷는다. 그래서 리더는 견지망월(見指忘月)을 해서는 안 된다. '가리키는 달은 보지 않고 달을 가리키는 손가락만 쳐다봐서는' 길을 잃고 만다. 리더는 변화의 본질을 읽고 예측할 줄 알아야 한다. 리더가 가는 길이 조직이 나아가는 길이기 때문이다.

변화의 본질을 파악하기 위해 리더는 어떤 노력을 해야 할까? 리더는 자신이 이전에 이룬 성공 방식을 내려놓을 수 있는지 스스로 의문을 던져야 한다. 급격한 변화 속에 이전과 같은 생각과 행동으로 똑같은 결과를 낼 수 있다는 확담은 누구도 할 수 없다. 확실하다고 믿는 성공 방정식에 매몰되지 않는 것이 중요하며, 겸손한 자세로 새로움을 받아들여야 한다. 과거에 큰 성공을 거둔 리더일수록 힘들 수 있지만, 뛰어난 리더십을 발휘하기 위해서는 필수적으로 거쳐야 하는 단계이다.

새로움을 받아들이기 위해서는 자신이 맺고 있는 인간관계를 한번 점검해 봐야 한다. 늘 만나는 사람만 만나는 것은 아닌지, 한 분야의 사람만 만나는 것은 아닌지를 확인해야 한다. 변화의 기본은 다양성을 접하는 것에서 시작한다. 다양한 사람을 만나 다양한 생각을 접해야 새로운 변화를 예측할 수 있다. 일본의 저명한 경제학자 오마에 겐이치가 3년마다 자신이 만나는 사람을 바꾸는 이유다. 다양함과 새로움을 얻기 위해 바쁜 시간을 쪼개고 쪼개어 약속을 잡거나 네트워킹 모임에 꼭 참석하지 않아도 된다. 우리에게는 책과 인터넷이라는 공간이 존재한다. 그 안에는 전 세계에서 내로라하는 최고의 리더가 우리를 기다리고 있다.

21세기 메기 효과

2019년 한 해 여러 이유로 그 어떤 CEO보다 국내외에 많이 언급된 한 사람이 있다. 일본의 워런 버핏이라 불리는 소프트뱅크의 손정의 회장이다. 그는 1981년 자본금 1억 엔으로 소프트웨어 유통업체 소프트뱅크를 창업했다. 그러나 창업한 지 얼마 지나지 않아 중증 간염으로 5년 정도밖에 살 수 없다는 시한부 선고를 받았다. 경영 일선에서 물러나 3년 동안 입원해 있었으나 치열한 사투 끝에 만성간염을 이겨내고 1986년 일선에 복귀했다.

문제는 그동안 소프트뱅크에 쌓인 빚이 초기 자본금의 10배가량에 달했다는 것이다. 그는 이를 타개하기 위해 통신 서비스로 눈을 돌려 사업을 확장했고, 마이크로소프트$_{MS}$의 소프트웨어 독점 판매권을 따낼 수 있었다. 그로 인해 매출은 엄청나게 증가했고, 그 이후 대형 M&A를 비롯해 동종의 벤처기업에 투자를 지속했다. 그 결과 창업한 지 30여 년 만에 800여 개 계열사를 거느린 세계적 기업의 총수가 되었다.

그가 전 세계적으로 주목받은 점은 다가올 미래를 예측하고 투자에 망설이지 않았다는 것이었다. 당연히 그에 따른 결과는 소위 대박의 연속이었다. 야후재팬은 물론이고 초기 투자금의 무려 6,000배에 달하는 이익을 얻은 알리바바는 꾸준히 회자될 역사적인 투자이다. 우리나라에서는 쿠팡에 조 단위의 금액을 투자하면서 더욱 부각되었다. 그 이후 공유경제 업체에 눈을 돌려 우리에게도 익숙한 위워크, 우버를 비롯한 수많은 기업에 투자하면서 더욱 각광받았다. 그는 미래에는 공유경제가 흐름을 탈 것으로 예상했고, 이들을 비전펀드라는 명칭으로 불렀다.

그러나 작년 한 해 유독 주목받은 이유는 최근 위워크와 우버 등 그가 투자한 스타트업의 기업가치가 급락했기 때문이다. 이로 인해 손정의 회장의 행보에 많은 우려와 비판의 목소리가 있었다. 스타트업에 거대한 자본이 들어왔을 때 좋지 못한 사례로 손꼽기도 한다. 어쩌면 손정의 회장의 투자는 청어 통에 메기를 던져놓은 것과 같을지도 모른다. 그렇다면 우리는 메기 효과의 결과를 여기서 찾을 수도 있다. 과연 청어들은 생존할 수 있을지, 아니면 죽음을 맞이할지 말이다.

느끼는 관점도 구분해 볼 필요가 있다. 신의 관점, 세상의 관점, 타인의 관점, 나의 관점이 있고, 이것을 구분하는 것이 지혜 중에 지혜이다. 메기의 초감각이란 머리의 생각에서 가슴으로 내려가야 느낄 수 있는 것이다. 내가 느낄 수 있는 감정의 문이 열려서 깨어 있어야 한다. 생각과 이성으로 가득 차 있으면 감각을 느낄 수 없다. 자기 생각에 따라 뒤따라오는 감정을 느끼고 사는 것이 아닌 신과 자연에 대한 감지, 세상 외부 환경 변화에 대한 감지, 상대방의 감정에 대한 감지, 나 자신 내면의 소리에 대한 감지 등 외부와 내부에서 일어나는 감각은 가슴을 열어 두어야 제대로 느낄 수 있다.

5. 뱀의 몸통-혁신과 지혜

사람들에게 뱀을 떠올려보라고 하면 아마도 그 어떤 동물보다 여러 가지 모습을 떠올릴 것이다. 먼저 이 책에 심취된 사람이라면 외형적으로 용과 가장 닮은 동물이라는 생각이 들 것이다. 인도를 다녀온 사람이라면 숭배의 대상으로 받아들일 수도 있다. 그런데 대부분은 인간을 유혹하는 간계의 대상, 그리고 독으로 사람에게 해를 입히는 위험의 대상으로 인식할 것이다. 그러나 우리는 이 글에서 뱀의 새로운 모습을 찾을 수 있다. 오랜 세월 동안 진화를 거듭하며 생존을 유지해 온 뱀의 혁신적인 모습이다.

생존을 위한 진화

뱀은 생물학적으로 파충류에 속한다. 파충류는 인류의 기원보다 훨씬 앞선다. 아득한 옛날 중생대의 공룡도 파충류였으니 우리 인류보다 한참이나 앞선 선배 종족임이 틀림없다. 그렇다면 공룡과 달리 현재까지 생존을 유지해 온 이유는 무엇일까? 공룡보다 단순히 몸집이 작아서 생존할 수 있는 확률이 조금 높았을 뿐일까?

뱀은 사람이 볼 수 없는 적외선까지 볼 수 있지만, 시력 자체는 매우 약해서 가까운 곳의 사물만 판별할 수 있다. 청각 또한 둔하며 고막도 없다. 이렇게만 보면 뱀은 포식자의 철저한 먹잇감으로 보이며, 먹이를 잡기는 쉽지 않아 보인다. 그러나 뱀은 생존을 위해 특수

감각을 키워왔고, 이로 인해 일정 이상의 포식자 위치에 서게 되었다.

　　뱀은 골레이 세포golay cell라는 특수한 신경세포를 가지고 있다. 이 세포를 이용해 열을 감지함으로써 사냥을 조금 더 수월하게 할 수 있다. 위치는 눈 아래의 구멍에 있다. 이는 피트 기관pit organs이라고도 하는데, 뱀의 종류에 따라 없는 경우도 있다. 또한 후각 보조 기관인 야콥슨 기관Jacobson's Organ으로 인해 후각이 예민하며, 뱀 특유의 혀에 의한 후각 작용이 더해진다. 정확히는 밖으로 내민 혀에 외부의 화학물질을 묻혀 야콥슨 기관에 전달함으로써 공기의 진동, 흐름, 온도 차를 감지한다. 냄새가 어느 방향에서 나는지 탐지할 수 있으며, 그 방향으로 움직이거나 반대 방향으로 피해 도망간다. 뱀의 혀가 두 갈래인 이유는 오른쪽, 왼쪽을 감지하기 위해서다. 온도를 조절하기 위해 혀를 자주 날름거리는 개와는 달리 뱀은 직접적인 생존을 위해 혀를 날름거린다.

뱀의 몸통에서 바라보는 혁신과 지혜

진정한 뱀의 진화와 생존은 몸통에서 발견할 수 있다. 뱀의 척추는 200~400개에 이르는 척추골로 이루어져 있다. 각 척추골은 돌기에 의해 교묘하게 연결되어 상하좌우로 25도가량 구부릴 수 있다. 이러한 구부림의 변형은 포획물을 잡는 데 용이할 뿐만 아니라 뱀의 생존에 큰 영향을 미친다.

　　뱀은 머리뼈와 턱뼈가 관절이 아닌 유연한 근육과 인대로 연결되어 있어서 자기 몸 크기의 4배가 넘는 먹이도 거뜬히 삼킨다. 일단 먹이를 목구멍으로 넘기면 어깨뼈가 없어서 수월하게 소화기관으로 넘어간다. 척추에 연결된 갈비뼈가 쭉 벌어지기 때문에 먹이가 지나가는 데 특별한 문제가 없다. 먹이 크기에 맞게 몸통이 늘어난다는 것이다. 생텍쥐페리의 《어린 왕자》에서 코끼리를 집어삼킨 보아뱀을 생각하면 이해하기 쉽다. 뱀은 일정 이상 크기의 먹이를 삼키면 다른 먹이를 먹지 않아도 오랫동안 버틸 수 있다. 다른 동물들과는 달리 먹이 수급에 일희일비하지 않아도 되는 것이다.

뱀은 피부에 붙은 비늘인 복린(腹鱗)과 늑골(肋骨)을 활용해 사행운동(蛇行運動)을 하며 움직인다. 이 운동에 따른 역학적 힘의 합성으로 전진함과 동시에 늑골의 앞 끝을 지지물에 붙여 대고 기복운동(起伏運動)을 한다. 이러한 물결 운동으로 수영도 잘할 수 있는 몸의 구조를 갖고 있다. 특히 뱀의 비늘은 일종의 젤라틴과 같이 코팅한 상태이기에 외부에서 들어오는 습기를 막을 뿐만 아니라 몸속의 습기가 빠져나가지 않게 붙잡는다. 뱀들이 물뿐만 아니라 사막에서도 거뜬하게 살아남는 이유다.

뱀의 가장 혁신적인 부분은 우리가 산에서 종종 볼 수 있는 허물이다. 뱀의 비늘은 처음 만들어진 크기 그대로 굳은 채 존재한다. 즉, 뱀이 성장하면 몸통의 크기는 자연스럽게 커지는데, 허물벗기를 하지 못하면 자신의 비늘에 갇혀 죽음을 맞이하는 아이러니한 상황을 맞이한다. 환경이나 영양 상태, 나이 등에 따라 횟수의 차이는 있으나 보통 1년 동안 1~3차례 정도 허물벗기를 한다.

뱀의 탈피는 여러 시구(詩句)와 역사에서 부활과 재생의 상징으로 쓰인다. 새로운 세상을 맞이하기 위해서는 스스로 새로워져야 함을 의미한다. 사람이 전보다 훨씬 나아져서 딴사람처럼 된다는 뜻이 담긴 환골탈태(換骨奪胎)도 같은 맥락이다. 어제보다 오늘이,

오늘보다 내일이 더 나아지기 위해 하루가 새롭고 또 하루가 새롭게 스스로 고통을 감내하고 이겨내는 일신우일신(日新又日新)의 자세가 필요하다. 이것은 과거의 모습을 벗어던지고 온고지신(溫故知新), 계승발전(繼承發展)의 혁신을 통해 하늘로 승천하려는 용의 모습과 같다.

리더에게 필요한 혁신과 지혜

니체는《아침놀》에서 "허물을 벗지 않는 뱀은 죽고 만다. 인간도 완전히 이와 같다. 낡은 사고의 허물 속에 언제까지고 갇혀 있으면 성장은 고사하고 안쪽부터 썩기 시작해 끝내 죽고 만다. 늘 새롭게 살아가기 위해 우리는 사고의 신진대사를 하지 않으면 안 된다"라고 했다. 니체의 말처럼 고인 물은 결국 썩게 마련이다. 썩은 물이라고 해도 물의 가치는 변하지 않지만, 사람들은 썩지 않기 위해 공부하고, 노력하고, 내일의 목표를 가지고 산다.

혁신이란 묵은 풍속, 관습, 조직, 방법 등을 뱀이 허물을 벗듯이 완전히 바꾸는 것을 말한다. 과거에는 단순히 기술의 혁신만으로 받아들였다면, 현재와 미래에는 시장과 산업에 대한 전반적인 변화가 필요하다. 기술 하나만의 변화로는 미래에 살아남지 못한다.

그런데 혼자 '혁신'만을 외친다면 그 힘은 떨어질뿐더러 오랫동안 지속될 수 없다. 조직의 혁신은 그 조직에 속하는 모두가 함께 움직여 이뤄야 한다. 조직원과 함께 혁신에 걸맞은 지혜를 꺼내야 한다. 그 지혜로부터 혁신이 시작된다.

그런 의미에서 창조적인 무언가를 계속 찾으려 노력해야 한다.

아이디어든 사람이든 구습에 얽매이지 않는 새로운 가치를 제시해야 한다. 다가올 세상에 필요한 지혜는 새로움에 기반을 두어야 한다. 보지 않던 것을 다시 둘러보고, 보던 것도 다른 면에서 둘러봐야한다. 새로운 시선에서 새로운 가치를 찾을 수 있기 때문이다.

하지만 무언가를 갈구하듯 지식을 탐구하기만 한다고 갑자기 지혜가 생기지는 않는다. 옛말에 지식은 더하기이며, 지혜는 빼기라고 했다. 뱀의 허물벗기처럼 지금까지 자신이 누리고 고수해 온 것을 과감히 버리고 새로 시작하는 마음을 가져야 한다. 스스로 '자기혁신'을 하지 못하면 기업의 혁신은 어불성설(語不成說)일 뿐이다.

글로벌 패션 기업의 혁신

글로벌 패션 기업 올세인츠All Saints는 브랜드 이름을 런던의 거리에서 따왔다. 라이더 재킷, 가죽 액세서리 등을 바탕으로 1997년에 창업하여 2011년까지 꾸준한 성장을 이루었다. 그러나 대내외적인 이유로 매출은 하락세를 맞이했고, 급기야 파산 직전까지 내몰렸다. 그때 버버리 온라인 전략 총괄로 재직하던 윌리엄 킴이 올세인츠 대표로 부임했다.

그가 선택한 혁신은 디지털이었다. 버버리의 부사장으로 있으면서 빠르게 변해 가는 세상에서 디지털로의 변화는 필수라는 것을 알았다. 갑작스럽게 디지털 부서를 만들지는 않았다. 시스템 자체 개발이 아닌 아마존과 구글 같은 거대 IT 기업들과 기술 제휴를 시작했다. 환경이 디지털로 옮겨질 뿐 기업의 본질은 패션임을 잊지 않았기에 가능한 일이었다.

이를 바탕으로 전 세계 매장과 물류, 소비자를 하나로 연결하는 실시간 물류 및 결제 시스템을 구축했다. 또한 회사 의사소통 방식을 SNS 형태로 바꿔 직원들 간에 즉각적인 소통이 가능하게 만들었다. 이는 자연스럽게 다양한 의견 교류로 이어졌고, 새로운 시스템 개발로 연결되는 선순환 구조를 만드는 계기가 되었다. 그는 한 인터뷰에서 "사실 IT 기술은 어렵지 않아요. 문제는 '사람', '사고방식'의 변화입니다"라고 말했다. 변화에는 사람이 핵심 가치임을 알고 있었기에 가능한 일이었다.

올세인츠는 단순히 디지털 환경으로의 변화만을 선택하지 않았다. 리더의 혁신이 구성원들의 지혜로 이어져 디지털 문화로의 변화가 이루어진 것이다. 결국 파산 직전의 회사는 불과 4년 만에 매출 4,500억 원, 영업이익률 30%대를 웃도는 글로벌 패션 디지털 기업이 되었다.

뛰어난 리더일수록 윌리엄 킴과 같이 혁신을 추구해야 한다. 결과가 이처럼 특별하지 않더라도, 장기적으로 볼 때 추구하지 '않는' 것보다는 나을 확률이 높다. 용이 되지 못한 뱀은 다시 용이 될 기회가 있지만, 자기 허물에 갇힌 뱀은 결국 죽음을 맞이한다. 자연의 법칙이다.

뱀의 혁신을 통해 배울 점은 자신의 낡은 습관과 고집을 버리고, 늘 새로워지고 배우려 하는 것에 있다. 나의 생각이 바르지 않고 틀릴 수 있다는 토대 위에 다름을 인정하고, 늘 새로운 것을 배우는 자세가 진정한 무지(無知)의 지혜(智慧)이다. 그때부터 철학(哲學) '배움을 밝히는 철학자'로서 지혜로운 사람이 된다.

6. 사슴의 뿔-권위, 투쟁, 재생

사슴의 뿔은 멋진 위용을 자랑하며 봄마다 재생되는 끈질긴 생명력을 지녔다. 뿔이 달려 있는 수사슴은 혼자서 여러 암사슴을 거느리기 위하여 다른 수사슴들과 치열한 싸움을 한다. 그리하여 사슴 집단은 뿔 하나로 좌우되어 일부다처의 왕국을 형성하는데 이는 우수한 종족을 보전하는 방법이기도 하다. 이를 보면 용에게 있어 사슴뿔이 상징하는 것은 제1인자로서 강한 생명력과 우수한 종족이라고 생각된다. 우아하고 아름답지만 강해 보이지는 않는 사슴에게 어떤 리더십의 향기가 있을까?

다른 동물과 차별되는 사슴의 뿔

뿔은 지상의 권위를 상징하고, 그 솟구치는 힘을 표현한다. 가면이나 관에 뿔을 장식하면 그것을 쓰는 자의 힘과 지력과 영력과 생산력이 증가한다고 믿었다.

동물의 생김새는 종류만큼이나 다양하고 뿔을 가진 동물 또한 적지 않다. 우리는 동물의 머리에 솟은 단단하고 뾰족한 물질을 모두 뿔이라고 부르지만 사실 동물의 뿔은 해부학적 구조에 따라 크게 네 종류로 나뉜다.

우리가 주변에서 가장 많이 보는 뿔은 소나 양 등 솟과에 속하는 동물의 뿔이다. 태어날 때는 없던 것이 성장하면서 자라 나온다.

곧게 뻗은 것, 굽은 것, 나선형 등 모양도 다양하다. 뿔은 겨울철보다 여름철에 많이 자라기 때문에 식물의 나이테와 같은 각륜(角輪)이 생긴다. 이것을 보고 동물의 나이를 추정할 수 있다. 솟과 동물의 뿔은 피부의 각질층이 변형돼 생긴 것으로 통각(洞角)이라고 한다.

기린은 암수 모두 태어날 때부터 뿔이 있다. 기린의 뿔은 두개골의 연장이기 때문에 골각(骨角)이라고 부른다. 코뿔소는 종에 따라 암수 모두 하나 또는 2개의 뿔이 콧잔등에 자란다. 케라틴 섬유로 구성돼 있어 표피각(表皮角)이라고 한다. 마지막으로 사슴과에 속하는 동물은 뿔에 가지가 있어 지각(枝角)이라 부른다.

사슴과 동물은 1년에 한 번씩 뿔 갈이를 한다. 봄에 나기 시작한 뿔은 2~3개월 가지를 치며 자라게 된다. 이 시기의 뿔은 부드러운 벨벳 같은 털로 싸여 있다. 바로 한방의 주요 약재로 사용되는 녹용(鹿茸)이다. 이후 뿔은 점점 굳어져 가을철이 되면 뼈처럼 변한다. 벨벳 같은 털이 벗겨지고, 끝은 창같이 날카로워진다. 이때쯤 되면 발정기가 시작된다. 발정기가 되면 수컷은 서로 암컷을 차지하기 위해 뿔을 도구로 이용해 싸운다. 그리고 다시 겨울을 넘기고 봄이 오면 머리에서 뿔이 떨어져 나간다. 이 뿔을 녹각(鹿角)이라고 한다.

사슴뿔은 나뭇가지 모양을 하고 있고 봄에 돋아나 자라면서 점점 딱딱한 각질이 되었다가 이듬해 봄에 떨어진다. 그리고 다시 뿔이 돋는다. 이처럼 자연의 순환법칙을 머리의 뿔로 나타내는 동물은 사슴뿐이다. 자연의 순환법칙에 따라 나무가 가을에 잎을 떨어뜨리고 봄이 되면 다시 싹을 틔워 강한 생명력을 이어간다. 나뭇가지처럼 생긴 사슴뿔도 가을이면 저절로 떨어지고 봄이면 다시 돋아나니 영원한 생명을 상징하는 것으로 여겨지는 것이 당연한지도 모른다.

아무튼 이 때문에 사슴뿔은 영원한 생명력이나 다시 태어나는 재생의 상징으로 여겨졌다.

또한 평소에는 온순하지만 짝짓기를 할 때는 수컷끼리 뿔을 맞대고 격렬하게 싸워 이긴 우두머리 수컷의 모습이 권위의 상징처럼 여겨졌기에, 옛사람들은 그 의기양양한 모습을 왕관에 차용하기도 했다.

진정한 권위의 상징

사슴뿔을 왕의 상징으로 인용했다면, 그것은 당연히 권위와 관련이 있다. 흔히 '권위적인 리더'와 '권위 있는 리더'라는 말을 사용한다. 사실 '좋은 권위'는 리더에게 반드시 필요하다. 직장, 가정, 사회에서 누구라도 리더 역할을 맡아야 하는 순간이 있다. 그때 필요한 것은 '권위적'이 아닌 '권위 있는' 리더이다.

리더의 고민을 연구하는 세계적인 비즈니스 코치 조너선 레이먼드는《좋은 권위Good Authority》에서 '권위적인 리더'가 '권위 있는 리더'로 거듭나기 위해 갖춰야 할 것들을 자세히 소개했다. 그것을 압축적인 단어로 나열한다면, 통찰력, 배려, 이해하는 태도, 관대함, 단호함, 호기심, 지혜, 공유하는 투명성, 용기, 솔직함, 자신감 등이다.

이 중에 우리가 알지 못하거나 이해할 수 없는 생소한 내용이 있는가? 없다. 다만 그것을 '어떻게' 끌어내고 적용할 수 있는지를 모르기 때문에 많은 리더들이 실패하는 것일 뿐이다.

어떤 리더십을 발휘해서 조직을 이끌어가는가는 각자의 선택이지만, 그 리더십에 '나쁜 권위'는 없어야 한다. '갑질(甲質)'로 대표되는 그릇된 리더십과 고압적인 권위의식은 시대의 흐름을 잠시 잘타고 시장을 선도하는 서비스와 제품으로 급성장한 기업을 한순간에 파멸로 이끌 수 있다.

'자리가 사람을 만든다'는 말이 있다. 왕관을 쓸 생각을 했다면, 거기에 어울리는 말과 행동을 하기 위해 노력할 줄 알아야 한다. 인성, 품성, 태도 등이 왕관 위에 얹혀 있다는 사실을 매 순간 인지하며 살아야 한다. 진정한 권위는 남에게 강요하는 것이 아니라 남이 인정하는 것에서 출발한다. 진정한 권위는 자기 혼자 세울 수 없기 때문이다. 사슴의 뿔이 갖고 싶다면 사슴의 골다공증도 끌어안아야 할 것이다. 영국의 대문호 셰익스피어는 "왕관을 쓰려는 자, 그 무게를 견뎌라One who wants to wear the crown, bear the crown."는 명문장을 남겼다.

사슴은 그 무게와 골다공증을 견딜 각오를 하고 권위를 얻었다. 그러나 인간은 어떠한가? 직업(職業)이란 단어의 뜻을 풀이해 봐도 본질은 '자리 직(職)'보다 '업(業)'에 충실한 모습과 자세 아닌가? 그러나 본연의 일보다는 그 자리에 올라 권력을 행사하고 권위를 부리려는 욕심으로 인해 수많은 문제가 발생한다.

재생과 리더십은 어떤 상관관계가 있는가?

리더십의 본질은 조직에 생명력을 불어넣고 생명력이 담긴 시스템을 구축하는 것에 있다. 사실 리더십과 관련해서 동서고금의 사례와 방법론이 무수히 생겨나고 있지만, 공허한 메아리거나 빛 좋은 개살구인 경우가 많다. 도덕론과 당위성의 함정에 빠지며 실천과 반복의 습관을 잊어버리는 까닭이다.

리더십에서 재생(再生)은 어떤 의미인가? 죽었다 살아나는 것이다. 리더십은 기업의 존속에 의미를 두는 단어다. 따라서 재생은 리더십 그 자체일 수도 있다. '산이 높으면 물이 길다'는 산고수장(山高水長)이란 말이 있고, '산이 높으면 골이 깊다'는 말도 있다. 모든 언덕에는 골짜기가 있지만 모든 사람이 정상에서 골짜기로 내려갔다가 다시 정상으로 올라갈 수는 없다.

핀란드에 본사를 두고 1998년부터 2011년까지 13년간 휴대전화 시장점유율 세계 1위를 차지했던 노키아Nokia는 1980년대 말부터 시작된 경영 악화로 도산 위기에 직면했고, 1992년에 고무, 제지, 케이블, 가전 등의 사업을 모두 정리하고 통신 분야에만 집중하는 사업 구조조정을 단행했다. 이를 통해 1998년 모토로라를 제치고 세계 휴대전화 판매량 1위를 차지하는 성과를 거두며 세계적 기업으로 성장했다. 첫 번째 재생에는 성공한 셈이다. 2011년 기준 매출액은 핀란드 국내총생산의 20%에 달했고, 1998~2007년의 수출액 중 노키아가 차지하는 비중은 약 5분의 1에 이르렀다. 그야말로 핀란드의 국민 기업이었다.

그러나 두 번째 재생에는 실패했다. 스마트폰 중심으로 재편되는 모바일 시장의 흐름에 빠르게 대응하지 못한 데다 스마트폰 운영체제의 개발에 실패하면서 위기를 맞아 결국 2013년 9월 휴대전화 사업부를 마이크로소프트MS에 매각했다.

재생에 성공한 기업도 있다. 역대 일본 기업 가운데 가장 크게 망했다가 3년 만에 부활한 아시아 최대 항공사 일본항공JAL이다. 이나모리 가즈오 일본 교세라 창업자는 79세의 고령(高齡)이던 2010년,

파산한 부실 공기업 JAL의 회장으로 취임한 지 1년 만에 4만 8,000명의 임직원 중 1만 6,000명을 감축하는 살벌한 구조조정을 단행했다. JAL은 2011년부터 영업 흑자를 기록하며 기사회생했고, 2012년 증시에 재상장되었다. 소임을 마친 그는 2013년 3월 퇴임했다.

JAL이 망한 이유는 이미 잘 알려졌다. 무늬만 민영 기업이었던 비효율의 암 덩어리 구조, 정부 관료의 낙하산 천국, 포퓰리즘 정치에 휘둘려 적자투성이 지방 노선을 마구잡이로 운영했고, 감당할 수 없을 정도의 퇴직연금을 지급하도록 만든 강성 노조, 여기에 자신이 재임하는 동안에는 아무것도 건드리지 않으려 했던 경영진이 합작한 폭탄 만들기였다.

역설적이지만 뿌리 떨어진 순간 JAL이 회생할 기회가 생겼다고 할 수 있다. 뿌리의 탈락은 배수의 진과도 같았기 때문이다. JAL을 맡을 당시 이나모리 회장은 78세였다. 그는 JAL의 재생을 위해서는 기초부터 모든 것을 다시 다져나가야 한다고 판단했다. 이를 위해 임직원들이 자신과 같은 생각과 목표 의식, 가치관, 판단 기준을 공유하는 것이 무엇보다 급선무라고 생각했다. 이메일이나 편지가 아니라 직접 만나고 전해야만 조직이 재생할 수 있다는 것을 알았다. 그래서 이나모리 회장은 3년 동안 하루도 쉬지 않고 현장에 나가 직원들을 만났다.

이때 유명한 이나모리 회장의 '아메바 경영'이 발휘되었다. 몸집이 커지면 여러 개체로 분열하는 아메바처럼 거대한 조직을 소집단으로 나누어 운영하는 경영 시스템을 말한다. 사원의 입장에서도 자신이 조직을 운영한다는 경영자 마인드를 지니게 하는 '전원 참가형' 경영이다. 세포 하나하나가 모두 성장하고 그것이 모여서 비약적으로 뿔은 자라난다. 모든 조직의 에너지는 '뿔'의 성장에 집중되었다. 그렇게 JAL은 파산보호 신청 후 약 2년 6개월이 지난 2012년 9월 19일 사상 최단기간의 기록으로 재상장에 성공했다.

사슴뿔은 권위의 상징이지만 그 권위를 지키기 위해서는 목숨을 걸고 투쟁하며 싸우는 용기가 필요하다. 그리고 늘 권위에 머무르지 말고, 기존의 뿔을 버리고 새로운 뿔을 재생시키듯이, 현재에 안주하지 말고 지속적인 성장과 생존을 위해 뿔의 무게를 견디며 재생을 위해 생존하고 투쟁해야 한다.

7. 호랑이의 주먹-용맹과 힘

지금 우리나라는 동물원에서 보호하는 수를 제외하고 야생에서 호랑이를 발견하기란 어렵다. 하지만 우리나라는 국토의 70% 이상이 산으로 이루어진 지형 특성상 예로부터 많은 호랑이가 서식하여 '호랑이의 나라'로 일컬어졌다. 산짐승의 왕이라 불리며 위엄을 떨치는 호랑이지만 우리에게 그 어떤 동물보다 친근하게 느껴지는 것은 역사에서 호랑이의 모습을 쉽게 발견할 수 있기 때문이다. 우리는 용맹과 힘을 상징하는 호랑이에서 리더가 가져야 할 용맹정진(勇猛精進)하는 모습을 발견할 수 있지 않을까?

용맹을 부르는 호랑이 주먹

호랑이는 먹이를 발견한 후 민첩한 몸놀림으로 날카로운 송곳니를 동물의 목에 꽂아 동맥을 끊는 방법으로 아주 쉽게 사냥한다. 그러나 당하는 동물도 그리 호락호락하지는 않다. 쥐도 도망갈 구멍이 없으면 고양이를 문다. 어느 동물에게나 생존이란 그 무엇보다 중요하다. 그럴수록 빛나는 것이 호랑이의 주먹이라 불리는 앞발이다.

호랑이의 앞발은 곰의 앞발과 비견될 정도로 생존을 위한 강력한 무기다. '힘=호랑이'라는 공식이 성립된 결정적인 이유다. 물소나 곰과 같이 일정 이상의 체격과 근육을 가지지 않는 한 호랑이 앞발에 당하지 않는 동물은 없다. 용의 발을 호랑이에 빗댄 이유도 막강한 힘을 지녔음을 상징하는 것이다.

앞발은 먹잇감의 급소를 확실히 물 수 있도록 먼저 제압하는 역할을 한다. 몸무게가 더해진 앞발로 동물을 누르면 벗어날 길이 없다. 온전한 호랑이의 힘이 가해져 송곳니로 물기 전에 이미 사망에 이를 만큼 치명적인 위력을 지닌다. 호랑이는 위대한 앞발이 있기에 그 어떤 동물에게도 두려움 없이 달려들 수 있다. 전쟁에서 힘차게 달려갈 수 있는 이유는 뒤따르는 부하들과 더불어 날카로운 창과 칼이 있기 때문이다. 금이 가 있는 칼을 들고는 전장의 선두에 서기란 불가능하다. 결국 호랑이의 용맹은 자신의 앞발을 전적으로 믿기에 가능한 일이다.

앞발의 위력을 수치로 했을 때 한 번 휘두르는 힘이 800~900kg 정도에 이른다고 한다. 앞발이 가장 강하다고 알려진 곰의 1톤에 근접한 수치다. 보통 성인 남자의 90배가량에 해당할 정도로 압도적이다. 한때 주먹으로 세계를 호령했던 마이크 타이슨의 펀치력이 1톤에 가깝다고 알려지자 호랑이와 인간의 주먹 대결이 가능하지 않겠냐는 우스갯소리가 나왔다. 전문가들은 수치가 비슷하다는 이유만으로 호랑이의 앞발을 능가할 수 없다는 공통적인 의견에 입을 모았다. 왜냐하면 호랑이가 제대로 일격을 가했을 때 암소의 두개골을 함몰시키거나 곰의 허리를 부러뜨려 죽인 사례도 종종 있었기 때문이다.

용맹함을 기반으로 한 멀티형 리더의 등장

《삼국지》를 비롯해 전쟁의 장수 및 리더를 이야기할 때 매번 빠지지 않고 등장하는 것이 장수를 뜻하는 '장(將)'이다. 성격과 문무(文武)를 일정 기준으로 나눴을 때, 용감하면 용장(勇將), 지혜로우면 지장(智將), 지혜에 무력을 갖추면 맹장(猛將), 부하를 잘 통솔하며 신임을 얻으면 덕장(德將), 그리고 덕장에 운이 더해지면 운장(運將)이라고 한다.

　수많은 책에서는 이를 바탕으로 리더가 나아갈 방향을 제시하고 있다. 주로 용장과 맹장을 뛰어난 리더로 보았던 예전과는 달리 사람 한 명 한 명 중요한 시대에는 사람을 품는 덕장이 되지 못하면 리더와 조직은 도태될 수 있다.

　그런데 아날로그에서 디지털로 바뀌는 변혁의 시대를 맞이하면서 이러한 경계는 점차 불분명해지고 있다. 기존의 경계가 무너지면서 새로운 경계가 생기기 시작했다. 이제는 용장 혹은 덕장이 아닌 용장과 덕장을 같이 품을 수 있는 멀티 통합형 리더가 되어야 경쟁에서 도태되지 않고 생존할 수 있는 시대다.

이러한 시대에도 변하지 않는 한 가지는 리더가 옳다고 생각한 가치를 용감하게 밀고 나가야 한다는 것이다. 1초 후의 세상도 함부로 용단할 수 없는 시대가 되었다. 그동안 생각해본 적 없는 장애물들이 기다리겠지만, 리더는 자신이 가진 무기를 믿고 전진해야 한다. 변화라는 태풍에도 굳건하게 버틸 수 있는 자신만의 힘이 있어야 한다. 호랑이는 자신의 앞발과 송곳니를 믿기에 눈앞에 보이는 먹이를 향해 용맹하게 달려 나갈 수 있다는 것을 잊지 말아야 한다.

흔들리지 않고 밀고 나가는 소신과 용맹

얼마 전 한 뇌전증 신약이 FDA(미국 식품의약국)의 시판 허가를 받았다는 소식이 있었다. 어쩌면 바이오 시장에서 들리는 일반적인 FDA 허가 소식일 수 있지만, 한국 바이오 시장에서는 혁신적인 결과로 여겨졌다. 한국 기업이 최초로 해외 기업의 도움 없이 신약 후보 물질 발굴부터 FDA 허가까지 독자적으로 이뤄냈기 때문이다. 이 기업은 SK그룹의 자회사 SK바이오팜이지만 조정우 대표만큼 혁혁한 공을 세운 인물은 SK그룹의 총수 최태원 회장이다.

최태원 회장은 바이오 시장의 미래를 내다보고 1993년 SK에너지 대덕연구소를 설립하면서 신약 개발 사업에 뛰어들었다. 보통 신약 개발에 성공하면 기술 수출로 얻는 금액을 비롯해 투자 금액의 10배 이상을 웃도는 이익이 발생한다. 그럼에도 불구하고 국내 대부분의 제약업계에서 글로벌 임상을 해외 제약사에 맡기는 이유는 상당한 비용이 든다는 점과 10%도 안 되는 성공률 때문이다.

최태원 회장은 꾸준한 노력으로 2008년 신약 허가의 문턱에 섰지만 고배를 마시고 말았다. 그러나 그는 포기하지 않고 용감하게 한 걸음씩 전진했다. 주변에서는 계속 우려를 보였다. 통신이라는 우수한 먹잇감이 있었고, 이를 바탕으로 더욱 발전할 수 있는 여지가 충분했기 때문이다. 그러나 최태원 회장은 흔들리지 않았다. 우수한 인력을 계속 충원했고, 투자 금액을 아끼지 않았다. 이는 미래를 바라보는 확고한 생각과 더불어 자신이 가진 무기에 대한 자신감 덕분이었다. 그게 아니었다면 중도에 포기했거나 먼 미래의 일이 되었을 것이다.

호랑이는 용맹 그 자체이다. 변화를 두려워하지 말고 도전하고 싸워라! 나 자신과 싸우고, 조직원들과도 싸우고, 경쟁자와도 이기기 위해 싸워라. 내 영역을 지키고 확장하기 위해서는 죽음을 각오하고 위험을 감수하면서 호랑이처럼 용맹하게 싸우며 나아가야 한다.

8. 잉어의 비늘-안전, 방어, 위험관리

잉어는 동아시아 지역에서 오랫동안 사랑받는 물고기이며, 효나 무병장수, 큰 인물 등 많은 상징성을 가진 물고기다. 그래서 잉어를 눈으로 직접 보는 것보다 문헌과 그림에서 접해본 사람들이 많은 것이다. 우리가 아는 잉어에 관한 이야기는 대부분 노력 끝에 고난을 떨치고 성취를 이루는 과정을 상징하는 경우가 많다. 용의 도상(圖像)에서 잉어의 비늘을 표현하는 이유가 여기에 있는지도 모르지만, 반대로 비늘 본연의 모습에서 또 다른 의미를 찾을 수 있다. 비늘은 단순히 물고기의 피부 역할을 하는 것으로 알고 있지만, 변수가 많은 물속에서 물고기가 살아가는 생존 방법 중 하나임은 간과할 수 없다. 잉어의 비늘에서 우리는 어떠한 생존 방법과 리더십을 발견할 수 있을까?

용이 되기 위한 등용문

오랫동안 전해져 내려오는 문헌과 그림에 나오는 잉어는 대부분 용과 연관되는 경우가 많다. 잉어와 용의 외형적인 모습이 닮기도 했겠지만 잉어의 특별함을 상징하기도 한다. 한 예로 공자가 득남하였다는 소식을 들은 노나라 임금 소공은 산 잉어 한 마리를 하사했다. 이에 감복한 공자는 아들의 이름을 잉어의 '리(鯉)' 자를 붙여 공리(孔鯉)라고 지었다. 리(鯉)는 '이롭다'는 뜻의 '이(利)'와 발음이 비슷하다. 중국에서 공자는 경탄 이상의 존재로서, 잉어가 상징하는 의미를 엿볼 수 있다.

잉어가 등장하는 문헌에는 잉어에서 용으로 가는 과정을 한 장의 그림과 글로 담은 것들도 있다. 보통 알려진 그림으로는 잉어가 힘차게 뛰어오르는 약리도(躍鯉圖), 잉어와 용의 문양을 나타나는 어룡문(魚龍紋), 물고기가 변해서 용이 되는 어변성룡도(魚變成龍圖) 등이 있다. 이는 시대가 바뀌면서 벽화, 그림, 청화백자, 민화, 건축물 등의 소재로 옮겨졌다.

예로부터 잉어는 장원 급제를 위해 면학에 힘쓰는 선비를 비유하는 말이었다. 창덕궁 후원에 있는 연못인 부용지의 축대에는 잉어

품 개선에 집중하는 것만으로도 위험을 돌파할 수 있었다면, 이제는 다양한 분야의 지식을 바탕으로 위험을 벗어나야 하는 시대가 도래한 것이다.

그렇다고 무조건적인 분산투자와 사업 다각화만이 답은 아니다. 한 명의 리더, 하나의 조직이 가지는 총 에너지는 한계가 있다. 어쩌면 이도 저도 아닌 결과가 나올 수 있다. 그러나 이러한 점이 부각되어야 하는 시대가 왔음은 부정할 수 없으며, 리더는 이를 발전시키는 능력을 갖춰야 한다.

그런 면에서 봤을 때 리더는 끊임없이 배워야 한다. 순간의 황홀에 취해 그 자리에 머문다면 물은 썩어버린다. 디지털 시대 이후 모든 것이 일반적으로 생각하는 속도보다 빨라졌기 때문이다. 썩지 않기 위해서는 배우려는 노력을 계속해야 한다. 이는 기업의 생존과 직접적인 연관이 있다. 또한 리더는 시간을 분산해야 한다. 일의 우선순위를 명확히 해야 한다는 뜻이다. 권한 위임도 충분히 고려해야 한다. 여기에는 스스로 일의 속성을 잘 판단하며, 권한을 위임할 구성원의 강점을 속속들이 잘 알고 있어야 한다는 전제가 필요하다.

불가에서는 잉어가 부처의 심장을 보호하는 역할로 눈을 감지 않고 항상 동그랗게 뜨고 깨어 있는 존재라고 한다. 그래서 수행자들은 잉어와 같이 항상 눈을 뜨고 깨어서 정진해야 한다. 리더 또한 배움을 게을리하지 않음으로써 항상 눈을 뜨고 있는 연습을 해야 한다. 눈을 뜨고 있으면 위험으로부터 자신을 방어할 뿐 아니라 위험을 감수하고 도전하는 힘을 가지게 된다.

2등이 1등이 되는 방법

매출이나 브랜드 가치에서 2등인 기업은 1등 기업 다음으로 잘했다는 의미로 대우받아 마땅하다. 1등을 향해 점진적으로 달려감으로써 기업의 생존력도 높아질 수 있다. 그런데 만년 2등이라는 꼬리표가 붙으면 상황이 조금 달라진다. 무엇을 하더라도 1등을 할 수 없다는 이미지가 각인되면 자연스럽게 브랜드 가치가 떨어진다. 이는 기업의 생존에도 영향을 미친다. 그런데 후지필름은 만년 2등의 꼬리표를 달고 있었음에도 코닥과는 위험관리를 달리하여 생존을 넘어 업계 1등을 차지할 수 있었다.

1934년 창업한 후지필름은 코닥에 밀려 오랫동안 만년 2등으로 자리 잡아 '2등의 대명사'라는 썩 좋지 않은 꼬리표를 달고 있었다. 그러나 이들 또한 디지털 시대라는 급변을 맞이했고, 아날로그 필름 위주로 사업을 영위했던 두 기업은 위기에 맞닥뜨렸다.

그런데 위기 뒤에는 언제나 기회가 존재하는 법이다. 코닥은 디지털 시대가 조금 더 늦게 오리라는 판단으로 핵심 사업인 아날로그에 집중했고, 이것이 패착으로 이어졌다. 반대로 후지필름은 기업의 핵심 분야에 집중했고, 이는 사업의 다각화로 이어졌다. 코닥은 안전을 가장한 공격의 능률을 높이고자 했고, 후지필름은 변화에 바탕을 둔 방어를 선택함으로써 위험을 분산할 수 있었다.

후지필름은 2000년 초부터 본업이자 주력인 필름 사업을 과감히 정리했다. 그러나 관련 사업이 축소되는 상황에서도 R&D 연구 인력은 구조조정하지 않고 오히려 강화하여 필름 제조로 축적한 기술을 다른 사업에 응용했다. 결과적으로 LCD 시장을 발판으로 화장품, 바이오 사업 등에서 기술력을 확보함으로써 매출이 점진적으로 증가하여 2000년 대비 2배까지 성장할 수 있었다.

위험을 감지해서 그 정도와 크기를 평가하는 것을 위험 지각risk perception이라 하며, 이에 맞서 행동으로 도전하는 것이 위험 감행, 즉 리스크 테이킹risk taking이다. 리스크 테이킹은 위험을 감수하고 감행하면서 나아가는 것이다. 가장 안전한 방어는 없다. 오히려 안전하다고 생각하는 그곳이 반대로 가장 위험할 수 있다. 위험을 감수하더라도 앞으로 나아가고 공격적으로 도전해야 한다. 권투 경기에서 가장 안전한 방어는 최선의 공격이다.

변화무쌍한 21세기에는 시대 변화에 맞춰 신속하게 적응하는 것이 가장 안전한 것이다. 과거에 살면 이미 죽은 것이요, 현재에 살면 내일 죽을 것이며, 미래를 준비하고 대비하며 도전하면 지속적으로 살아남을 수 있을 것이다.

9. 독수리의 발톱-집중, 몰입, 포착

구름 한 점 없는 하늘 위로 거대한 날개를 쫙 펼치고 날아가는 독수리를 본 적이 있다면 무언가 뻥 뚫린 기분을 느끼지 않았을까 생각한다. 인간이 땅 위의 최고 포식자가 된 지는 얼마 안 되었다. 그러나 하늘은 언제나 독수리의 것이었다. 앞서 언급한 맹금류의 제왕이 '매'라는 것에 의문을 품는 사람들이 있을지 모른다.

그러나 하늘의 제왕이 독수리라는 것에는 단 한 명도 반대하지 않을 것이다. 독수리는 하늘의 제왕으로 군림하며 오랫동안 용맹과 기상의 상징이었다. 하늘로 비상하는 용에 가까운 동물이다. 우리는 이 글에서 독수리의 생존을 바라보며 용에 가까운 리더십의 한 면을 찾아볼 수 있다.

독수리 제1 생존 무기

용의 발톱(爪)은 매(鷹)의 발톱과 다르지 않다고 이야기한다. 먹이를 발견하면 빠르게 비행하다가 발톱으로 먹이를 힘차게 낚아채는 강력한 무기의 의미일 것이다. 강력한 발톱을 지닌 것은 독수리, 정확히는 검독수리도 마찬가지다.

검독수리는 새 중에 가장 강한 발톱과 악력을 가졌다고 알려졌다. 한 예로 검독수리가 지상의 여우를 포착하면 순식간에 여우의 몸을 뒤집어 발톱으로 배를 공격해 잡는다. 이때 움켜쥐는 힘은 여우의 심장을 꿰뚫고 뼈를 부러뜨릴 정도다. 성인 남성의 악력인 43~44psi보다 15배가 넘는 750psi 전후의 발가락 악력을 지녔다고 하니 가히 상상 이상이다. 작은 몸집을 가진 동물은 검독수리의 둥지에 도착하기 전에 과다출혈로 죽을 수 있다. 게다가 시속 250km 전후의 낙하 비행 속도를 감안하면 파괴력은 상상하기조차 힘들다.

기록에 의하면 독수리는 어린 불곰까지 발톱으로 잡고 날았다고 한다. 보통 어린 불곰의 몸무게는 40kg 전후인데, 검독수리의 무게는 6kg 전후다. 그렇다면 자기 무게의 7배에 달하는 물체를 쥐고 일정 이상의 거리를 날았다는 의미다.

그런데 아무리 발톱의 힘이 강하다고 해도 먹이를 쥐고 비행하는 순간에 집중하고 몰입하지 않으면 언제든 먹이를 놓치게 된다. 먹이를 놓는다는 것은 새끼의 굶주림으로 이어지며, 자신의 생존에도 직접적인 영향을 미친다. 인간은 몰입과 집중으로 불가사의한 힘을 만들어낸다는 것이 수많은 실험으로 증명되었다. 이는 동물에게도 반영될 수 있음을 검독수리의 발톱을 통해 알 수 있다.

몰입의 즐거움

우리는 중요한 시험이나 경기를 치를 때 한 가지 일에 모든 힘을 쏟아붓는 '집중'이라는 단어를 자주 사용한다. 집중으로 인해 온몸의 세포가 깨어나고, 그 결과는 대부분 긍정적이다. 이러한 집중만큼이나 리더에게 중요한 것이 몰입$_{flow}$이다. 몰입은 무의식적으로 하나에 빠지는 것을 말한다. 몰입 연구의 대표자라 불리는 미국의 심리학자 미하이 칙센트미하이에 의하면 몰입은 생산성을 올릴 수 있는 좋은 방법이며, 몰입의 즐거움을 알게 되면 삶의 질을 높일 수 있다고 한다. 삶의 질이 높아지면 많은 사람이 삶의 목적으로 삼는 행복을 추구할 확률이 높아진다. 행복이 아니더라도 삶의 충만함을 느낌으로써 삶의 가치가 달라질 수 있다.

삶의 가치 중 최상위층에 있는 행복까지 가지 않더라도 몰입이 중요한 이유는 많다. 특히 예전보다 현시대의 리더에게 더욱 중요한 이유 중 하나는 SNS, 이메일 등 집중력을 방해하는 요소가 너무 많기 때문이다. 특히 온라인 시장의 속도가 빨라지고 고객, 직원과의 소통이 강조되면서 이러한 점이 더욱 부각되고 있다. 무한에 가까울 정도로 밀려드는 정보의 홍수 속에서 긴 시간 동안 집중력을 유지하기란 정말 쉽지 않다. 몰입은 무의식에 가까워서 얼마만큼의 시간이 흘러야 몰입을 경험할 수 있는지는 알 수 없다. 긴 시간 동안 집중력이 유지되어야 가능할 수도 있지만, 반대로 한순간에 경험할 수도 있다. 수백 번의 반복된 노력으로 닿을 수도 있다. 물의 온도가 100도일 때를 몰입이라고 한다면, 화력이 강하면 된다고 생각하겠지만, 바람, 물을 담는 용기의 크기 등 변수가 무수히 많다.

그만큼 몰입하기란 쉽지 않지만, 몰입에 한번 빠지면 집중력 이상의 깊이에 도달할 수 있다. 깊이에서 느끼는 새로운 경험은 긍정적인 결과를 불러올 확률이 매우 높다. 이는 자연스럽게 자신이 속한 조직으로 연결되어 리더가 바라는 긍정적인 선순환으로 이어질 확률을 높인다.

몰입을 높이는 방법은 여러 가지 있다. 그중 가장 좋은 방법은 독서이다. 독서는 몰입을 연습할 수 있는 중요한 경험을 제공한다. 그 경험으로 다른 상황에서도 몰입하는 능력을 발휘할 수 있다. 즉, 독서삼매에 빠져 집중하는 즐거움은 그 무엇과도 바꿀 수 없다. 그로 인해 리더는 잠재된 힘을 기를 수 있다. 뛰어난 리더일수록 독서를 가까이하는 이유다.

집중과 몰입이 조직에 미치는 영향

온라인의 발달로 1인 기업은 계속 증가하지만, 조직이 성장하려면 구성원과 함께 비전을 그리며 나아가야 한다. 인공지능이 인간의 일을 대체하는 상황이 가시화되었지만, 역설적으로 그만큼 사람이 중요하다. 리더는 스스로 몰입해야 하지만, 뛰어난 리더는 구성원이 몰입할 수 있는 환경을 만들어준다. 몰입의 효과는 복리처럼 커져 조직의 성장으로 이어질 수 있다.

몰입은 세 가지 형태로 구성된다. 먼저 규범적 몰입은 각 집단이 헌법이나 법, 사규에 대하여 기본적인 사항을 지키는 것을 말한다. 다음으로 정서적 몰입은 나라, 회사의 윤리와 가치관 등 정서적인 문화로 지키는 것이며, 마지막으로 지속적 몰입은 자신이 속한 나라와 조직을 벗어나면 손해이고 벗어나서는 안 된다는 소속감이다. 이 세 가지의 몰입이 만족될 때 조직에서 직무 만족도와 조직 충성도가 올라간다.

글로벌 1위 통신 네트워크 장비 업체 시스코시스템스(시스코)의 전 CEO 존 챔버스는 인수합병의 대가이자 소통의 왕으로 널리 알려졌다. 그는 IBM의 경직된 기업문화 속에서 답답함을 느끼고 컴퓨터 생산업체 왕 연구소Wang Laboratories로 옮긴 후 부사장 자리까지 올랐다. 그는 두 기업을 거치면서 사람의 중요성을 알게 되었고, 이후 시스코 CEO 자리에 올라 이를 바탕으로 역량을 펼쳤다.

먼저 인수합병의 대가답게 저돌적인 경영을 펼쳤다. 여기에는 비전과 뜻을 함께할 수 있는 기업만을 선택한다는 전제가 있었다. 즉, 함께 몰입하며 비전을 그리겠다는 의지의 표명이었다. 그에 따라 인수합병 이후 경영자를 교체하는 일반적인 관례와는 달리 대부분 그 자리를 떠나지 않게 했고, 직원들도 함부로 해고할 수 없게 했다.

그는 협동 시너지를 내기 위해 직원들의 생일을 축하하고 그들과 소통하고자 노력했다. 그리고 직원들과 함께하는 회의를 즐겼다. 그런데 처음에 회의할 때 그는 오너로서 자기 할 말만 했다. 하지만 이와 같은 방식으로 다가가면 안 되겠다고 생각해 자신부터 바꿨다. 회의 시간이 길어져도 직원들의 이야기를 다 들으려 했고, 그들이 조직에 집중하고 몰입하기를 기다렸다.

그가 이처럼 집중과 몰입의 힘을 믿었던 이유는 어릴 때 난독증을 겪었기 때문이다. 이를 극복하기 위해 발표할 원고를 직접 쓰고, 어떤 대목에서 청중을 바라볼지, 언제 물을 마실지 등 세세한 부분까지 수십 번씩 리허설을 하면서 집중과 몰입의 힘을 스스로 경험했다. 이러한 변화는 조직 안에서 비전을 공유하는 관계로 발전했고, 1995년 매출 12억 달러에 불과하던 중소 IT 업체는 2018년 매출 486억 달러로 업계를 선도하는 기업이 될 수 있었다. 조직의 구성원 모두 몰입의 즐거움을 통해 성과를 달성하고 함께 낚아챈 먹이를 나눌 때 느끼는 성취감이야말로 집단이 추구해야 할 진정한 행복이자 가치다.

독수리가 발톱으로 먹잇감을 잡으면 놓치지 않는 것처럼 자기 꿈과 조직의 꿈과 목표를 놓치지 마라. 누군가는 적당히 잡으려고 한다. 그러면 나의 생존을 놓치고 만다. 특히 꿈과 목표를 포기하고 멈추는 순간 그 자리에 머무르는 것이다. 나의 꿈과 목표를 결코 놓치지 마라! 그래야 높은 곳을 날며 아래를 내려다보는 하늘의 제왕이 될 수 있을 것이다.

10. 악어의 이빨-집념, 근성, 기다림

악어는 호랑이, 곰, 검독수리 등과 같이 육해상의 최상위 포식자에 속한다. 그런데 앞서 말한 동물들과는 달리 친근한 이미지로 다가가기 쉽지 않다. 뾰족한 갑옷을 입은 덩치 큰 괴물

같은 외형적인 모습과 한 치의 자비 없이 먹이를 먹어치우는 모습 때문이기도 하다. 상어와 더불어 영화에서 1인 악역 동물의 주역이기도 하다. 건기를 피해 단체로 지역을 옮겨야만 하는 가젤이 악어가 무서워서 물가를 못 건너는 모습을 보면 가뭄보다 생존에 큰 영향을 미치는 대상으로 인지하는 것을 알 수 있다. 그렇다면 우리는 단순 포악한 포식자로만 보이는 악어에서 어떤 리더십의 단면을 배울 수 있을까?

집념의 상징, 악어 이빨

악어의 가장 큰 생존 무기는 다양한 환경에 맞춰 변화해온 신체이다. 그러나 신체가 변해도 최상의 포식자로서 생존하는 데 가장 크게 기여한 부분은 악어의 이빨일 것이다. 두껍지만 날카로운 악어의 이빨은 위아래로 보통 60개 전후다. 가늘고 긴 주둥이에 가득 차 있는 악어의 이빨을 보는 것만으로도 오금이 저린다.

우리가 말하는 이빨의 힘은 날카로움으로 꿰뚫는 것을 말하기도 하지만, 대부분 턱으로 누르는 힘인 치악력을 말한다. 치악력에 따라 동물의 이빨이 생존에 얼마나 강력한 무기가 되는지 알 수 있다. 예를 들어 100kg의 치악력을 가진 포식자가 먹이의 목을 문다면 100kg의 무게가 목을 짓누르는 것이다. 그 무게를 초식동물이 견디기란 거의 불가능하다.

악어의 치악력은 생존하는 동물 중에서 가장 강하다고 알려졌다. 생존을 붙인 이유는 고대에 살았다고 알려진 공룡이 있기 때문이다. 공룡의 치악력은 3,000~5,000kg 정도로 추정된다. 공룡이 다리를 물면 5톤의 컨테이너가 누르는 것과 같다. 대체로 알려진 악어의 치악력은 1,000~2,000kg이다. 수치로 비교했을 때 인간은 50kg 전후, 이빨이 강점인 호랑이와 백상아리는 300kg 전후다. 악어의 물고 뜯는 힘이 얼마나 강한지 알 수 있는 대목이다.

그러나 악어의 힘이 아무리 강력할지라도 먹히는 동물도 살기 위해 버티며 빠져나오려고 한다. 게다가 악어의 이빨은 아래위가 서로 어긋나 있어 씹는다기보다는 물고, 뜯고, 찢는다. 그래서 악어는 먹이를 차지하겠다는 집념 하나로 물고 버텨야 한다. 먹이가 숨이 끊길 때까지, 지쳐서 도망가기를 포기할 때까지 인내해야 한다. 다큐멘터리에서 치타와 악어의 싸움을 보면, 악어는 치타의 꼬리를 물고 끝까지 놓지 않는다. 치타가 발톱으로 할퀴고 물어도 절대 놓지 않는다. 악어 자신의 생존을 위해서다.

이처럼 이빨을 험하게 사용하다보니 이빨이 빠지는 경우가 부지기수다. 알려지기로 1년에 2~3번 정도 새 이빨이 나오며, 연간 약 100개 전후의 이빨을 간다. 먹이를 삼키면서 이빨을 같이 삼키는 경우도 많아, 악어가 서식하는 지역에는 이빨이 쌓여 있는 모습을 종종 발견할 수 있다. 이는 악어의 집념을 나타내는 부분이자 생존을 위한 진화의 한 부분이다.

리더가 집념을 가져야 하는 이유

영화 〈고지전〉은 휴전선 부근 반경 2.5km의 작은 애록고지를 차지하기 위해 남과 북이 싸우는 6·25전쟁의 단면을 그린다. 영화의 중심은 악어중대로, 리더 역할을 맡은 중대장이 "악어는 한 번에 약 50개의 알을 낳는다. 그중 생존하는 수는 1~2마리에 불과하지만, 그 1~2마리가 늪을 지배한다. 우리가 바로 그 악어다"라고 말한다. 이는 악어를 최상위 포식자로 표현함과 동시에 악어의 집념과 근성으로 정상을 탈환해야 한다는 것을 강조한다.

리더는 목표를 향해 나아가는 사람이다. 목표의 높낮이는 사람마다 다를지라도 스스로 수백 번 생각하며 추구하고자 하는 것이다. 그런데 눈앞에 보이지만 손으로는 잡히지 않을 정도로 꽤 멀리 있다. 게다가 달성하기까지 여정에는 역경, 불운, 손실, 반전 등이 존재한다. 애록고지는 하루에도 몇 번씩 주인이 바뀐다. 이러한 어려움을 극복하기 위해 리더에게는 목표를 달성하고자 하는 악어와 같은 집념이 필요하다.

집념은 바이러스와 같다. 리더가 집념을 가지면 팀원도 가진다. 안타깝지만 반대의 경우도 마찬가지다. 남들이 끝났다고 말하는 결과일지라도 리더가 집념을 포기하지 않으면 끝난 게 아니다. 리더가 끝났다고 인정할 때가 끝난 것이다. 목표 도달에 실패하더라도 집념 있고 근성 있는 리더는 다른 경로로 재도전한다. 실패 과정에서 조직은 성장했을 것이고, 이를 바탕으로 조금 더 쉽게 달려갈 수 있다.

집념을 끌어올리는 방법은 여러 가지 있겠지만, 사격의 타깃처럼 목표가 명확해야 한다는 것은 변함없는 전제조건이다. 그러한 전제하에서 비로소 어려움을 극복하기 위한 근성과 인내 그리고 끈기가 더욱 빛을 발한다.

집중이 100m 단거리라면 집념은 42.195km 마라톤이다. 길이만큼 집념을 기르고 유지하기가 더 어렵겠지만 성취는 더 클 것이 분명하다. 리더에게는 그 무엇보다 좋은 동기부여가 된다.

집념이 위기를 탈출하게 한다

블루오션 시장은 레드오션 시장과는 달리 경쟁자가 많지 않다는 장점이 있지만, 기존의 성공 사례가 부족하여 스스로 길을 만들면서 가야 하는 어려움이 있다. 사실 이 부분 또한 장점으로 바라볼 수 있으나 조직의 경영에 문제가 생겼을 때 단점으로 두드러진다.

현재 드론 시장에서 확고한 1위를 달리고 있는 중국 DJI Da Jiang Innovation CEO 프랭크 왕이 처음으로 업계에 발을 들인 2006년에 드론은 완벽한 블루오션이었다. 홍콩 로봇 경진대회에서 우승한 자금으로 설립한 DJI는 좋은 제품을 만들면서 업계에 소문이 나기 시작했다. 하지만 창업 2년 차에 동업자가 회사를 떠남과 동시에 경영 상태가 악화되었다. 그때 그가 쓰러지지 않고 버틸 수 있었던 것은 지인들의 적극적인 지지와 더불어 목표를 향해 달려가는 확고한 집념이 있었기 때문이다.

프랭크 왕은 초등학생 시절 헬리콥터에 관심이 많았고, 16세에 처음으로 RC 헬기를 선물받았다. 그러나 당시에 RC 시스템은 조작 및 서비스 부분에 여러 가지 문제점이 있었다. 이러한 이유로 왕은 쉽게 날릴 수 있는 모형 항공기를 만들겠다는 명확한 목표가 생겼고, 그 목표를 향한 집념으로 여러 어려움을 극복할 수 있었다.

그 결과 지금의 DJI를 있게 한 팬텀이 2013년 1월에 나왔고, 그해 매출은 2년 전에 비해 무려 30배 이상 급증했다. 그 후 내부 경영권 분쟁 등의 또 다른 어려움에 봉착했으나 목표를 향한 집념으로 다시 이겨낼 수 있었다. 그 결과 2018년 4조 8,000억 원의 매출을 달성하며 드론계의 애플이라는 최고의 찬사를 받을 수 있었다.

악어는 때를 안다. 기다림의 명수다. 자연 다큐멘터리에 많이 나오는 장면이 있다. 아프리카 탄자니아 세렝게티 국립공원에 건기가 오면 초원 지대로 가기 위해 누 떼나 얼룩말들이 강을 건너가야 한다. 악어는 이때를 결코 놓치지 않는다. 동물들이 강에 뛰어들 때까지 물속에서 매복하고 기다린다. 기다림의 연속이지만 인내심을 발휘하여 기회가 올 때까지 버틴다. 그리고 기회가 오면 결코 놓치지 않는다. 이런 악어의 근성, 인내, 몰입의 정신은 용의 리더가 되려는 이들이 눈여겨볼 만한 배움의 보약이기도 하다.

악어처럼 기회가 올 때까지 참고 인내하며 기다려라! 참지를 못해서 기회를 놓치는 경우가 많다. 누구에게나 기회는 반드시 온다. 그때까지 참고 견뎌라! 고진감래(苦盡甘來)이다. 한 우물을 파라. 내 마음을 바르게 갖고 잘 다스리면 기회는 반드시 온다. 그것이 성공하는 전문가 용이 되는 길이다.

11. 낙타의 머리-끈기, 생존력, 인내, 책임감

전 세계에는 수많은 동물이 존재한다. 그중에서 어느 지역을 대표하는 동물을 하나씩 떠올릴 때 언제나 빠지지 않는 동물들이 있다. 예를 들면 중국에는 판다, 노르웨이는 연어, 호주에는 캥거루, 아프리카 초원에는 사자, 그리고 사막에는 낙타가 있다. 우리가 생각하는 낙타의 이미지는 덥고 메마른 사막에서 무거운 짐과 사람을 혹과 혹 사이에 태우고 묵묵히 걷는 모습이다. 사막은 사람과 동물이 살기 힘든 극한의 장소이다. 그런데 낙타는 어떤 특별한 점이 있기에 그토록 살기 힘든 황량한 사막과 고지대 초원에서 생존할 수 있을까? 그리고 낙타의 어떤 면이 용의 리더십에 필요한 것일까? 용의 머리가 바로 낙타다. 왜 용의 머리에 낙타가 인용되었는지 그 지혜를 만나보자.

사막에서 생존하기 위한 진화

낙타가 건조한 지역에서 살아남을 수 있는 이유는 두 가지다. 먼저 낙타의 가장 큰 특징으로 등에 있는 혹이다. 혹이 한 개면 단봉낙타, 두 개면 쌍봉낙타로 불리는데 대부분 단봉낙타이다. 낙타의 혹에는 물이 아닌 지방 덩어리가 들어 있으며, 일종의 뱃살로 이해하면 된다. 먹을 게 없으면 혹에 축적된 지방을 분해해서 영양분을 얻는다.

많은 사람들이 낙타의 혹에 물이 들어 있다고 믿는 이유는 30일 정도 물을 마시지 않고도 살 수 있기 때문이다. 하루라도 물을 마시지 않으면 목마름 이상의 갈증을 느끼는 인간으로서는 분명 어딘가에 물을 숨기고 있으리라고 생각할 수밖에 없다.

매번 물을 섭취하지 않고도 오랜 기간 견딜 수 있는 이유는 세 가지 정도로 나눌 수 있다. 첫째, 동물은 보통 물을 섭취하지 않으면 혈액이 진해져서 위험하지만, 낙타는 주위에 있는 조직으로부터 물을 흡수해 자연스럽게 보충한다. 이처럼 특별한 순환계 덕분에 체내 수분이 25%가량 줄어들어도 혈액의 감소량이 겨우 1% 미만이다. 둘째는 소변 요소의 농도를 높여 배출하는 물의 양을 줄인다. 셋째는 낙타도 체온이 일정하게 유지되는 정온동물이지만 다른 동물에 비해 체온의 범위가 넓다. 밤에는 34도 정도를 유지하다 낮에는 41도까지 올라가기도 한다. 인간과 달리 땀으로 온도를 식힐 필요가 없기 때문에 물의 소모가 훨씬 적다.

물을 오랫동안 마시지 않으면 혹이 점점 작아지다가 사라지기도 하는데, 이를 회복하기 위해 단번에 50L 이상 물을 마시기도 한다.

혹만큼은 덜 알려졌지만, 낙타의 다리도 생존에 적합한 부분이다. 낙타는 왼쪽 앞다리와 뒷다리를 동시에 앞으로 내디디며 걷는다. 뒤뚱거리는 모양새가 우스꽝스럽다. 그러나 이런 걸음걸이가 에너지를 아껴준다. 또한 낙타의 다리는 긴 편에 속하며, 한여름 낮에 바닥 온도가 60도 이상에 이르는 사막에서 지면과 몸을 떨어뜨려주는 이점이 있다. 덕분에 몸통과 발바닥 온도는 10도 전후로 차이가 난다. 또한 두꺼운 발바닥은 모래의 열기를 최소화하고, 넓은 발은 체중을 분산해 사막의 모래에 쉽게 빠지지 않는 이점이 있다. 이 모든 것이 에너지 소비를 최소화할 수 있는 신체 구조다.

극한의 환경에 걸맞은 낙타의 머리

낙타 등의 혹과 다리가 더위와 갈증으로부터 생존하는 데 도움이 된다면, 낙타의 머리는 건조한 사막을 비롯해 어느 환경에서든 적응할 수 있는 구조다. 모든 생명체에서 머리는 가장 중요한 부위인데, 용의 머리가 낙타를 닮았다는 것은 놀라운 적응력과 생명력을 강조하는 것이라고 볼 수 있다.

눈망울을 돋보이게 하는 길고 두꺼운 속눈썹은 사막의 강한 모래바람을 걸러 시야를 확보해주며, 위에서 내리쬐는 태양으로부터 눈을 보호하는 역할을 한다. 초원과 사막 모두 사방이 탁 트여 있으니 위험 요소를 빨리 발견할 수 있다. 눈물샘에서 공급되는 눈물은 자연스럽게 모래를 씻어낸다. 눈 옆에 있는 귀도 안쪽까지 털로 덮여 있어 속눈썹처럼 모래나 먼지의 1차 방어선 역할을 한다. 콧구멍 또한 마음대로 여닫을 수 있어서 모래가 들어가는 1차 방어선 역할을 한다. 조금 특이한 점은 낙타의 비강인데, 특수한 구조로 만들어져 날숨에서도 최대한 수분 방출을 억제한다.

이처럼 낙타는 극한의 환경에서도 머리부터 발끝까지 생존할 수 있는 여건을 갖추고 있다. 그러나 단순히 환경에 맞게 태어났다고 해도 사막의 태양빛이 뜨겁지 않거나, 선인장의 가시가 따갑지 않거나, 갈증을 느끼지 않는 것은 아니다. 단지 그 순간을 인내하며 견디는 것이다. 이는 어려움에 봉착해도 끈기와 인내를 가지고 생존하기 위해 나아가야 하는 리더의 지향점과 닮았다.

혹한이 지나야 새싹이 돋는다

낙타의 생존 전략은 모든 부위를 활용하여 환경에 대한 내성을 키우는 것이다. 목마름과 더위에서 빨리 벗어나기 위해 달린다고 해도 발바닥은 더 뜨겁고 갈증만 날 뿐이다. 분명한 것은 낙타가 살기 힘들다면 다른 동물은 사는 것 자체가 불가능한 조건일 수 있다. 1톤에 달하는 무게가 나갈 만큼 큰 덩치를 가지고 있어 위협할 만한 상위 포식자는 많지 않다. 먹이 자체는 많지 않지만 먹이를 차지하기 위한 경쟁 또한 심하지 않다. 즉, 절대적인 환경에서 힘들기는 하겠지만 인내하고 버티면 생존에는 큰 어려움이 없을지도 모른다.

그런데 우리가 살아가는 세상은 다르다. 발바닥에 불이 난다고 해도 뛰어야 하는 상황이 있고, 콩 한쪽을 먹기 위해 수백 명이 달라붙기도 한다. 눈을 뜨면 상위 포식자가 바뀌어 있다. 낙타처럼 그냥 인내하고 견디기만 해서는 경쟁에서 뒤처지며, 물이 없어 말라 죽거나 독을 품은 식물을 먹고 죽음을 맞이할 확률이 높다.

그럼에도 리더는 생존을 위해 인내하고 버텨야 한다. 불어오는 바람이 코앞을 스쳐 간다고 해서 바람이 사라지는 것은 아니다. 바람은 다시 불어온다. 준비된 자세로 그 바람을 온전히 마주해야 한다.

조직이 성공하기 전에 어려움을 겪지 않는 리더는 없다. 어쩌면 리더의 숙명인지도 모른다. 그럴 때 리더는 두 가지 길을 마주한다. 포기하거나 버티거나. 선택은 리더의 몫이다. 그러나 분명한 것은 버티지 않으면 혁신도, 변화도 없음을 우리는 오랜 시간 생존해 온 기업들을 통해 알 수 있다. 혹한의 겨울이 지나야만 푸른 새싹이 돋아난다는 것을 명심해야 한다.

끈기와 인내로 이룬 기업가치 증대

4차 산업혁명 시대에 콘텐츠 시장은 매우 중요하다. 그러나 몇 년 전까지만 해도 대부분의 시장은 이러한 콘텐츠를 무료로 제공해왔고, 소비자도 단순히 무료로 받아들였다. 이러한 '콘텐츠=무료'의 개념을 깨부순 리더가 카카오의 자회사 카카오페이지의 이진수 대표다.

2010년 콘텐츠 전문 앱 개발사인 ㈜포도트리로 시작한 카카오페이지는 지식재산권Intellectual Property을 바탕으로 성장한 회사이다. '이야기'를 바탕으로 한 웹툰, 웹소설의 엄청난 성장은 국내 모바일 콘텐츠 시장의 60%를 차지하게 되었고, 2013년 매출 21억 원에서 2018년 1,876억 원으로 올라설 수 있었다.

그런데 이러한 급진적인 성장을 두고 누군가는 단순히 카카오의 힘으로만 치부하며 아름다운 성장 스토리로만 바라본다. 당연히 모기업인 카카오의 힘을 이야기하지 않을 수는 없다. 하지만 카카오페이지도 짧은 시간에 성장했을 뿐 어려움을 겪지 않은 것은 아니다. 오히려 그 짧은 시간에 구조조정을 세 번이나 했을 만큼 극심한 고통을 겪었다. 그러나 이러한 어려움을 뚫고 지금의 카카오페이지가 있기까지 이진수 대표의 인내와 끈기가 큰 힘을 발휘했다.

카카오페이지는 2011년 영단어 앱을 시작으로 각종 앱 서비스를 진행했으나 특별한 한 방이 없었다. 앱의 재방문율 하락은 직원의 동기부여와 더불어 기업의 생존에도 영향을 미쳤다. 어쩌면 '카카오니까 어떻게든 되겠지'라는 안일한 생각이 불러온 참사였다. 그러나 카카오페이지는 고통의 시간을 인내와 끈기로 성찰했고, 결국 1조 5,000억 원 이상의 기업가치를 달성할 수 있었다.

인간은 사회적, 정치적 동물이다. 세계화 속에서 하나의 국가와 집단을 이끌어가는 리더는 포기하지 않고 도전해야 한다. 미국의 저명한 경영학 교수 게리 해멀의《경영의 미래》에서도 포기하지 않고 끊임없이 도전하는 정신이 최상위를 차지한다. 즉, 기업이나 한 나라의 리더는 100년 또는 1,000년을 바라봐야 한다. 머나먼 길일지라도 포기하지 않고 끊임없이 도전하는 리더가 원하는 목적지에 도달할 수 있다. 그 어떤 자연의 환경 변화와 경제 불황의 위기가 닥쳐도 묵묵히 목적지까지 나아가야 한다. 불굴의 투지와 정신 그리고 책임감이야말로 낙타의 정신에서 배울 수 있는 진정한 리더의 참모습이 아닐까 생각한다.

낙타는 그 어려운 환경의 사막에서도 기꺼이 짐을 지고 책임을 다해서 목적지까지 걸어간다. 책임Responsibility은 응답Response하는 능력Ability이다. 늘 긍정적이고 용기 있게 인내하며 목적지까지 도전하는 그 정신으로 책임질 때, 승천하여 그 자리에 앉아 있을 것이다.

12. 조개의 번식-재력, 재물, 경제력

조개는 오랫동안 지구상에서 동물이 살아가는 데 필수 영양소인 단백질을 공급하는 역할을 해왔다. 다른 동물처럼 도망갈 수 없기에 특별한 대응 없이 포식자에게 먹힐 수밖에 없었다. 조개는 생존을 위해 껍데기라는 방어 시스템을 활용하여 한때 바다

밑을 점령할 만큼 번성했다. 그러나 포식자도 결국은 진화에 성공하여 껍데기쯤은 아무렇지 않게 박살냈다. 이렇게만 보면 다른 동물에 비해 더없이 약하고 수동적인 모습이다. 얼핏 보잘것없어 보이는 조개에서 우리는 어떤 용의 리더십을 발견할 수 있을까?

용을 닮은 조개

조개는 전 세계에 2만여 종이 분포되어 있을 만큼 생존력이 강하지만 그 어떤 생명체보다 나약해 보인다. 그런데 동아시아에서 전해지는 문헌과 이야기를 보면 조개가 용과 연관되는 부분을 종종 발견할 수 있다. 사실 아무리 문헌이라 해도 얼핏 봤을 때 조개와 용의 공통점이 없어 보인다.

그러나 용의 배(腹)는 큰 조개(蜃) 껍질로 겹겹이 덮여 있다고 한다. 이것은 조개의 신축성만큼 용이 능장능단(能長能短)할 수 있는 놀라운 신축성을 강조하는 것이다. 조개껍데기 속에는 아가미, 심장, 위, 장 등이 있지만, 겉으로는 먹이를 획득하는 특별한 '무기'가 보이지 않는다. 조개는 미생물을 먹이로 삼는데, 대부분 촉수를 이용한다. 조개의 촉수는 뻘 속에 깊이 들어가 있다 하더라도 입수관과 출수관이 몸길이의 몇 배나 뻗을 수 있을 만큼 신축성이 좋다.

일본에서는 예로부터 커다란 조개의 모습을 한 요괴가 전해진다. 중국에서는 용이나 이무기와 비슷한 모습으로 이야기한다. 환상종이 바닷속에서 기운을 토해내면 능히 사람의 눈을 흐리게 하며 그 기운이 고루거각(高樓巨閣)처럼 보인다고 해서 신기루라고 불린다. 이것은 용이 가지는 신비로운 모습과 얼핏 닮아 보이기도 한다.

화폐로서의 조개

조개껍데기는 인간의 역사에도 중요한 부분을 차지했다. 인류는 물물교환을 시삭하면서 화폐의 개념이 필요했다. 동전과 지폐가 활성화되기 이전에 물건을 거래하기 위해 화폐가 필요했는데, 그 역할을 한 것이 금, 보석, 조개껍데기 등이었다. 왜냐하면 시대 특성상 유사 화폐는 특별해야 했기 때문이다. 그리고 나라 간의 이동에 시간이 많이 필요하므로 무겁거나 부피가 크지 않으면서도 쉽게 파손되지 않아야 했다. 이러한 점에서 봤을 때 조개껍데기는 단단하고 오랫동안 유지되는 장점이 있었다.

게다가 일부 종은 안쪽의 진주 층 부분이 빛을 받으면 화려한 색을 내기도 해서 사람들에게 각광받았다. 그렇다고 모든 조개껍데기가 화폐로 사용되지는 않았다. 희귀하거나 오랜 세월이 지난 조개껍데기가 사용되었다.

조개껍데기가 화폐로 이용된 곳은 해안가를 접한 몰디브, 페르시아만, 기타 서아프리카 지역이었다. 심지어 20세기가 될 때까지 일반 화폐와 공용으로 쓰는 지역도 있었다. 이후 유럽인들이 이 지역과 거래하기 위해 조개껍데기를 사용했다.

중국의 일부 문건을 보면 그 이전부터 중국에서 조개껍데기가 화폐로 쓰였다고 한다. 그런데 발굴되는 유적에서 조개가 가득 차 있다는 것만으로는 화폐의 역할을 했는지 불분명한 게 사실이다. 대신 역사가들은 조개의 모습이 여성의 성기와 닮은 점, 부장품이나 의례용품으로 사용된 점으로 보아 생산과 풍요를 상징하는 개체로 쓰였으리라 추론할 뿐이다. 그러나 중국은 '재물 자(資)', '재물 재

(財)', '재화 화(貨)'와 같이 재물과 관련된 한자에 '조개 패(貝)'를 모두 사용하고 있다는 점이 돈이나 화폐가 조개와 밀접한 연관이 있음을 나타낸다.

자본주의 사회에서 경쟁력

자본주의 사회에서 가장 중요한 것은 돈이다. 삶을 살아가는 데도 돈이 필요하지만, 리더로서 목표를 향해 가는 데도 마찬가지다. 혁신을 이끄는 리더의 창의적인 아이디어는 돈을 벌게 해주는 최고의 요소이지만 꼭 그렇다는 보장은 없다. 실제로 좋은 아이디어를 가지고 있는데도 기관과 투자 전문회사로부터 투자를 받지 못해 꿈을 펼치지 못하는 사람들도 많다.

그러나 시대가 흐르면서 이 또한 다양한 측면으로 바뀌고 있는 것은 분명한 사실이다. 특히 디지털 시대의 혁명이라 불리는 SNS가 대중화되면서 돈에 대한 개념이 조금씩 달라지기 시작했다. 평범한 사람이 인플루언서가 되고 유명인사가 되는 시대에 특별히 의도하지 않아도 생각지 못한 돈을 벌 기회가 생긴다.

최근 열풍을 넘어 광풍이 부는 유튜브 시장은 돈에 대한 관점을 바꿔놓았다. 우리가 일반적으로 아는 방송은 고가의 장비와 거액이 뒷받침되어야 운영할 수 있는 일이었다. 그러나 유튜브는 평범한 사람이 핸드폰 하나만으로 돈을 벌 수 있게 해주었다. 기업은 수천만 원을 들여 치열하게 광고를 진행해야 하는 TV와 라디오를 벗어나 자연스럽게 유튜브 시장으로 옮겨 가고 있다. 물리적 공간을 가진 오프라인 시장에서 온라인의 포노사피엔스 Phono Sapiens 시대로 돈의 흐름이 바뀌고 있는 중이다.

　포노사피엔스는 스마트폰 없이 생활하는 것이 힘들어진 인류란 뜻으로 현생 인류를 포함해 생각하는 인간이라는 뜻의 호모사피엔스에 빗대어 만든 말이다. 이는 스마트폰의 등장으로 시공간의 제약 없이 소통할 수 있고, 정보 전달이 빨라져 정보 격차가 해소되는 등 편리한 생활에 바탕을 둔다. 이제는 인간의 뇌가 핸드폰과 연결되어 많은 사람들이 서로 지식을 교류할 수 있다. 이는 유튜브 또는 인공지능과 연결되어 엄청난 학습 발전을 이루고 있다.

　돈의 흐름도 마찬가지다. 그동안 오프라인 공간에서 머물렀던 돈이 온라인 가상공간으로 이동하고 있다. 비트코인을 비롯한 암호화폐로 인해 화폐에 대한 개념이 바뀌었고, 주식, 펀드, 부동산으로 일관해온 투자의 경계선이 허물어졌다. 그 연장선으로 등장한 크라우드펀딩은 기존의 리더들이 전혀 생각지 못한 개념이었다. 이 또한 SNS의 발달로 인한 새로운 변혁이었다. 리더는 아이디어를 바탕으로 돈을 만들어야 한다. 단순히 아이디어만 제공하는 것은 뛰어난 리더가 아니다. 시대가 바뀌면서 돈에 대한 개념도 바뀌고 있다. 리더는 돈의 흐름을 알고 불려야 한다. 돈의 핵심을 꿰뚫는 통찰력이 필요한 것이다. 돈을 벌지 못하면 리더로서 살아남지 못할 확률이 매우 높다.

리더가 돈의 흐름을 파악해야 하는 이유

벤처의 요람이라 불리는 실리콘밸리의 중심에 플러그 앤드 플레이 테크 센터Plug and Play Tech Center라는 회사가 있다. 구글, 아마존, 삼성과 같이 전 세계적으로 이름이 알려진 기업은 아니지만 스타트업의 성지(聖地)라고 불리는 곳이다.

실리콘밸리의 벤처 생태계가 정착하는 데 일조한 미국 최대의 인큐베이팅 센터 플러그 앤드 플레이의 창립자는 이란 이민자 출신의 사이디 아미디Saeed Amidi다. 그는 1979년 이슬람 혁명으로 불안정한 정권을 피해 미국으로 넘어왔다. 그는 취업을 원했으나 그 누구도 채용해주지 않아 19세의 나이에 창고에서 창업을 시작했다. 다행히 생수 사업으로 어느 정도 돈을 벌었고, 캘리포니아 회사 건물의 남는 공간을 창업 초기의 기업에 임대해주면서 스타트업에 눈을 뜨게 되었다. 그는 돈의 흐름이 단순히 제품 생산만으로 만들어지는 것이 아님을 알게 된 것이다. 그리고 2006년 지금의 플러그 앤드 플레이를 창립했다.

그는 플러그 앤드 플레이 엑스포Plug and Play EXPO, 캠프Camp 등 다양한 방식으로 유망 기업을 초기에 발굴해 육성한다. 또한 세계적인 VC(벤처캐피털)를 연결해주고, 법, 회계, 홍보 등 각 분야 전문가들에게 수준 높은 멘토링을 제공한다. 늪에서 활동하는 악어처럼 생물 간의 상호작용과 다양성을 유지하는 데 도움을 주는 키스톤keystones 역할을 수행하는 것이다.

이러한 투자 방향을 바탕으로 현재 세계적 기업으로 올라선 구글, 페이팔, 렌딩클럽, 드롭박스 등의 성장을 이끌었다. 현재는 조개처럼 번식하여 독일, 프랑스 등 11개 국가에 있는 1,100개 이상의 스타트업을 지원하는 거대한 공룡이 되었다. 최근에는 서울시, 대구시, KB금융, 넥센타이어 등 국내 행정기관 및 기업과 MOU를 통해 12번째 국가로서 국내 진출을 앞두고 있다. 어쩌면 국내 리더들이 성장의 최전선에서 만나게 될 인물일 수 있다. 사이디 아미디는 리더로서 4차 산업혁명 시대에 돈의 흐름이 어디로 흘러갈지를 알았다.

돈의 흐름을 파악한다는 것은 인재 관리와 더불어 조직의 생존에 가장 밀접하고 중요한 일이다. 돈은 재력이다. 재력은 에너지이며, 파워power이다. 용의 배는 조개껍데기로 싸여 있다. 밑바탕에 돈과 재력이 있어야 용의 자리에 올라갈 수 있다는 것이다.

개인, 가정, 회사, 국가도 기본적으로 재력이 있어야 행복을 추구하고 내가 원하는 것을 가지고 누릴 수 있다. 재력은 곧 힘이다. 재력이 있는 나라가 군사 강국이 되고, 군사 강국이 되어야 강력한 부국이 될 수 있고, 그 강력한 부국의 토대 위에서 문화예술을 꽃피울 수 있다. 성장하고 싶으면 용의 배를 둘러싼 조개껍질처럼 재력을 축적하라! 그 재력이 내가 성장하고 행복하고 자유롭게 누릴 수 있는 밑바탕과 힘의 원천이 되는 것이다.

4장 기업을 용으로 만드는 승천 키워드

_____ 기업(企業)이라는 단어에서 '기(企)' 자는 '사람 인(人)' 자 아래 '그칠 지(止)'가 결합된 것이다. '사람 인(人)' 자를 없애면 '지업(止業)', 즉 기업의 활동을 중단한다는 의미가 된다. 결국 기업은 사람으로 이루어진 것이며, 사람이 없으면 기업은 결코 존재할 수 없다는 뜻으로 해석할 수 있다.

리더가 사람을 어떻게 쓰는가에 따라 기업과 조직, 사회와 나라의 미래가 결정되는 경우가 대부분이다. 회사든 국가든 예외가 없다. 그리고 회사와 국가에 필요한 인재 역시 용의 리더십으로 무장해야 한다. 그러한 인재가 모인 기업과 국가가 용이 될 수 있기 때문이다. 리더와 기업과 조직원이 모두 용이 되려면 무엇을 갖춰야 할까? 기업을 용으로 만드는 승천의 키워드는 과연 무엇인가?

1. 궁극적인 꿈의 비전을 제시하라

용의 입에 여의주가 없다면, 용이 될 수 있는 자격이 없는 것이다. 왜냐하면 여의주는 용이 되기 위해 꼭 필요한 도구이기 때문이다. 마찬가지로 개인과 기업과 국가는 용이 승천하기 위해 없어서는 안 될 목표에 대한 비전, 즉 꿈의 구슬 여의주가 있어야 한다.

　미국의 조사 분석 전문 기업 포레스터 리서치Forrester Research는 2020년까지 모든 기업은 '디지털 약탈자Digital Predator' 또는 '디지털 희생양Digital Prey' 중 하나의 운명을 맞게 될 것이라고 했다. 따라서 기업이 살아남으려면 변신해야 하고, 기업 변신의 첫 단추는 방향성을 설정하는 것으로, 미션과 비전에 대한 가치관을 수립함으로써 가능하다. 돌이켜보면 오늘날 기업들이 겪는 심각한 위기의 본질을 파고들다 보면 결국 소통하지 못하는 리더가 비전도 제시하지 못했다는 것을 알 수 있다. 이런 사람들은 리더가 아니라 관리자 수준이라고 할 수 있다.

하지만 문제는 또 있다. 기업들의 미션과 비전을 보면 고객 만족, 도전, 소통, 행복, 최고, 가치 등 실제로 알기 쉽고 본인들의 회사에 적합한 단어는 숨기거나 피한다. 자신들만의 방향을 확고하게 정하기를 두려워하는 것이다. 안타깝게도 이와 같이 있으나 마나 한 비전은 시간이 지나면 당연히 사람들에게 잊혀지고 회사 정문이나 로비, 회사 홈페이지나 창립 기념일을 장식하는 문장으로만 남는 경우가 대부분이다.

현대 리더십 이론을 정립했다는 평가를 받는 워렌 베니스Warren Bennis는 1985년에 출간한 《리더와 리더십Leaders : Strategies for Taking Charge》에서 리더십을 "설득력 있는 비전을 제시하고 이를 구체적 행동으로 변환하며 계속 유지해나가도록 하는 능력"이라고 정의했다. 이에 따르면 리더십의 가장 중요한 요소는 조직원이 공동으로 정한 비전을 제시하고 신뢰를 바탕으로 이를 전파하고 설득하는 능력이다.

비전은 리더십에서 왜 중요한가? 우리가 어디로 향하는지를 알려주기 때문이다. 비전은 기업에 재앙이 발생하기 전에 이를 피하거나 직원 배치, 생산 등의 증가를 계획할 수 있도록 한다. 또한 비전은 동기부여를 제공하고 계속 나아갈 수 있도록 리더와 조직 구성원에게 영감을 준다. 구성원이 계속 전진하고 장애물을 통과하도록 돕고, 현재 하는 일에 의미와 목적을 부여한다. 기업에게 목표를 제시하고 기업을 장기적으로 운영하는 데 있어 좌표와 방향타 역할을 한다.

비전이란 조직의 바람직한 미래상을 표현한 것으로 미래에 어떠한 기업이 되고 싶은가를 나타낸 조직 구성원의 소망이며 미래에 달성하고자 하는 기업상이다. 비전은 현실성 있고 믿을 만하며 매력적인 조직의 미래상으로서 조직이 도달해야 하는 종착지이며, 현재보다 더욱 발전되고 성공적이며 바람직한 미래를 자세히 기술해놓은 것이다. 새로운 기업 이념을 기초로 '마땅히 있어야 할 모습과 거기에 도달하는 시나리오를 그린 것이다.

따라서 비전은 조직원들에게 등대와 같은 길잡이 역할을 하며, 조직 추진력의 원천이 된다. 비전은 기업의 현재와 미래를 연결해주는 고리로서 기업이 추구해야 할 가치가 무엇인지를 제시할 뿐만 아니라 이를 통해 기업 구성원들에게 활력을 불어넣고 담당 업무에 의미를 부여한다.

지금처럼 불확실성이 증가하는 경영 환경의 바다를 항해할 때 기업이라는 배가 뚜렷한 목적지, 즉 비전을 가지고 있지 않다면 당장 표류하고 말 것이다. 비전은 장기적으로 나아가고자 하는 방향을 제시하는 좌표이자 나침반이며, 조직 구성원들의 에너지를 한 방향으로 강렬하게 집중시키는 집열판이고, 성장의 결과물이라는 항구를 향해 꾸준히 항해할 수 있도록 앞길을 밝히는 든든한 등대다. 그리고 너무나 당연하게 '비전', '미션', '사명' 같은 것들은 회사 홈페이지와 팸플릿, 사보, 전자발행물, SNS 등에 잘 나와 있다. 구성원들도 마르고 닳도록 들어서 이미 잘 알고 있는 내용이다. 그런데 왜 리더는 주야장천으로 비전을 구성원들과 공유하는 것이 중요하다고 소리 높여 말하는 것일까? 실상은 공유하고 있지 못하기 때문이다. '부뚜막의 소금도 집어넣어야 짜다'는 말은 결국 소금을 집어넣지 않았기에 나온 속담이다. 소금 가마니가 창고 그득하게 있고, 설사 그 소금이 20년 묵은 최고급 천일염이라고 해도 맛있는 음식에 한

톨도 들어가지 못하면 간을 맞추지 못하는 것이다.

마케팅의 대가 필립 코틀러_{Philip Kotler}도 미션은 기업의 존재 이유를 의미하며 비전은 미션을 추구하기 위해 조직이 도달해야 할 미래상으로, 미션과 비전은 기업 내 모든 종사자가 공유해야 하는 가치체계라고 언급했다. 단순히 홈페이지 회사 소개에 적기 위해서나 선포식에 쓰는 문장이 아니라는 것이다.

우리 모두가 비전을 달성하지 못하는 가장 큰 원인은 공감하지 못하기 때문이다. 경영진 일부의 찬사 속에 태어난 비전은 구성원들이 필요성이나 절실함을 느끼는 데 명백한 한계가 있다. 그래서 경영진이 최종 결정을 하더라도 그 과정에 구성원들의 참여와 공감이 절대적으로 필요하다. 회사 각 부문과 계층에서 비전 수립 과정에 능동적이고 적극적으로 골고루 참여해야 한다. 이를 위한 워크숍을 실시하고, 전 직원을 대상으로 한 설문 조사와 응모 행사를 개최하는 것도 좋은 방법이다. 핵심은 공감대다. 비전 달성을 가속화하기 위해 회사의 비전이나 추구하는 가치에 적극 동조할 수 있는 사람들로 비전 선발대를 꾸리는 곳도 있다.

어떤 식으로든 비전을 향한 불이 붙어야 한다. 그런데 비전이 조직 구성원들의 가슴속에 살아 숨 쉬고 이들에게 열정을 불어넣으려면 다음과 같은 요소들이 반드시 담겨 있어야 한다.

첫째, 좋은 비전은 그 조직이 달성하기를 원하는 이상적인 미래를 구체적_{specific}이고 적절하게 표현해야 한다. 구체적이라 함은 듣기 좋은 일반적인 목표만 나열하는 슬로건이 아니라 무엇을 달성할 것인가에 대한 명확한 미래를 담고 있어야 한다는 뜻이다.

둘째, 좋은 비전은 바람직한 미래상_{desirable future}이 담겨 있어야 한다. 많은 기업이 저지르는 실수 중에 구체적인 숫자, 특히 매출액을 언제까지 달성하겠다는 목표를 비전이라고 말하는 경우가 있다. 그것은 비전이 아니라 매출 목표에 불과하다. 달성되기 힘든 수치를 제시하기도 하지만, 달성된다 하더라도 다시 비전을 바꾸어야 한다. 비전은 바람직한 미래상을 의미 있게 이야기해줄 수 있어야 한다. 지나치게 매출 위주의 목표를 제시해서는 안 된다.

셋째, 좋은 비전은 이를 달성했을 때 구성원의 삶이 어떻게 달라지며 어떤 가치를 창출할 수 있는가를 반드시 포함하고 있어야 한다. 그래서 조직 구성원이 그 비전을 자신의 눈으로 직접 보고 싶다는 열망을 가질 수 있어야 하며, 구성원 전체가 회사에 대한 자긍심을 느끼고 각자의 업무에 몰입할 수 있어야 한다.

위아래 전체가 공유하는 비전은 단 몇 초 안에 쉬운 말과 간단한 설명으로도 납득이 되어야 한다. 장황하게 설명해야 하는 것은 비전이 되기도 어렵고, 어려운 문장은 결국 말장난에 불과하다. 그런 것을 비전으로 공유하기도 불가능하다. 그래서 세계적인 회사의 비전은 대부분 납득 가능하며 쉽고, 명쾌하면서도 강력하게 다가온다.

세계적인 음료 회사 코카콜라의 비전은 '물을 이기는 것'이며, 세계 1위의 글로벌 여객기 회사 보잉의 비전은 '항공기 운항의 표준 모델'이다. 빌 게이츠와 폴 앨런이 마이크로소프트를 설립했을 때 이들의 비전은 '모든 책상 위에, 그리고 모든 가정에 한 대의 컴퓨터'였다. 1985년에 이 꿈은 허황되어 보였지만 20년이 되기 전에 탁월하고 예언적인 비전으로 평가받았다.

단지 햄버거를 파는 가게에 불과하다고 생각할 수 있는 맥도널드의 비전은 다음과 같다.

"우리의 비전은 세계에서 최고로 빠른 레스토랑 서비스를 경험하게 하는 것입니다. 여기서 최고란 레스토랑을 방문한 모든 고객이 미소지을 수 있도록 뛰어난 품질, 서비스, 청결 그리고 가치를 제공하는 것입니다. Our vision is to be the world's best quick service restaurant experience. Being the best means providing outstanding quality, service, cleanliness, and value, so that we make every customer in every restaurant smile."

잘 알다시피 이 회사는 미국 자본주의와 세계화를 상징하는 브랜드가 되었다.

케네디 대통령 시절 미국의 항공우주국 나사NASA는 러시아의 유리 가가린을 태운 보스토크 1호 발사에 자극을 받았고, 대통령은 텔레비전에 출연해 우주 프로그램의 비전을 나사에 부여했다.

"우리는 앞으로 10년 이내에 인간을 달에 착륙시키고 안전하게 지구로 귀환한다는 목표를 달성하는 데 헌신해야 합니다."

나사는 이를 비전으로 삼아 아폴로 프로젝트를 추진했다. 그 결과는 달 착륙이라는 역사적 순간을 만들어냈다. 이때의 일화가 있다. 대통령이 우연히 화장실에서 청소하는 직원을 마주쳤는데, 무슨 일을 하느냐는 대통령의 물음에 직원은 이렇게 대답했다고 한다.

"저는 인간을 달에 보내는 일을 지원하고 있습니다."

이것이 비전의 힘이고, 비전 공유의 힘이며, 조직 구성원이 비전에 대한 자긍심을 가졌을 때 나오는 힘이다.

비전을 공유하는 과정은 불확실성이나 모호성을 제거해나가는 효과가 있다. 따라서 리더는 구성원들과 끊임없이 비전을 공유하는 노력을 통하여 비전 실현의 가능성을 높여야 한다. 리더는 행동으로 비전을 공유하면서 동시에 구성원들에게 끊임없이 비전을 설명하고 그 비전에 동참할 것을 요청해야 한다. 눈앞에 보이는 무수한 몰이해가 있을 것이고, 보이지 않는 무수한 반대와 냉소가 있을 것이다. 그러나 리더는 결코 주저앉지 않아야 하고, 용기를 가지고 지속적으로 비전을 설명하고, 동참을 이끌어내야 한다. 지금 각자 하고 있는 일의 의미와 가치를 설명해주며 같이 공감할 수 있도록 하는 것, 이것이 바로 비전 공유의 첫걸음이다.

인간이란 자신을 위대한 사람이라고 생각하면 그렇게 될 가능성이 높고, 자신이 쓸모없는 사람이라고 생각하면 또 그렇게 될 가능성이 높다. 꿈꾸고 생각하고 실현하기 위해 노력하면 그렇게 될 확률도 높아진다. 비전은 이처럼 기업의 실현 가능 확률을 높여준다.

1994년 미국의 경제지 〈포춘Fortune〉에 비전의 중요성을 보여준 재미난 이야기가 실렸다.

한 젊은이가 길을 가다 망치와 정을 가지고 있는 힘을 다해 돌을 두드리고 있는 사람을 만났다. 젊은이는 무척이나 화가 나 있는 듯이 보이는 그 석공에게 물었다.

"당신은 무엇을 하고 있습니까?"

그 석공은 고통스러운 듯한 목소리로 대답했다.

"나는 이 돌의 형태를 다듬고 있는 중인데, 이것은 등뼈가 휘어질 정도로 힘든 작업이랍니다."

젊은이는 여행을 계속하다 비슷한 돌을 다듬고 있는 또 다른 사람을 만나게 되었는데, 그는 특별히 화가 나 보이지도, 행복해 보이지도 않았다.

"당신은 무엇을 하고 있습니까?"라고 젊은이가 묻자 석공은 대답했다.

"집을 짓기 위해 돌을 다듬고 있는 중입니다."

젊은이는 계속 길을 가다 돌을 다듬고 있는 세 번째 석공을 만났는데, 그는 행복하게 노래를 부르며 일하고 있었다. "무엇을 하고 있습니까?"라고 젊은이가 묻자 그 석공은 미소를 지으면서 대답했다.

"성당을 짓고 있습니다."

용은 항상 여의주를 목전에 두거나 입에 물고 있거나 발톱으로 꽉 쥐고 있다. 이 책을 읽는 리더는 지금 어떤 비전을 제시하고 어떤 기업을 만들기 위해 여의주를 쥐거나 물거나 잡고 있는가? 그 용이 승천하기 위한 여의주를 지금 찾았는가? 움켜쥐고 행동하는가? 스스로 되짚어볼 일이다.

〈포춘〉은 매년 매출액 기준으로 세계 500대 기업을 순위별로 선정하여 '포춘 글로벌 500Fortune Global 500'을 발표하고 있다. 상위 500대 기업은 전 세계 34개국에 분포되어 있으며, 6,930만 명의 직원을 고용하고 있다.

〈포춘〉이 최근 발표한 세계에서 연간 매출액revenues이 가장 높은 '2019년 세계 기업 순위 톱 500' 중에서 우리에게 잘 알려진 기업의 비전을 알아보자.

순위	기업	비전(비전 선언문)
1	월마트 (Walmart)	Be the destination for customers to save money, no matter how they want to shop. 고객이 쇼핑하는 방식에 관계없이 비용 절약을 할 수 있는 목적지가 되십시오.
3	로열더치쉘 (Royal Dutch Shell)	They make the difference through our people, a team of dedicated professionals, who value our customers, deliver on our promises and contribute to sustainable development. 고객을 소중히 여기고, 약속을 이행하며, 지속 가능한 개발에 기여하는 전담 전문가 팀으로 이루어진 직원들을 통해 변화를 만듭니다.

8	엑슨모빌 (Exxon Mobil)	To safely and responsibly meet the world's growing needs for energy and high-quality chemical products. 전 세계적으로 에너지 및 고품질 화학제품에 대한 요구가 커지는 상황에서 안전하고 책임감 있는 제품을 만듭니다.
9	폭스바겐 (Volkswagen)	To make this world a mobile, sustainable place with access to all the citizens. 이 세상을 모든 시민이 접근할 수 있는 이동 가능하고 지속 가능한 장소로 만듭니다.
10	도요타 (Toyota Motor)	Toyota will lead the way to the future of mobility, enriching lives around the world with the safest and most responsible ways of moving people. Through our commitment to quality, constant innovation and respect for the planet, we aim to exceed expectations and be rewarded with a smile. We will meet our challenging goals by engaging the talent and passion of people, who believe there is always a better way. 토요타는 가장 안전하고 책임감 있는 이동 방식으로 전 세계 사람들의 삶을 풍요롭게 하는 미래로 나아가는 길을 선도할 것입니다. 우리는 품질, 끊임없는 혁신 및 지구에 대한 존중을 약속하며, 기대를 뛰어넘고 미소로 보답하는 것을 목표로합니다. 우리는 항상 더 나은 방법이 있다고 믿는 사람들의 재능과 열정으로 도전적인 목표를 달성할 것입니다. <참고> The Toyota Motor Sales U.S.A., Inc. To be the most successful and respected car company in America. 미국에서 가장 성공하고 존경받는 자동차 회사가 될 것이다.
11	애플 (Apple)	We believe that we are on the face of the earth to make great products and that's not changing. 우리는 훌륭한 제품을 만들기 위해 지구에 직면하고 있다고 믿습니다.
12	버크셔 해서웨이 (Berkshire Hathaway)	Our vision is to be the provider of choice in our communities for comprehensive real estate and financial solutions. 우리의 비전은 지역사회에서 종합적인 부동산 및 금융 솔루션의 공급자가 될 것입니다.
13	아마존닷컴 (Amazon.com)	To be Earth's most customer-centric company, where customers can find and discover anything they might want to buy online. 고객이 온라인으로 구매하고자 하는 모든 것을 찾고 발견할 수 있는, 지구에서 가장 고객 중심적인 회사가 될 것입니다.
15	삼성전자 (Samsung Electronics)	To inspire the world with our innovative technologies, products, and design that enrich people's lives and contribute to social prosperity by creating a new future. 새로운 미래를 만들어 사람들의 삶을 풍요롭게 하고 사회적 번영에 기여하는 혁신적인 기술, 제품 및 디자인으로 세상을 고무시킵니다.
32	제너럴 모터스 (General Motors Corporation)	To create a future of zero crashes, zero emissions, and zero congestion, and we have committed ourselves to leading the way toward this future. 제로 충돌, 제로 방출 및 제로 혼잡의 미래를 만들기 위해, 또한 미래를 향한 길을 선도하기 위해 노력할 것입니다.

37	알파벳 (Alphabet Inc)	구글의 기업 비전 선언문(알파벳은 모회사이고 구글이 대표기업이다) To provide access to the world's information in one click. 한 번의 클릭으로 전 세계의 정보에 접근할 수 있습니다.
60	마이크로소프트 (Microsoft)	To help people and businesses throughout the world realize their full potential. 전 세계 사람들과 비즈니스가 잠재력을 최대한 발휘할 수 있도록 지원합니다.

2. 신뢰의 발톱을 가진 기업이 살아남는다

독수리에게는 발톱이 있다. 평상시에는 숨겨져 있다가 사냥에 나서면 크고 매서운 발톱을 내밀어 목표물을 움켜쥔다. 사냥감을 움켜쥔 그 발톱은 발이 떨어져나가기 전에는 결코 벌어지지도 사냥감을 떨구지도 않는다. 한번 그 발톱의 틈이 벌어지고 힘을 잃으면 사냥감은 사라지고, 그날 저녁은 굶어야 한다. 어쩌면 그 한 번의 실수가 굶주림이 아니라 죽음으로 이어질 수도 있다. 그래서 발톱은 늘 견고하고 신뢰감을 보일 수 있도록 손질되어 있어야 한다.

신뢰는 조직에 동기를 부여한다. 신뢰는 회사에 대한 직원의 충성도를 높인다. 신뢰는 직원들이 자신의 아이디어를 편안하게 공유할 수 있는 분위기를 만든다. 신뢰는 사기를 고양하고 긍정적인 기업문화를 육성한다. 신뢰는 생산성을 높이고 업무 능력을 향상시켜 고객 만족도를 높인다.

따라서 리더는 신뢰를 기업이 가져야 할 명백한 목표 중 하나로 삼는 데 집중해야 한다. 신뢰는 기업이 추구하는 다른 중요한 목표와 마찬가지로 집중되고, 측정되고, 개선되어야 한다.

리더십은 직원들이 안심하고 신뢰할 수 있는 환경을 조성함으로써 걱정, 염려를 사라지게 만들어야 한다. 직원들은 주도권을 쥐고, 제안을 하고, 의견을 공유하고, 위험을 감수하는 데 주저하지 않는다. 오늘날 조직의 불안정성 및 예측 불가능성으로 인해 리더와 직원 간의 신뢰 구축이 필수적이다.

신뢰 관계가 악화되면 모든 것이 끝난다. 그리고 직원들이 신뢰를 잃고 회사를 떠나면 또다시 고용을 하고 교육을 하는 과정에 많은 비용과 시간을 투여해야 한다. 모든 면에서 회사에는 비용과 불안정이 가중된다.

신뢰가 조직과 리더를 어떻게 살려내는지를 보여주는 고사가 있다.

옛날 초(楚)나라의 장왕이 여러 신하들을 초청하여 연회를 베풀었다. 그런데 연회 도중에 갑자기 거센 바람이 불어 모든 촛불이 일시에 꺼지는 일이 발생했다. 이 와중에 장왕이 사랑하는 총희가 부르짖는 소리가 들렸다. 총희는 장왕에게 누군가 자신의 몸을 건드려 그자의 갓끈을 잡아 뜯었으니 불을 켜면 그자가 누군지 가려낼 수 있을 것이라고 하였다. 그러자 장왕은 오히려 자신이 밤늦게까지 연회를 이은 탓이라 대답하고, 모든 이의 갓끈을 끊고 다시 불을 켜게 함으로써 그 장수의 잘못을 덮어주었다. 훗날 이 장수는 진(晉)나라와의 전쟁에서 목숨을 내던져 장왕을 구함으로써 은혜를 갚았다. 신뢰는 허물을 덮는 것까지도 포함한다. 이 이야기는 '갓끈을 끊고 즐기는 연회'라는 뜻의 절영지연(絶纓之宴)이라는 고사를 낳았다.

또 다른 이야기가 있다. 옛날 위(魏)나라 문후가 악양이라는 장수에게 군사를 주고 중산(中山)이라는 나라를 정벌하게 했다. 악양이 3년 만에 전쟁에서 승리하고 돌아와 그간의 공로를 말하자, 문후는

큼지막한 상자 하나를 보여주었다. 그 상자에는 전쟁터에 나간 악양이 전쟁 중에 반란을 꾀하고 스스로 왕이 된다거나 적국에 투항한다는 가짜 소문, 비방하는 상소문들이 가득 담겨 있었다. 악양은 이 상소문을 읽고는 눈물을 흘리며 벌떡 일어나 문후에게 절하며 말했다. "이번 전쟁의 승리는 대왕께서 하신 일이며 신의 공은 미미하기 그지없습니다."

신뢰는 곧 믿음이다. 그리고 리더가 구성원을 믿고, 구성원이 리더를 믿을 때 비로소 위대한 성과가 나오는 법이다.

기업의 사례에서 반면교사로 삼을 이야기들은 많이 있다. 1985년 당시 서독의 자동차 기업 아우디는 자사 제품의 가속장치 결함으로 7명이 사망하고 400여 명이 부상을 당했다는 문제 제기에 직면했다. 목격자들의 진술을 토대로 만들어진 〈60분₆₀ ₘᵢₙᵤₜₑₛ〉이라는 TV 프로그램에서 이 문제를 본격적으로 다뤘는데, 아우디는 이것을 운전자의 조작 실수에 따른 것이며 액셀을 브레이크로 착각해서 생긴 일이라고 발표했다. 이러한 대응으로 인해 1985년 7만 4,000대였던 판매량이 1987년에는 2만 6,000대로 떨어졌다.

2002년에는 미국의 에너지 기업 엔론Enron이 조직적인 부정행위와 회계 조작을 통해 부실을 은폐하고 수익이 생기는 것처럼 만들었다는 사실이 드러나면서 수백억 달러의 빚을 안고 파산했다. 유명한 엔론 게이트다. 이 사건으로 인해 엔론의 회계감사를 맡았던 세계적인 회계법인 아더 앤더슨도 공중 분해되었다.

미국을 대표하는 SNS인 페이스북은 사용자 8,700만 명의 개인정보를 정치 컨설팅 업체 케임브리지 애널리티카에 제공했다. 사용자 5,000만 명의 로그인 정보가 해킹되기도 했다. 여기에는 사용자들끼리 주고받은 비공개 메시지도 포함돼 있었다. 이후에 CEO 마크 저커버그가 페이스북 데이팅 앱을 출시한다고 발표했을 때 평론가들뿐만 아니라 일반인들도 고개를 갸웃거렸다. 페이스북의 형편없는 개인정보 관리를 뉴스로 접하고 실제로 경험한 사람들이 과연 이런 애플리케이션을 사용할 수 있을까?

미국의 유나이티드항공은 좌석을 내주지 않는 의사 승객을 보안요원을 동원해 기내에서 강제로 두들겨 패서 끌어낸 사건과, 승무원의 요구에 따라 기내 짐칸에 실은 강아지가 죽은 사건으로 극심한 피해를 입었다. 2019년 봄에 보잉 737맥스 여객기의 미국 내 운항을 중단하라는 대통령령이 내려졌다. 5개월 동안 737맥스 두 대가 추락하는 사건이 발생해 탑승자 전원이 사망하고, 42개국에서 이미 해당 기종의 운항을 금지한 상태였으며, 보잉이 737맥스의 안전성에 문제가 있음을 2017년부터 인지하고도 이런 사실을 공개하지 않았다는 것이 밝혀졌다. 보잉은 737맥스를 살리려다 전 세계의 고객, 조종사, 승무원, 규제 기관들과 국가의 신뢰를 한꺼번에 모두 잃었다. 어떤 이익이 더 큰 것일까?

신뢰를 저버리면 심각한 경제적 후유증이 뒤따른다. 2018년 〈이코노미스트〉가 굵직한 기업 스캔들 8건을 선정해서 다른 동종 업체들을 비교하는 연구를 진행한 결과 스캔들에 연루된 기업이 상당한 경제적 손실을 입었다는 사실을 알 수 있었다. 신뢰는 기업이 어떤 일을 할 때 대단히 유용한 가치를 발휘한다. 사실 우리가 신뢰를 주고받는 것은 매우 실질적인 경제적 영향을 주고받는 것과 같다. 이와 관련된 사례가 있다.

월마트로부터 매출 230억 달러의 회사 맥레인 유통을 인수한 버크셔 해서웨이의 CEO 워런 버핏은 전 세계에서 가장 신뢰받는 리더 중 한 사람이다. 보통 버크셔 해서웨이와 월마트 정도의 규모를 가진 회사가 기업 합병을 하려면 회계사, 감사관 및 변호사가 모든 종류의 정보를 확인하고 유효성을 검증하는 데 최소한 수백만 달러가 들고 기간도 몇 개월이나 걸린다. 그러나 두 기업은 모두 높은 신뢰로 운영되었기 때문에 거래는 2시간의 회의와 악수로 결정되었다. 이후 검증 과정도 10분의 1에 불과한 비용과 시간으로 처리되었다. 이처럼 기업과 리더가 높은 신뢰도를 가지고 있으면 비즈니스를 빠르고 안전하게 펼칠 수 있고 비용은 대폭 줄어든다.

조직원들과 리더가 신뢰를 구축할 수 있는 방법은 다음과 같다. 첫째, 신뢰를 얻기 위한 노력이다. 리더는 자신의 행동에 믿음을 주어야 하며 약속을 지켜야 한다. 이를 위해 꾸준히 노력하고 실천해야 한다. 한 번이라도 어기면 신뢰는 빠른 속도로 사라진다. 신뢰는 하루아침에 만들어지지 않지만 하루아침에 사라질 수는 있다. 리더의 일관된 일, 말, 행동, 판단, 결정 등이 시간과 버무려져 마침내 맛깔나는 신뢰를 만들어낸다. 모든 행동, 모든 관계가 일관되어야 한다.

둘째는 잘 듣는 것이다. 자신의 입을 다물고 적극적으로 듣는 것이다. 다양한 피드백 도구를 사용하여 구성원 모두의 목소리를 들을 수 있는 기회를 마련해야 한다. 직원들과 대화를 나누고 질문하고 답을 얻으며 감사를 표해야 한다.

마지막으로 솔직해지는 것이다. 말하기 어려운 상황일수록 정직하게 말하고 행동해야 한다. 한때의 비를 피하려다 밀려온 쓰나미에 기업 자체가 공중 분해되는 일이 허다하다. 감미로운 말은 입에는 달지만 건강에는 좋지 않다. 아무리 어려운 결정이라도 정직하고 솔직하게 대응할 수 있어야 한다. 내부 구성원에게 이와 같이 대응할 수 있을 때 외부 고객에게도 같은 대응을 할 수 있고, 기업의 위기를 해결할 수 있다.

신뢰는 리더가 갖춰야 할 덕목일 뿐만 아니라 깊은 인간관계, 빠른 성과와 견고한 수익을 가져오는 실질적인 비결이라는 것이 수많은 사례와 연구 조사를 통해 증명되었다. 그래서 어느 시대를 막론하고 위대한 리더, 지속적으로 성장하는 조직의 성공 비결에는 신뢰가 들어 있다. 미국의 유명한 칼럼니스트 토머스 프리드먼Thomas Friedman의 말처럼 세계가 점점 더 평평해지는 동시에 얇아지는 상황에서 신뢰는 이런 세계를 구축하는 맨 위의 면을 견고하고 단단하게 덮고 있는 아스팔트 같은 것이다. 반대로 우리는 점점 신뢰할 수 없는 시대로 접어들고 있다. 사회가 복잡해지면서 직접 보고 확인할 수 없는 일들이 넘쳐나기 때문이다. 믿음을 매 순간 확인해야 하는 심각한 불신 사회에 살고 있다. 불신의 공간에서 기업에게 가장 중요한 통로는 신뢰밖에 없다. 기업과 고객이라는 경제적 거래 관계에서는 신뢰만이 관계를 유지할 수 있는 동아줄이기 때문이다.

기업이 고객과 시장의 신뢰를 잃으면 어떻게 되는지는 모든 이들이 알고 있다. 그러나 실제로는 신뢰를 중요하게 여기지 않기 때문에 항상 문제가 생긴다. 불신으로 인해 호미로 막을 일을 가래로도 막지 못하는 일들이 매일 벌어지고 있다. 분명한 사실은 고객을 잃고 성공하는 기업은 없다는 것이다.

고객을 잃지 않는 방법은 고객과의 약속을 지키고 고객과 좋은 관계를 유지하는 것뿐이다. 불신의 시대를 살고 있기에 고객은 신리에 민감하며, 반대로 신뢰에 민감하기 때문에 고객은 믿을 수 있는 기업이나 상품을 발견하면 놓치지 않으려고 한다. 훌륭한 기업이 되기 위해서는 고객에게 신뢰감을 줄 수 있어야 한다. 기업이 신뢰라는 견고한 발톱으로 고객을 움켜쥐려는 것처럼 고객 역시 신뢰로 무장한 기업과 그 상품을 붙잡고 놓치지 않으려고 한다. 그래서 신뢰는 기업에게 무기이며 동시에 고객에게 다가가는 가장 빠른 길이다. 이런 신뢰는 결코 말이나 그럴듯한 눈속임으로 형성되는 것이 아니다. 조직의 CEO부터 직원에 이르기까지 꾸준히 행동으로 보여주는 것이 중요하다. 더욱 견고하고 단단한 신뢰라는 벽은 한순간에 쌓을 수 있는 것이 아니다.

3. 소처럼 경청하고 소통하라

소에게는 우직함이 있다. '소귀에 경 읽기'라는 말처럼 미련하게 보일 수도 있지만, 우보만리(牛步萬里)처럼 가야 할 길을 묵묵히 간다. 이 모든 것을 가능하게 하는 것이 경청이다. 고객과 구성원의 의도와 말을 제대로 듣고 어디로 가야 할지를 아는 것이다.

커뮤니케이션은 리더십의 핵심이다. 커뮤니케이션이 완벽하게 이루어지지 않으면 대화는 없고 어느 한쪽의 일방적인 독백만이 있을 뿐이다. 독백하는 리더와 소통 없는 구성원 사이에서 나오는 결과란 뻔하다. 흔히 주는 것이 기술이라면 받아들이는 것은 예술일 때 꽃피는 것이 커뮤니케이션이라고 한다. 그러므로 소통하고 대화해서 합의와 이해를 이끌어내는 데 필요한 것이 바로 경청이다. 유능한 리더라면 반드시 상대방의 의견을 경청함으로써 합의에 도달할 수 있는 커뮤니케이션 기술을 익혀야 한다.

인문 고전의 하나인 《한비자(韓非子)》 〈난언편(難言篇)〉에는 바른 소리를 하기가 얼마나 어려운지, 그것을 받아들이는 것이 얼마나 중요한지에 대한 내용이 나온다. 난언이란 신하가 왕에게 '진언하기 어렵다'는 의미다. 신하가 군주에게 진언하기 어려운 이유와 군주가 신하의 진언을 평가하는 것의 단점에 대해 말한 후, 이를 논증하기 위해 현명한 신하가 미혹된 군주에게 오해받아 죽거나 현명한 자들이 곤경에 처했던 역사적 사례를 들고 있다.

"말을 하는 것은 어렵지 않으나 말하기 어려운 이유는, 말이 거슬리지 않고 아름답고 매끄러우면서 성대하게 끊이질 않으면 겉만 화려하고 실속이 없어 보이며, 매우 정중하고 공손하면서 강직하고 완고하여 신중하면 서투르고 조리가 없어 보이며, 말을 많이 하고 번잡하게 이것저것 비슷한 유형의 사례를 들며 비교하고 헤아리면 허황되고 쓸모없다고 여기며, 자질구레한 것을 종합하여 요점만을 말하면서 민첩하고 간결하게 꾸밈이 없으면 사리에 어둡고 말솜씨가 없다고 여기며, 몹시 친근하게 굴며 다른 사람의 속마음을 더듬어 살피면 주제넘고 겸손하지 못하다고 여기며, 너무 크고 넓어서 미묘하고 심오하여 헤아릴 수 없으면 공허하여 쓸모없다고 여기며, 집안의 수입과 지출을 관리하듯이 자잘한 수치를 자세히 들어 말하면 비루하다고 여기며, 말하는 것이 세속적이면서 남의 비위를 어기거나 거스르지 않으면 삶을 탐하여 위에 아첨한다고 여기며, 세속을 넘어서 일상에 반하는 말을 떠들면 거짓이라고 여기며, 민첩하고 기민하게 말을 보태면서 번잡하게 문채(文彩, 문장의 멋)를 더하면 역사를 기록하는 사관과 같이 말이 많다고 여기며, 문장이나 학문을 끊어버리고 본질과 바탕을 말하면 비천하다고 여기며, 때때로 '시(詩)'와 '서(書)'를 들먹이며 지나간 옛것을 본받아야 한다고 말하면 외우기만 한다고 여기기 때문입니다."

　황제와 임금과 윗사람은 아랫사람이 말하면 대부분 위와 같이 생각한다고 직설적으로 말하고 있다. 더 정확히 말하면 세상의 모든 사람들이 이렇게 생각할 것이다. 누가 마음속으로 스스로를 다른 사람보다 아래이며 자신을 비천하고 낮은 존재로 여길 것인가? 적어도 내 앞의 사람에게는 모두가 대등하거나 상전이라고 생각할 것이다. 따라서 리더라고 해도 분명 자신이 윗사람이라는 인식을 가지고 구성원이나 고객의 말을 들을 것이다. 소통하고 말하기 어렵고 말이 어떻게 전달되고 해석될지 걱정하지 않을 수가 없다. 이렇게 바른 말을 하다가 어떻게 되었는지를 보자.

　"대저 문왕(文王)은 주(紂)를 설득하려 했지만 주는 그를 잡아 가두었고, 악후(鄂侯)는 불에 타 죽는 형벌을 당하였고, 구후(九侯)는 시신이 포로 뜨여 햇볕에 말리는 형벌을 당하였고, 비간(比干)은 심장을 찢었고, 매백(梅伯)은 소금에 절여지는 형벌을 당하였으며, 이오(夷吾)는 몸이 결박당하였고, 조기(曹羈)는 진(陳)나라로 도망쳤고, 백리해(百里奚)는 길에서 구걸하였고, 부열(傅說)은 이리저리 팔려 다녔으며, 손빈(孫臏)은 위(魏)나라에서 다리를 잘렸고, 오기(吳起)는 안문(岸門)에서 눈물을 닦으며 서하(西河)가 진(秦)나라에게 빼앗길 것을 통탄하였으나 끝내 초(楚)나라에서 사지가 찢겼고, 공숙좌(公叔痤)는 국정을 관장할 인물을 추천했지만 도리어 그르다 하여 공손앙(公孫鞅)이 진(秦)나라로 도망갔으며, 관용봉(關龍逄)은 하(夏)나라의 걸(桀)

을 간하다가 목을 베이고, 장광(萇宏)은 창자가 갈렸고, 윤자(尹子)는 가시덤불로 된 함정에 빠졌고, 사마자기(司馬子期)는 죽어서 강에 던져졌고, 전명(田明)은 시신이 찢겼고, 복자천(宓子賤)과 서문표(西門豹)는 다른 사람과 다투지 않았는데도 다른 사람의 손에 죽었고, 동안우(董安于)는 죽어서 저잣거리에 시신이 전시되었고, 재여(宰予)는 전상(田常)에게 죽음을 면치 못하였으며, 범저(范雎)는 위(魏)나라에서 갈빗대가 부러졌습니다.

이러한 십수 명의 사람들은 모두가 세상에서 어질고 지혜로우며 충직하고 선량한 도리와 재주(道術)를 지닌 사람이었지만, 불행하게도 포악하고 우매한 군주를 만나 죽었습니다. 비록 현인이나 성인일지라도 죽음을 피하고 욕됨을 피할 수 없는 것은 무엇 때문이겠습니까? 바로 어리석은 자는 설득하기 어렵기 때문입니다. 그러므로 군자가 말하길 꺼려하는 것입니다. 또한 이치에 지극히 합당한 말은 귀에 거슬리고 마음에 어긋나서 현인이나 성인의 자질이 아니면 받아들일 수 없기에, 원컨대 대왕께서 깊이 살펴주시길 바랍니다."

에둘러서 말하고 있지만, 왕이나 황제, 기업의 리더나 그 어떤 사람이라도 우매하고 포악하고 어리석으며 아무리 말해봐야 알아듣지 못하는 존재라고 속된 말로 '까고' 있는 것이다.

이처럼 경청이란 단순히 상대의 말을 듣는 것이 아니라 귀를 기울여 듣는 것을 의미한다. 대화를 하거나 이야기를 할 때 상대의 말을 존중하는 마음으로 적절한 반응을 하며 들어야 한다.

경청은 특별한 것이 아니지만 반박하고 싶고 잘난 척하고 싶고, 내 말이 옳다는 것을 드러내고 싶고, 우위에 서고 싶기 때문에 힘든 것이다.

그래서 태어나 말을 배우는 데는 대략 2년 정도 걸리지만, 침묵하고 듣는 것을 배우는 데는 60년이 걸린다는 말이 있다. 그만큼 듣는 것이 어렵고, 그만큼 경청의 힘은 강력하다.

천하를 통일한 한고조 유방에게 장량, 한신, 소하와 같은 유능한 인재가 있었다면, 그 경쟁자인 초패왕 항우는 유방의 신하 전부를 합쳐도 모자랄 범증이라는 인재를 두고도 그의 말을 경청하지 않고 무시함으로써 패하고 말았다. 항우가 99%를 가졌고 유방은 고작 1%을 가졌는데 유방이 가진 소통, 커뮤니케이션, 신뢰 같은 1%가 큰 능력을 발휘한 것이다.

리더는 자신과 다른 의견도 들어야 구성원의 말문이 트이고 소통이 일어난다. 세종대왕은 한글 반포 후 최만리가 반대했을 때 그를 투옥했으나 다음 날 풀어주었다. 반대를 위한 반대가 아님을 알고 있었고, 또 다양성을 인정할 때 비로소 다른 신하들이 용기를 내어 말문을 열 수 있다는 것을 알았기 때문이다. 정치 신념과 의견은 달랐지만 세종과 최만리는 분명 소통했다. 이것이 진정한 리더와 구성원의 소통이다. 반대할 수 있고, 반대한 것을 받아들일 수 있어야 한다. 세종대왕은 경연장에서도 자신의 의지와 목표를 강압적으로 관철하지 않았다. 어떤 정책에 대하여 신하들이 반대하면 스스로 깨닫게 했다. 신하들의 의견을 경청하면서 질문을 던지고 또 대화하면서 자발적 동의를 이끌어냈다. 효과적인 의사소통과 경청은 한글 창제뿐만 아니라 과학 등 여러 분야에서 훌륭한 업적을 남기는 원동력이 되었다.

이처럼 리더는 항상 자신을 둘러싼 청중의 동기, 선호하는 커뮤니케이션 방식을 받아들이고 그들이 원하는 소리를 경청해야 의사소통의 효과를 높일 수 있다.

많은 사람들이 착각하는 것 중에 하나가 말을 잘하면 소통을 잘한다고 생각하는 것이다. 그러나 꿀이 발린 듯 달콤하지만 실상은 내용 없는 말은 뛰어난 화술이 아니라 천천히 기업과 리더 자신을 죽이는 독약과도 같다. 진정한 리더라면 명확하게 소통해야 한다. 귀에 걸면 귀걸이, 코에 걸면 코걸이 식으로 오해의 여지를 남기기보다 더 설명해서라도 납득시키는 것이 좋다.

경청의 제1 포인트는 누가 뭐라고 해도 침묵이다. 웅변은 은이고 침묵은 금이다. 리더는 무조건 말하는 것 이상을 들어야 한다. 의사소통을 장려하는 가장 좋은 방법은 적극적인 청취와 경청이다. 그리고 항상 마음을 열고 입을 닫아야 한다. 어떤 말과 행동에 즉각 반응하는 대신 그들이 말하는 것을 끝까지 잘 듣고 신중하게 반응할 줄 알아야 한다. 그래야 이해와 이해가 만나 소통의 꽃을 피울 수 있다.

무수히 많은 기업가, 리더, 경영 전문가들이 경청의 원칙을 발견하고 설파했다. 잭 웰치 GE 전 회장은 "1,000명의 직원을 둔 리더는 모든 직원과 대화하고 설득할 각오가 되어 있어야 한다"고 말하며 직원과의 소통을 강조했다. 〈하버드 비즈니스 리뷰〉는 "사내 소통 과정을 거쳐 기업의 목표를 공유하는 회사에서 일하는 직원은 그렇지 못한 회사에서 일하는 직원보다 업무에 대한 열정이 3배가량 높다"는 것을 발견했다. 미래학자 톰 피터스(Tom Peters)는 "20세기가 말하는 자의 시대였다면 21세기는 경청하는 리더의 시대가 될 것이다"라고 했다. 스티븐 코비도 "성공하는 사람과 그렇지 못한 사람의 대화 습관에는 뚜렷한 차이가 있는데 딱 하나만 예를 들라고 하면 나는 주저 없이 '경청하는 습관'이라고 말할 것이다"라고 했다. 일본에서 경영의 신으로 불리는 마쓰시타 고노스케는 "기업 경영의 과거형은 관리다. 경영의 현재형은 소통이다. 경영의 미래형 역시 소통이다"라고 했다.

미국의 전 대통령 버락 오바마는 다음과 같은 리더십 10계명을 말했다.

1. 신뢰는 리더십의 기본이다.
2. 변화와 혁신 정신을 추구하라.
3. 가치관의 다양성을 인정하라.
4. 이기적인 태도를 버려라.
5. 약점도 강점으로 승화시켜라.
6. 비범함으로 평범함을 실천하는 리더가 되어라.
7. 창조적인 상상력을 가져라.
8. 부드럽고 편안한 리더가 되어라.
9. 인간적인 관계 형성에 노력하라.
10. 말이라는 강력한 무기를 능숙하게 구사하라.

위의 리더십 10계명을 들여다보면 대부분 용의 리더십이다. 그러나 정작 오바마를 용으로 이끈 핵심은 경청이었다.

실제로 오바마가 당선된 후 민주당 상원 원내 총무를 역임하고 공동 선대위원장을 맡았던 톰 대술은 오바마를 두고 "그는 지성적이고 학습 능력이 빠르며 겸손한 지도자다. 그러나 무엇보다도 그는 경청을 매우 잘하는 사람이다_{He is an intelligent, quick-learning and humble leader. But,} above all, he is a great listener. "라고 말했다.

　도대체 경청이 어떤 강력한 힘을 가지고 있기에 세계적인 경영 학자와 리더들이 이토록 중요성을 강조하는 것일까? 답을 얻고 싶다면 직접 해보라. 이청득심(以聽得心)이라는 말이 있다. '말을 들어주어야 사람의 마음을 얻는다'는 뜻이다. 사람의 마음을 얻고 싶다면 먼저 소처럼 귀를 열고 묵묵히 그들의 말을 들어줘라. 그것이 바로 경청하는 리더가 가져야 할 태도다. 경청을 잘하는 사람만이 제대로 된 리더가 될 수 있다.

4. 낙타처럼 끈기 있게 실행하라

낙타에게는 놀라운 생명력이 있다. 등의 큰 혹 속에는 비상시를 대비한 에너지원을 넣고, 내리쬐는 사막의 폭염을 견디며 걷고 또 걷는다. 사막은 모래와 바위, 돌로 덮여 있어 풀 한 포기 볼 수 없는 곳이다. 사하라 사막을 건너면 드디어 아라비아어로 '바닷가'라는 뜻을 가진 드넓은 초원 지대 사헬에 도착한다. 많은 동물들이 살기 어려운 사막에서 낙타는 어떻게 무거운 짐을 운반하며 긴 사막을 끈질기게 걸어갈 수 있을까? 리더는 그런 끈질긴 실행력을 어떻게 학습하고 적용해야 할 것인가?

　리더와 보스 자리에는 차이점이 있다.
　두 가지 모두 권위 있는 자리다.

하지만 보스는 맹목적인 복종을 요구하는 반면

리더는 이해와 신뢰를 통해 권위를 얻어낸다.

-클라우스 발켄홀(올림픽 승마 금메달리스트)

리더leader의 어원은 '여행하다'를 뜻하는 고대 영어 'lithan'에서 나왔다. 말 그대로 리더는 방향을 제시하고 행동하는 사람이다. 리더십은 결국 목표의 방향을 제시하고 좋은 결과를 얻기 위해 안내하고 이끌고 나아가는 사람이다. 세상에는 리더십이라는 말은 있어도 보스십이란 말은 없다. 두 가지는 의미 자체가 완전히 다르다. 보스라는 단어가 주는 느낌은 권력, 강압, 지시, 맹목이지만, 리더라는 단어에서는 행동과 실천이 먼저 연상된다. 리더라면 반드시 말과 행동이 일치해야 하고 앞장서서 행동할 수 있는 결단력과 실행력을 가지고 있어야 한다.

아랫사람에게는 아침 8시까지 출근하라고 하고 본인은 9시에 맞춰 나오는 팀장을 신뢰하기 힘들다. 외부 미팅에서 사용되는 비용을 줄이라고 하고는 정작 자신은 비싼 곳만 찾아다니면서 법인카드를 쓰는 상사도 존경받을 수 없다. 신뢰감도 생기지 않는다. 신뢰와 공감을 얻으려면 솔선수범해야 한다. 자신이 실천할 수 없는 것을 남에게 강요해서는 안 된다.

리더 역시 마찬가지다. 리더는 전장의 맨 앞에서 화살을 뚫고 제일 먼저 돌격하는 존재다. 맨 뒤에서 명령만 내리는 것은 보스들이나 하는 행동이다. 자신은 리더라고 아무리 우겨도 대부분의 상사나 CEO는 보스에 그친다. 본인이 직접 하지 않으면서 명령을 내리고 평가하기를 좋아하는 것이다. 팀원들에게 대우받기를 원하면서도 팀원들을 하대하는 팀장은 보스가 될 뿐이다.

　조직을 운영하는 방식도 보스는 자신의 권위로 내리누르는 것이다. 이른바 카리스마 리더십이라고 착각하지만, 명령은 쉽게 내리면서 본인이 기꺼이 총을 메는 경우는 거의 없다. 정확히 말하면 카리스마 리더십은 '하라! 책임은 리더인 내가 진다'는 것이다.

　반면 리더는 자신이 일을 직접 추진하고 행동한다. 직접 하는 만큼 모든 상황에 대한 책임을 스스로 진다. 솔선수범해서 조직이 스스로 따라오게 한다. 아무리 작은 카페의 사장이라도 화장실 청소 정도는 직접 하고 바닥에 떨어진 휴지는 자신이 직접 줍는 모습을 보이면 직원들은 그런 사장의 모습에서 리더십을 느낀다. 누구나 피하는 일을 가장 먼저 실천하고 생색내지 않는 자세가 바로 실행력을 앞세우는 리더십의 출발점이다.

　경영 환경을 해석하고, 시의적절한 전략을 개발해서 목표를 설정하고, 구체적인 실행 계획을 만드는 것을 사업계획이라고 한다. 그런데 〈포춘〉의 조사에 의하면 이렇게 힘들게 만든 사업계획을 정작 제대로 실행하는 기업은 10% 미만이라고 한다. 그리고 실패한 기업의 문제점 역시 사업계획 자체의 전략 부실에 있는 것이 아니라 실행력이 부족하기 때문이라고 한다.

　톰 피터스와 로버트 워터먼은《초우량 기업의 조건In Search of Excellence》에서 다음과 같이 얘기한다.

　"초우량 기업들은 다른 평범한 기업들에 비해 아는 것을 행동으로 옮기는 데 매우 탁월한 능력을 가지고 있었다. 아는 것을 실행하는 그 작은 차이가 엄청난 성과의 차이를 가져온 것이다."

　성공하는 사람과 그렇지 못한 사람의 차이는 '실행'에 있다. 목표를 세우고 달성하기 위해 열심히 노력하는 것이 성공의 길이라는 것을 모르는 사람은 없을 것이다. 문제는 누구나 알고 있는 성공의 길을 얼마나 열심히 끝까지 걸어갔느냐 하는 것이다. 성공하는 기업과 성공하지 못하는 기업의 차이 역시 실행에 있다.

토머스 에디슨은 "나는 수많은 결과를 얻었다. 대부분의 사람들은 행동으로 옮기지 않는 수천 가지의 좋은 생각을 가지고 있다"는 말로 실행력의 중요성을 설파했다.

독일의 경영 컨설턴트이자 '히든 챔피언'이라는 말을 만들어낸 헤르만 지몬Hermann Simon도 "실천의 문제는 대체로 무엇을 해야 하는지 모르는 데 있는 것이 아니라 하지 않는 데 있다"는 말을 남겼다.

중국 알리바바의 설립자 마윈의 명언 중에는 "삼류의 아이디어에 일류의 실행을 더하다"는 것이 있다. 과거 마윈과 알리바바의 투자자이자 대주주인 손정의는 한 가지 문제를 가지고 이야기한 적이 있다. "일류의 아이디어에 삼류의 실행을 더하는 것과 삼류의 아이디어에 일류의 실행을 더하는 것 중에 어느 것을 선택할 것인가?" 하는 것이었는데, 두 사람의 답은 일치했다. 삼류의 아이디어에 일류의 실행을 더하는 것이 낫다는 것이었다. 마윈은 알리바바 창업 이후부터 늘 직원들에게 강하고 철저한 실행력을 갖출 것을 강조했다.

'말'로 '약속'할 수는 있지만, '결과'와 '성과'를 결정짓는 것은 결국 '실제 행동'에 있다. 대부분의 최고경영자가 실적 악화로 물러나는 결정적인 이유는 실행력의 부재에 기인한다. 똑똑한 것과 많이 아는 것이 미친 듯 몰아치는 실행력으로 이어지지 않는 것이다. 아무리 좋은 생각이라도 실행되지 않으면 그저 좋은 의도로 남을 뿐이다. 실행만이 생각과 결과 사이를 연결할 수 있다.

'부뚜막의 소금도 집어넣어야 짜고 Everything demands some work', '구슬이 서 말이라도 꿰어야 보배'라는 말은 여기서 저쪽으로 뭔가를 이동시키거나 실행하지 않으면 상태 변화가 일어나지 않는다는 뜻이다. 제아무리 좋은 생각이나 계획도 실행으로 연결되지 않으면 아무 소용이 없다.

반대로 눌언민행(訥言敏行)이란 사자성어가 있다. 《논어》〈이인편(里仁篇)〉에 '군자 욕눌어언 이민어행(君子 欲訥於言 而敏於行)'이라는 말이 나온다. '군자는 말은 더디고 느리게 해야 하지만, 몸은 가벼워서 실행(實行)하고 실천함에는 민첩해야 한다'는 뜻이다. 군자(君子)의 행동은 이래야 하고, 소인(小人)은 이와 반대로 말만 앞세우고 행동에 옮기는 것은 더디다고 말하고 있다.

'천 번 생각하는 것보다 한 번 실천하는 것이 낫다'는 뜻의 천사불여일행(千思不如一行), '여러 번 듣는 것이 한 번 본 것만 못하고, 여러 번 본 것이 한 번 행하는 것만 못하다'는 뜻의 백문이 불여일견(百聞 不如一見), 백견(百見)이 불여일행(不如一行)'이라는 말처럼 직접 해봐야 한다. 신속한 실행력의 장점은 여러 가지 있겠지만, 실제로 해보면 머릿속으로 그려보는 것과는 다른 차원의 문제점을 발견할 수 있다. 머릿속에서 나온 예상 문제점은 말 그대로 예상일 뿐이다. 그 예상이란 자기가 경험한 세계의 정보를 바탕으로 한 지극히 협소한 안전장치에 불과하다. 그래서 실제로 해보는 것이 중요하다. 따라서 실행력을 높이려면 머릿속으로 생각만 하지 말고 실행에 옮기는 것이 좋다.

경제 전문가들은 전체 인구 중 약 40%가 미루는 습관 때문에 경제적 손실을 입는다고 추정하고 있다. 여기에 씻을 수 없는 자책

감이나 자멸감, 자존감의 상처까지 덤으로 입는다. '나란 놈은 역시 어쩔 수 없어', '내가 하는 일이 항상 그렇지, 뭐. 내 주제에 뭘 한다고' 문제는 이런 미루기가 다시 반복되면 실행력은 0%에 가까워진다는 사실이다.

《레 미제라블》과 《노트르담의 꼽추》의 저자이자 19세기 프랑스 최고의 작가 빅토르 위고는 글을 쓸 때면 하인에게 옷을 몽땅 벗어주며 해가 진 다음에 가져오라고 했다. 옷이 없으면 나가서 놀고 싶어도 불가능하기 때문이었다. 아예 유혹 자체를 차단해 글을 쓸 수밖에 없는 환경에 자신을 집어넣고 실행한 것이다. 당대 프랑스 최고의 작가라는 사람조차 실행은 힘든 것이었다. 그도 게으름이나 미루고자 하는 유혹을 받았다. 그럴 때 하지 말아야 할 일은 하지 못하도록, 해야 할 일은 할 수밖에 없도록 상황을 조절하는 훈련이 필요하다.

'지금 당장right now'의 정신과 실행력의 중요성은 애플의 창립자 스티브 잡스에게서도 찾아볼 수 있다. 제록스의 연구 부문인 팰로앨토 연구소PARC를 방문한 잡스는 당시만 해도 미완의 기술이었던 마우스를 이용한 컴퓨터를 보았다. 그는 컴퓨터의 미래를 만들어놓고도 연구소에 전시만 해놓고 있는 제록스의 태도에 너무 화가 나서 발을 동동 구르고 심지어 제록스의 연구원들을 향해 소리를 지르기도 했다고 한다. 그리고 회사로 돌아온 잡스는 자신이 보았던 것에 영감을 얻어 제품을 만들어 시장에 내놓았다. 제록스로부터 역사상 최고의 도둑이라는 비난을 들었지만 잡스는 상관하지 않았다. 전시되는 운명 따위는 깨부수고 실제 사용되도록 하는 것이 정답이라고 굳게 믿었기 때문이다.

미친 실행력을 발휘한 또 한 사람이 있다. 1994년 여름 미국 월스트리트에서 두둑한 보너스를 보장하던 안정된 일자리를 박차고 나와 세상에 존재하지 않던 세계 최고의 온라인 서점을 만들기 위해 무작정 서부로 차를 몰고 간 젊은이 제프 베조스다. 그는 매년 수천 퍼센트씩 증가하는 트래픽 양에서 인터넷 사업에 대한 확신을 가지고 즉시 행동에 나섰다. 무한한 시장 잠재력을 보고는 일단 빨리 뛰어들어 선두주자로 자리 잡는 것이 무엇보다도 중요하다고 판단한 것이다. 아마존이 설립되고 2년이 지나서야 당시 북미 최대의 서점이었던 반스앤노블도 온라인 서비스를 시작했고, 2위 업체였던 보더스 역시 뛰어들었지만 실행에서 한발 늦은 둘은 결국 아마존과의 격차를 좁히는 데 실패하고 말았다. 지금 아마존은 세계적인 물류 왕국이다.

실행력을 높이려면 어떻게 해야 할까? 먼저 실행력이 하나의 습관이라는 점을 이해하면 답은 저절로 나온다. 운동선수가 꾸준한 훈련을 통해 근력을 키우고 기술을 몸에 익히는 것과 같이 반복적으로 실행하는 것에 답이 있다. 실행력을 높이기 위해서는 무엇보다 미루지 않고 즉시 실행하는 습관, 목표한 성과가 나올 때까지 끈질기게 실행하는 습관을 길들이는 것이 중요하다. 이것은 실행력이 높은 조직의 특징이기도 하다. 반대로 성과가 떨어지는 기업일수록 실행보다 검토에 많은 시간을 보낸다. 이 방법이 정말 완벽한 해결책인지 검토하고 또 검토한다. 그러다 둑이 무너지고 기업은 문을 닫는다. 비즈니스의 성공은 예측이 아니라 변화에 신속하게 대처하는 것이다. 그리고 이것이 지속되려면 끈질기게 매달려야 한다.

아프리카의 한 부족은 극심한 가뭄일 때 기우제를 올리는데

100%의 확률로 비가 내린다고 한다. 왜 그럴까? 정말 남다른 능력을 가진 부족으로 영기(靈氣)가 넘쳐서일까? 아니다. 이유는 간단하다. 비가 내릴 때까지 포기하지 않고 계속해서 기우제를 올리기 때문이다.

리더들은 무엇이 실패했는지 과거를 돌아보라. 훌륭한 전략을 수립했는데 왜 무너졌는가? 많은 리더들이 공들여 세운 전략을 원하는 결과를 얻기까지 끈질기게 실행하지 못했기 때문이다.

호아킴 데포의 《마시멜로 이야기》에는 실행과 관련된 재미있는 글이 나온다.

> 어느 여름날 오후, 개구리 세 마리가 나뭇잎에 올라탄 채
> 유유히 강물에 떠내려가고 있었습니다.
> 그중 한 마리가 벌떡 일어나 말했습니다.
> "너무 더워. 난 물속으로 뛰어들 테야."
> 다른 개구리들은 그저 묵묵히 고개를 끄덕였습니다.
> 자, 이제 나뭇잎 위에는 몇 마리의 개구리가 남았을까요?

정답을 안다면 지금 당장 실행해야 한다. 당신은 지금 사막을 바라보기만 하면서 바다를 꿈꾸는가? 아니면 뜨거운 사막을 직접 건너면서 곧 만나게 될 바다와 초원을 꿈꾸는가? 실행한 자만이 답을 알 것이다. 또한 좋은 가치를 가지고 행복하게 실천해야 할 것이다. 고객에게 좋은 서비스를 제공하고, 친절을 제공하고, 좋은 제품을 제공하는 것이 나의 기쁨이고 행복이고 보람이라는 생각으로 실천하면 더 힘이 나고 행복하기 때문이다.

5. 사슴의 뿔처럼 임파워먼트하라

사슴의 뿔은 멋진 왕관처럼 우뚝 선 위용을 자랑하며 봄마다 재생되는 끈질긴 생명력을 지니고 있다. 사슴의 뿔은 리더로서의 강한 생명력을 암시하면서 왕관의 우아함을 가지고 있다. 그리고 권위가 있으면서도 그 힘을 나눠주고 무리를 이끄는 의연한 모습도 아름답다. 나눠주고도 늘 재생되는 사슴의 뿔에서 우리는 어떤 임파워먼트 empowerment(권한 위임)를 발견할 수 있을까?

제임스 C. 헌트는 《리더십 키워드》에서 권력과 권위의 관계에 대해 다음과 같이 설명하고 있다.

"권력은 원하지 않는 사람에 대해서도, 자신의 지위 또는 세력을 이용하여 자신의 의지대로 행동하도록 강제 또는 지배하는 능력이다. 반면에 권위는 개인의 영향력에 의해 사람들이 기꺼이 자신의 의지대로 행동하게 하는 기술이다. 권력은 사고팔거나 주고받을 수 있다. 사람들은 권력자의 친척이거나 동료라고 해서 또는 부와 권력을 상속받음으로써 그러한 지위에 오를 수 있다. 하지만 권위에 대해서는 절대 통용될 수 없다. 권위란 결코 사고팔거나 주고받을 수 없다. 권위란 한 인간으로서의 당신과 관련된 것이며, 당신의 인성, 사람들에 대한 영향력과 밀접하게 관련되어 있기 때문이다."

리더가 되면 권한과 동시에 책임을 갖게 된다. 조직을 이끌고 가기 위해서는 여러 이익들을 통합해서 앞으로 나아가게 하는 권한이 필요하고, 그 권한을 사용하려면 반드시 책임을 져야 하기 때문이다. 그리고 책임과 비전이 클수록 권한이 커진다.

권한이 그냥 커지기만 하면 되는데 실제로는 어떤 방향을 향해 흘러간다. 만약 선한 방향으로 가면 권위가 된다. 권위는 제도, 이념, 인격, 지위 등으로 발휘되는 능력 또는 위력이다. 여기서 능력과 위력은 맞설 수 없는 강력한 힘을 의미한다. 권위는 영향력과 같다. 권위는 일종의 보이지 않는 힘으로서 비전을 인도하는 바람과 같으며, 리더의 권한에서 나온다.

그러나 권한이 리더만의 이익을 위해서 나쁜 방향으로 흘러가면 권력(勸力)이 된다. 권력은 '남을 지배하여 강제로 복종시키는 힘'이다. 영향력이 아니라 강제성을 띠는 것이다. 따뜻한 햇살이 아니라 강제로 옷을 벗기려는 매서운 바람이다. 리더는 결국 비전을 실현하기 위해서 부여받은 권한으로 자신이 갈 방향을 선택해야 한다. 그리고 그것이 권위로 표출되는지 권력으로 표출되는지는 리더 자신보다 주변이 더 정확히 판단해줄 것이다.

비전을 이뤄나가는 과정에서 여러 사람의 불가피한 희생을 요구하다 보면 권한은 '권력'으로 변질되기 쉽다. 반대 세력을 죽이고 제압하는 강력하고 자극적이고 흥분되는 권력의 맛을 경험하면 안타깝게도 리더십은 병들기 시작한다. 병든 리더십은 다른 사람의 의지를 자기 뜻대로 규제하고 통제하면서 만족을 찾는다. 권한이었을 때는 자신이 수립한 원칙의 합리적인 가치를 중요하게 생각하지만, 마약과도 같은 권력의 맛을 일단 경험하면 거기에 도취되어 빠져나오지 못한다. 점점 자신이 위대하고 조직에서 없어서는 안 될 매우 중요한 존재라는 환상을 키우게 되며, 조직과 기업이 곧 자신이라는 과대망상에 빠진다. 그 결과 한 번 얻은 권력을 절대 내놓지 않으려고 하며 소금물을 마신 사람처럼 권력을 잃을까 봐 두려워하게 된다. 그 허탈감과 모멸감을 견딜 수가 없기 때문에 권력에 더욱 매달리는 편집증적인 증상까지 나타난다. 결국 그렇게 병든 리더는 자신이 살아남기 위해 자신의 입맛에 맞는 사람을 가려 뽑기 시작한다. 실력이 아니라 충성도와 달콤한 말을 하는 사람을 위주로, 서열과 인맥과 학연과 지연을 중심으로 사람을 선택하기 시작한다. 자연스럽게 주변에는 리더의 눈치를 보며 기분을 맞춰주는 사람이나 다분히 복종적인 예스맨들로 가득 채워진다. 이쯤 되면 리더도 썩고 해당 기업도 썩으니 미래가 있을 리 없다.

거만해진 리더는 자기의 생각이 항상 옳다는 착각에 빠진다. 이런 리더와 논쟁이 벌어지면 시시비비를 가리거나 경청을 하지 않고 리더가 절대적으로 옳다는 것이 입증될 때까지 논쟁을 멈추지 않는다. 리더는 모든 면에서 다른 사람보다 뛰어나기에 리더의 자리에 있는 것이며, 다른 사람들이 자기의 명령에 순종하는 것은 당연하다고 생각한다. 반대 의견이란 하찮은 지식과 경험에서 나온 것이라는 고정관념을 가지고 있기에 반대 의견 자체를 참을 수 없는 모독으로 받아들인다. 마음에 들지 않으니 당연히 눈엣가시가 되어 뽑혀나간다. 당연히 보복도 뒤따른다. 그다음에는 권력을 개인 소유로 만든다. 비뚤어진 권력자의 힘은 기업이 아니라 개인적인 영역으로 퍼진다. 리더는 자기의 권력으로 자신의 이익을 위해서 마침내 조직을 희생시킨다. 그리고 사람들을 희생시키고 마음대로 회사를 운영하는 독재의 시대가 펼쳐진다.

권위는 어떤 사람이 갖고 있는 권력의 정당성을 인정받을 때만 얻어진다. 후계자는 오너의 가족이라는 이유만으로도 기업 내에서 일정한 권력을 가질 수 있다. 그러나 리더십의 원천인 권위는 오랜 시간 후계자가 일상의 업무를 통해 보여주는 인성이나 의사 결정

능력, 도덕성이나 윤리성 등을 통해 만들어지기 때문에 후계자라고 해서 당장 권위를 얻을 수 있는 것이 아니다. 리더가 조직 구성원들로부터 권위를 인정받지 못하고 오직 권력만으로 조직을 옥죄어 이끌어가는 것은 살얼음판을 걸어 넓은 호수를 횡단하는 것보다 위험하다.

실제 사례들도 이런 위험성을 말해준다. 중소기업 사장의 아들이 갑자기 외부에서 일천한 경력을 쌓고 간부급으로 회사에 들어와서 부모의 후광을 입고 자기 회사인 것처럼 권력을 마구 휘두르면 직원들은 퇴사하고 기업은 망하기 시작한다. 사장의 어린 아들이 후계자라고 거들먹거리며 조직 내에서 권위를 인정받기 전에 권력을 가지고 놀았기 때문이다. 이렇게 되면 후계자와 임직원 모두 힘들어진다. 후계자들이 실패한 대부분의 이유는 권위보다 권력으로 조직을 이끌었기 때문이다. 리더십을 발휘하는 데 필요한 권위는 시간을 두고 차근차근 쌓아가야 한다.

사실 리더가 가진 권한의 변형인 권력은 너무나 매력적이다. 권력은 말초적이고 자극적이며 흥분제이자 마약과 같다. 리더 자신이 권력을 행사하고 있는 것은 아닌가 하고 생각할 때쯤이면 이미 늦은 경우가 대부분이다. 권력에 취한 리더는 마지막 순간까지 회사를 위해서 자신을 헌신하고 자신이 권위를 행사했다고 믿는다.

용의 리더십을 가진 훌륭한 지도자들은 이런 일이 생길 것을 알고 있으며, 스스로 모든 것을 다 할 수 없다는 것을 알고 있다. 그래서 신뢰를 창출하는 일은 책임을 위임하고 다른 사람들이 작업을 처리하도록 맡기는 것이다. 임파워먼트empowerment는 '권한 위임'이라고 할 수 있다. 단어 그대로 해석하면 '파워power를 부여하는 것'이다.

여기서 말하는 파워는 권한과 능력이라는 두 가지 의미를 가지고 있다. 따라서 임파워먼트란 실무자들의 업무 수행 능력을 제고하고, 관리자들이 지닌 권한을 실무자에게 이양하여 그들의 책임 범위를 확대함으로써 종업원들이 보유하고 있는 잠재 능력 및 창의력을 최대한 발휘하도록 하는 것이다.

임파워먼트를 하면 기업은 구성원이 가진 능력을 최대한 발휘하게 할 수 있고 일에 대한 몰입을 극대화할 수 있다. 고객 트러블이 생겼을 때 각각의 구성원이 적절한 대응을 할 수 있어 품질과 서비스 수준을 높일 수 있고, 고객 대응도 신속하고 탄력적으로 이루어진다. 구성원 개인의 자율성이 보장되고 각자 책임이 커지기 때문에 지시, 점검, 감독, 감시, 조정 등에 들어가는 시간, 노력이 줄어들어 기업 차원에서 당연히 비용이 절감된다.

그런데 임파워먼트의 취지와 효과가 제아무리 바람직하다 할지라도 이를 실행에 옮기지 못하면 의미가 없다. 실제로 임파워먼트를 추진하고 있는 많은 기업들의 리더와 관리자들은 자신의 권한을 아래의 구성원에게 위임하는 것을 별로 달가워하지 않는다. 설사 위임했다 하더라도 아랫사람이 자신의 의지에 반하는 의사 결정을 하면 곧바로 불이익을 주기까지 한다. 이런 경우 임파워먼트를 할 이유도 없고 뒷감당이 무서운 구성원은 받으려고 하지도 않는다.

임파워먼트가 성공적으로 실행되기 위해서는 기업의 비전과 전략 방향을 명확하게 제시하고, 구성원들에게 임파워먼트의 의미를 명확하게 이해시켜야 한다. 조직 구성원들은 완전한 이해를 바탕으로 리더나 상사의 허락이나 지침을 기다리지 않고 자기 스스로 업무를 수행하며 조직의 성과와 개인의 능력을 향상시킬 수 있다.

임파워먼트의 중요한 점 또 하나는 구성원들이 가지고 있는 재량권의 한계가 어디까지인가를 확실하게 인식시켜야 한다는 점이다. 리츠 칼튼_{Ritz-Carlton} 호텔은 고객 만족을 회사의 가장 중요한 전략 과제로 제시하고, 모든 종업원들은 불만을 갖는 손님들을 만족시키기 위해 모든 노력을 기울이는 것에 주력한다는 뚜렷한 목표를 가지고 임파워먼트를 하고 있다. 단, 거기에 소요되는 비용이 2,500달러를 초과하지 못하도록 한계를 두고 있다. 우리 돈으로 약 280만 원이다. 어떤 고객의 불만족을 처리하는 데 보통은 이 금액의 100분의 1이면 충분할 것이다.

제대로 된 임파워먼트를 할 수만 있다면 직원들은 실수를 통해 값진 교훈을 배우고, 업무를 효율적으로 깔끔하게 처리하며, 상황에 대처하는 능력을 키울 수 있다.

사슴이 가진 뿔은 떨어지고, 나눠 가지더라도 더 의연하고 큰 뿔로 재생한다. 진정한 리더라면 지금 가진 아름다운 왕관과 힘과 권력과 권한을 독점하지 않는다. 종종 리더 중에는 임파워먼트가 자신의 리더십을 약화한다고 생각하며 권한을 나누는 것을 두려워하는 경우도 있다. 그러나 실상은 정반대다. 정말 강하고 능력 있으며 의연하고 힘센 지도자만이 권한을 위임할 수 있다. 그리고 권한을 위임받은 이들에게 더 큰 권한과 능력과 힘을 돌려받아 더 크게 인정받는다. 뿐만 아니라 리더 본인은 위임에 따른 부담을 덜어서 다른 중요한 업무에 집중할 수 있게 되어 더 큰 실적과 비전을 제시하는 인물로 거듭날 수 있다. 리더는 부하직원들의 능력을 신뢰하고, 그들에게 권한을 위임하며, 직원들이 자신의 일에 열정을 불어넣을 수 있도록 더 집중해야 한다.

모든 이무기의 꿈은 당연히 용이 되어 승천하는 것이다. 그러나 가진 힘을 마구잡이로 휘둘러 사람을 죽여서 부정을 타 용이 되지 못하기도 하고, 용이 되기 위한 모든 조건을 갖추고 승천하던 도중 사람의 눈에 띄어 도움을 받지 못하면 다시 땅으로 고꾸라지기도 하는 등 여러모로 고초가 많다. 이무기는 때때로 용에 가까운 힘을 가졌음에도 쓸데없이 속 좁은 권력을 휘둘러서 자기 쾌락과 만족을 좇다가 사람들의 복수로 죽임을 당하는 경우가 많다. 한편 이무기가 승천하려 할 때 사람의 눈에 띄면 그대로 땅에 고꾸라지지만 사람이 착각을 했든 의도적이든 승천하는 이무기를 보고 뱀이라고 하지 않고 "용이다! 용이다!"라고 말하면 부정을 타지 않고 용이 되어 승천한다는 이야기가 있다. 이 말은 바로 이무기에게 권위를 부여해 주어야 한다는 것이다. 실제로 이렇게 권위를 인정받아 용이 된 이무기는 나중에 그 덕을 사람들에게 베풀었다.

6. 잉어의 비늘처럼 강력하게 위기를 방어하라

용의 비늘이 잉어에서 온 것은 비늘이 가진 놀라운 기능 때문이다. 대부분의 물고기는 몸체의 피부를 보호하기 위하여 비늘이 잘 발달되어 있다. 비늘은 외부 환경으로부터 자신을 보호하며, 물의 온도를 감지하고, 작은 소리를 들을 수 있는 청각 기능까지 가지고 있다. 비늘은 결코 소금에 절여지지 않는다. 염분으로부터 물고기를 보호하는 기능을 하기 때문이다. 잉어의 비늘처럼 기업은 어떤 위기 대응으로 온몸을 감싸야 할 것인가? 또 어떻게 내·외부 환경 변화에 대응해야 할 것인가?

한때 세계에서 가장 큰 몽골제국을 일으킨 칭기즈칸의 비약적인 영토 확장과 거대 제국의 성공 요인은 다양한 인종, 문화, 종교를 그대로 흡수해서 받아들인 데 있었다. 제국의 정책을 수용하는 한 어떤 종교를 갖든 어떤 의식 행사를 하든 상관하지 않았다. 그런 까닭에 수많은 나라가 굴복하고 스스로 속국이 되기를 청하였다. 반면 16세기 유럽 최대 강국이었던 스페인의 국왕 펠리페 2세는 종교에 대한 집착으로 금융을 실질적으로 담당했던 유대인들을 자국에서 떠나게 만들어 국가 재정 악화의 원인을 제공했다. 더불어 당시 점령지였던 네덜란드에 대하여 종교의 자유를 탄압함으로써 네덜란드가 독립하고 말았다. 이로 인해 스페인은 몰락의 길로 들어섰다. 위기 상황에서 무엇을 관리해야 하는지를 몰랐기에 생긴 일이다.

기업에서 대표적으로 관리되어야 할 것이 있다면 첫 번째는 '갈등 관리'일 것이다. 갈등이 더 커지기 전에 리더가 원인을 빨리 파악하고, 그 영향을 받는 대상과 직원들이 함께 문제를 능동적으로 해결해야 한다. 개개인이 저마다 문제를 다르게 인식하거나 정보의 부족, 편견, 의견 불일치로 적대적 감정이 생길 때 불필요한 갈등이 일어난다. 갈등의 해결책은 상대를 먼저 이해하고, 서로가 원하는 것을 만족시켜주는 것이다. 리더는 아랫사람들에게 휘둘리지 않고 사태를 직시하며, 직원들과 함께 문제 해결에 접근하고, 문제가 발생할 때마다 곧바로 적극적으로 해결하고, 양방향 커뮤니케이션을 관리할 수 있어야 한다.

두 번째는 '변화 관리'다. 저자가 구글 본사에 방문했을 때 인상 깊었던 장면이 있다. 캠퍼스 한쪽에 육식 공룡의 제왕이라 불리는

'티라노사우루스'의 뼈 조각품이 전시되어 있었는데, 안내자의 설명에 따르면 아무리 강한 종이라고 하더라도 변화에 적응하지 못하면 이내 사라진다는 것을 이해하고 경계하자는 목적으로 세워놓았다는 것이다. 빠른 속도로 변화하는 비즈니스에서 변하지 않는 것이 있다면 그것은 세상이 끊임없이 변한다는 사실, 그 하나뿐이라는 말이 있다. 사람도, 시장도, 환경도 빠르게 변한다. 따라서 변화 관리는 리더가 갖추어야 할 중요한 능력 중 하나다. 변화가 왜 필요한가를 제대로 헤아리지 못해 변화의 필요성과 변화를 받아들이는 자세를 제대로 설명하지 못하는 리더는 진정한 리더라고 할 수 없다. 리더라면 자신이 속한 조직의 변화가 왜 필요한지 누구에게라도 설명할 수 있어야 하고, 직원들이 변화를 받아들여 발전할 수 있도록 자세하고 친절하고 강력하게 이끌어야 한다. 구성원들은 변화에 대한 두려움과 분노, 변화에 대한 불확실성, 변화의 필요성을 인식하지 못하는 자세, 모든 변화는 부정적이라는 생각, 변화를 과소평가하는 태도, 변화를 관망하는 자세 등과 같은 모든 반대 상황과 설정을 가지고 리더를 대할 것이다. 문제는 최초의 이런 태도와 방향을 제대로 된 길로 이끌어야 한다는 것이다. 변화의 긍정적인 면을 강조하고, 변화에 적응할 시간을 주어 구성원들이 변화 앞에서 쉽게 두려움을 가지거나 포기하지 않도록 해야 한다. 환경 변화에 의해 과거의 행동이 현재가 되고, 현재의 변화에 대한 행동이 나의 미래가 된다. 한 번의 두려움만 극복하면 변화에 능동적으로 대처할 수 있다.

세 번째는 '평가 관리'로 상당히 민감한 영역이다. 리더는 구성원들이 조직을 위해 항상 달려갈 수 있도록 격려해야 한다. 조직원에게 동기부여를 하는 방법으로는 복지 투자, 자긍심 고취 등 여러 가지가 있을 것이다. 그것만큼 중요한 것이 직원의 업무 능력을 지속적으로 평가해 능률과 성과를 높이는 것이다. 공정하게 평가하고, 직원의 장단점을 정확히 파악해서 더 높은 단계로 나아가도록 이끌어야 한다. 그것이 진정한 평가의 목적이다. 제대로 된 평가 시스템이 있어야 직원들 스스로 자신의 부족한 부분을 개선하려는 의욕을 갖게 되고 기업도 발전할 수 있다. 리더는 제대로 된 평가 시스템을 구축하도록 지시하고, 그렇게 만들어진 시스템을 활용해 부하직원을 격려하고 지원해야 하며 개선이 필요한 분야를 교육할 의무가 있다.

마지막으로 기업 관리 중에서 가장 리스크가 크고 중요한 것이 바로 '위기관리'다. 동서고금을 막론하고 대부분의 기업은 한 번쯤 갖가지 종류의 위기를 겪게 마련이다. 기업이 위기를 맞았을 때 어떻게 해결하느냐에 따라 존폐가 결정된다. 아이러니한 것은 이렇게 중요한데도 불구하고 기업의 브랜드 가치는 물론 기업의 존폐를 언급할 수준의 심각한 사건은 항상 생겨나고, 회사 측에서는 잘못 대응하고 있다. 고객 정보가 담긴 파일이나 데이터가 유출되고, 식품에 들어가서는 안 될 물질이 첨가되고, 마약에 취해서 자동차를 몰고 가다 사고를 내는 기업 오너 3세도 등장한다. 대기업의 갑질, 서비스 직원이나 협력 업체를 대하는 태도, 고객 대응 방식 등 위기의 순간은 언제든 발생할 수 있다. 기업의 위기 유형은 셀 수 없이 다양하다. 그런데 이런 일이 한번 생기면 기업의 브랜드 가치는 주가와 함께 급격히 하락하고, 현재의 고객은 물론 잠재적인 고객까지 이탈한다.

국내 기업에게 '위기관리'가 중요한 것은 어제 오늘의 일이 아니다. 작은 기업부터 대기업에 이르기까지 잘못된 행위와 결정과 파문으로 인해 기업 이미지에 큰 타격을 입는 일이 계속 생겨나고 있다.

　반대로 어떤 기업은 위기를 다시 경영해서 대처하고 쓴 약으로 삼아 더 크게 성장하기도 한다. 위기관리에 실패하는 기업은 무엇이 문제이며, 위기관리에 성공한 기업은 무엇을 알았던 것일까?

　전 세계 기업의 역사 속에는 위기관리에 성공한 사례가 분명히 있다. 2001년 9월 11일, 미국 맨해튼 세계무역센터가 비행기 테러로 무너졌다. 그곳에는 미국 최대 투자은행 모건 스탠리의 본사가 입주해 있었다. 3,500명의 직원이 수천억 달러에 달하는 채권과 증권 등 금융자산을 관리하고 있었기에 언론은 다음 날 바로 세계적 금융 마비로 인한 2차 피해가 생길 것이라고 염려했다. 그러나 다음 날인 9월 12일, 모건 스탠리의 전 세계 각 지점은 정상적으로 문을 열고 평소와 다름없이 업무를 처리했다. 놀랍게도 모건 스탠리는 1993년부터 이미 테러급 위기 상황에 대한 대응 플랜을 갖추고 있었던 것이다.

　2007년 8월, 바비 인형으로 유명한 장난감 기업 마텔_{Mattel}은 중국에서 생산된 제품 중 일부에서 납 성분이 검출돼 약 2,000만 개의 장난감을 리콜했다. 밥 에커트_{Bob Eckert} 회장은 "다른 말은 모두 핑계에 불과하다"는 사과의 메시지와 함께 곧바로 적극적인 리콜을 단행했다. 방송에 적극적으로 나서서 모든 잘못을 인정하고 회사가 할 수 있는 최고의 3단계 조치를 명료하게 설명하고 행동에 옮겼다. 차일피일 미루거나, 홍보 담당이나 다른 사람에게 책임을 전가

하지 않고 리더 자신이 모든 책임을 지고, 기업이 할 수 있는 모든 방법을 동원해서 고객에게 진심 어린 사과를 하고 보상 절차에 들어갔다. 진정성은 통했고, 그 결과 대규모 리콜에도 불구하고 마텔의 주가는 고작 5.2% 하락하는 데 그쳤으며, 당해 연도 4분기 순이익이 전년 동기 대비 15% 증가해서 소비자의 신뢰를 되찾는 데 성공했다.

우리는 또한 아주 많은 책들에서 언급된 타이레놀 사태도 기억하고 있다. 1982년 9월 당시 12세 소녀인 메리 켈러만이 타이레놀을 복용하고 사망했다. 이와 비슷한 시기에 타이레놀을 복용한 사람이 연쇄적으로 사망하는 사건이 벌어지면서 이것이 누군가의 악의적인 테러라는 사실이 드러났다. 타이레놀을 제조한 존슨앤존슨은 사태의 심각성에 먼저 주목하고 시장에 공급된 타이레놀 3,100만 병을 모두 회수하는 결단을 내렸다. 언론에 적극적으로 처리 과정을 소개하면서 문제 해결 과정을 투명하게 공개했고 보상책도 빠르게 제시했다.

반대로 잘못된 선택과 대응을 한 사례도 있다. 토요타 사태를 회상해보자. 토요타는 2008년 자사의 자동차 프리우스의 급제동 논란을 귀담아듣지 않았고, 이것은 2009년 토요타의 간판 브랜드인 렉서스 차량의 급발진으로 일가족 4명이 숨지는 사고로 이어졌다. 그럼에도 회사가 취한 행동은 최악이었다. 무책임한 해명뿐이었기 때문이다. 고객들의 불신은 해당 차량의 품질 문제를 벗어나 토요타가 생산하는 차량 전체로 확산되었다. 그제야 사태의 심각성을 깨달은 토요타는 수습에 나섰지만 이미 렉서스, 프리우스, 캠리를 포함해 1,000만 대 이상의 차량을 리콜해야 했고, 2009년 당시 세계 1위였던 자동차 판매량은 2011년에 4위로 추락하고 말았다.

너무나 당연하지만 상식선에서 위기 상황을 맞았을 때 리더가 해서는 안 되는 행동이 있다. 그런데 실제 그 상황이 닥치면 하지 말아야 할 행동을 해서 일을 더 키운다. 불난 집에 부채질은 물론 기름을 끼얹고는 나중에 다 타버린 기업을 보면서 "그때는 무엇에 홀린 것 같았다"는 어리석은 소리만 늘어놓는다. 지나치게 감정적인 부분에 기대어 말도 안 되는 비논리로 호소하거나, 대표가 직접 개입해서 사태를 조작하고, 무늬만 사과문인 글을 발표하는 식이다.

거짓말하고, 핑계를 대고, 노코멘트를 하고, 연락을 두절한다고 해결되는 일이 아닌데도 그렇게 대응해서 일을 키우는 리더가 끊임없이 생겨난다. 이런 리더는 용이라고 할 수 없다. 이무기로 불리기도 힘든 존재다.

진정한 리더라면 곧바로 신속하게 대응하고 자신이 책임을 질 줄 알아야 한다. 사실 그보다 중요한 것은 '예방'이다. 위기를 미연에 방지하는 데는 리더의 경영철학과 조직문화 자체가 대단히 중요하다. 과거에는 은폐하고 꼬리 자르기 식으로 몇 명이 책임지고 물러나는 정도로 끝날 수 있었지만, 지금은 기업에 위기가 발생하면 외부에 그대로 노출돼 은폐하거나 축소하기 힘든 환경이다.

참고로 잉어의 비늘은 한 덩어리의 갑옷 모양이 아니라 수천 개의 조각으로 이루어져 있다. 하나가 훼손되거나 오염되면 그 비늘만 빨리 떨구고 재생하는 시스템이라고 한다. 충격에 대응하거나 대처하는 방식이 각각의 비늘에 부여되는 것이다. 기업이 전사적 차원에서 리더부터 신입사원까지 모두 한마음으로 위기관리를 할 때 비로소 기업의 생존이 보장될 것이다.

우리나라의 위기관리는 잘못 해석된 부분이 있는데, 안전하게 대응하는 것이 최선은 아니라는 점이다. 진정한 위기관리는 위험을 감수하고 앞으로 나아가는 용기가 필요한 '위기 감수'이다. 방어적인 자세로 위기관리를 하면 지나치게 소극적이 된다. 권투선수가 최대의 수비로 안전하게 방어만 한다고 해서 공격하는 선수의 주먹을 이길 수는 없다. 최대의 방어는 공격이다. 용감하게 위험을 감수하고 돌파하고 공격하는 것도 중요하다.

데일 카네기는 《인간관계론》에서 "그 문제는 무엇인가? 그 문제에 최악의 상황은 무엇인가? 그 문제를 해결하기 위한 최선의 방법은 무엇인가? 즉시 그 최선의 방법으로 위기를 감수하고 적극적으로 실천하면 최악의 상황은 절대 되지 않는다"고 밝히고 있다.

7. 허물을 벗고 크는 뱀처럼 혁신하라

뱀의 피부는 두 겹으로 되어 있다. 안쪽은 계속 분열하여 자라는 세포로 구성되어 있기 때문에 바깥 세포층이 해어지면 허물을 벗는다. 뱀이 허물벗기를 얼마나 자주 하는지는 뱀의 나이와 그 뱀이 얼마나 활동적인지에 달려 있다. 한창 성장하는 뱀은 늙은 뱀보다 허물벗기를 자주 한다. 성장하지 못하면 단순히 허물을 벗지 못하는 것에 그치는 것이 아니라 죽고 만다. 기업도 혁신이 없다면 허물을 벗지 못하고 죽는 뱀에 불과하다. 어떻게 해야 기업이 항상 유연하게 스스로를 혁신하며 허물을 벗을 수 있을까?

많은 학자들과 전문가들은 기업이 살아남고 경쟁력을 발휘하기 위해서는 효율적 구조와 프로세스를 가진 방향으로 변신해야 한다고 강조한다. 굳이 강조하지 않더라도 기업들은 생존과 성장을 위해 끝없는 변신과 변혁의 노력을 할 수밖에 없다. 세상은 기업들로 하여금 과거보다 경쟁력과 비즈니스 역량을 더욱 요구하고 있다.

우리가 아는 글로벌 기업의 혁신은 눈부시기까지 하다. 혁신에 성공한 기업들은 다시 몸집을 부풀리고 새로운 사업에서 또 한 번의 허물벗기와 도약을 노린다. 물론 그렇다고 모든 기업이 혁신에 성공하는 것은 아니다. 언제, 어떤 방식으로, 어떻게 혁신하느냐에 따라 기업의 운명이 엇갈린다.

그렇다면 이처럼 기업의 흥망성쇠를 좌우하는 혁신이란 무엇인가? 혁신은 묵은 제도나 방법, 조직이나 풍습 따위를 고치거나 버리고 새롭게 하는 것이다. 세계적인 경영 컨설턴트 톰 피터스는 CEO를 대체할 새로운 개념으로 '최고 파괴자'라는 용어를 제시하며 미래 경영 환경에서 관리자는 파괴자의 역할을 해야 할 것이라고 말했다. 이 말은 곧 리더가 혁신의 주도자가 되어야 한다는 것이다.

그리고 그는 "시시각각 변화하고 혼란스러운 세계에서 개인이나 조직이 살아남을 수 있는 유일한 생존 전략은 지속적인 혁신이다"라고 강조했다. 경영 환경이 급격히 변화하는 현재는 과거에 안주하고 변화하지 않는 기업은 존속할 수 없다는 것이다. 혁신은 이제 기업 활동의 기본이면서 동시에 생존 전략으로 평가받고 있다.

이런 혁신의 중요성을 알았기에 일찍이 GE의 잭 웰치 전 회장은 "혁신은 멈출 수 없는 영원한 나그넷길이다"라고 말했고, 삼성의 이건희 회장도 "아내와 자식 빼고 다 바꿔라!"는 말을 남겼다. 피터 드러커도 "기업 경영의 본질은 끊임없는 혁신을 통한 고객 창조에 있으며, 이는 제품 또는 서비스에 관한 혁신과 기업 내부의 각종 기능 및 활동의 혁신으로 달성될 수 있다"고 하였다.

결론적으로 기업에서 경영 혁신을 하는 목적은 기업이 원하는 목표를 달성하기 위해서다. 기업을 흔들림 없이 꼿꼿이 서 있도록 하는 제품과 서비스, 구성원을 변화시켜서 기업의 영속성을 유지하는 것이다.

간단히 말해서 기업의 목적은 생존이다. 그리고 발전이다. 그 중간에 필요한 것이 변화와 혁신이다. 일본 〈닛케이비즈니스〉의 조사 결과 일본 100대 기업의 수명은 30년에 불과하다고 한다. 맥킨지 컨설팅의 조사로는 1950년에 미국 기업의 평균수명이 45년이었으나 지금은 15년에 불과하다고 한다. 통계를 따로 들먹일 것도 없이 현실적으로 창립 10주년을 맞은 회사는 지금도 극소수에 불과하다. 문제는 대마불사(大馬不死)라는 말이 무색하게 수십 년간 국가 경제를 주도하던 대기업이 변화의 소용돌이를 헤쳐 나가지 못하고 몰락하는 경우도 종종 있다는 것이다. 이런 몰락은 단순히 해당 기업 하나만의 문제가 아니다. 협력업체 등 관련 업체들이 줄줄이 도산하고 수많은 구성원들이 일자리를 잃기 때문이다. 그러므로 기업은 혁신을 거듭해서 어떻게든 살아남아야 한다. 먼저 아무리 우량 기업이라 할지라도 현실에 안주하면 생존하기 어렵다는 것을 명심하는 데서 출발해야 한다.

급변하는 현대사회에서 혁신은 중요하다. 혁신이야말로 빠른 속도를 특징으로 하는 현대사회에 적응하고 살아남기 위한 가장 확실한 무기다. 혁신이 부족한 기업은 결코 위대한 기업이 될 수 없고 혁신적 사고를 지니지 못한 리더는 남의 성공을 모방하려다 비참한 실패를 맛보는 일도 종종 벌어진다.

그런데 문제는 혁신 자체가 쉬운 일도 아니며, 또 항상 성공하는 것도 아니라는 사실이다. 냉정하게 말하면 혁신이 실패할 때가 더 많다. 더 나아가 혁신에 성공했더라도 성과를 계속 유지하는 데 어려움을 겪을 때도 많다.

지금은 4차 산업혁명 시대다. 우리가 이제껏 보지 않고 죽을 것이라고 생각한 시대이기도 하다. 상상조차 하지 못한 세계다. 인공지능, 로봇 기술, 사물인터넷, 빅데이터, 생명과학이 주도하는 4차 산업혁명 시대는 기존의 전통 산업에 새바람을 불러일으키고, 더 나아가 새로운 산업을 등장시켰다.

비즈니스 모델, 기술, 인프라, 프로세스, 플랫폼 등 모든 측면에서 변화를 요구하고 있고, 이런 변화에 적응하지 못한 기업은 자연스럽게 도태되고 있다. 전통 산업은 더 빠르고 편리하고 효율적인 방향으로의 변화를 강하게 요구받고 있다. 기업의 평균수명은 더 짧아지고 있으며, 이전에는 없던 새로운 산업이 자고 일어나면 속속 나타난다. 분명한 사실은 이 경쟁에서 뒤처지는 기업은 새로운 시대에 살아남지 못할 것이라는 점이다. 반대로 이 기회의 파도를 타면 아주 빠르게 경쟁자를 제치고 선두에 나설 것이며, 시장에서 살아남는다면 혁신 기업으로 자리매김할 수 있다.

찰스 다윈의 "끝까지 살아남는 자는 가장 강하거나 똑똑한 자가 아니라, 환경에 가장 잘 적응하는 자다"라는 말이 가슴에 사무치게 들어차야 할 시간이다. 공룡은 한때 가장 크고 가장 강한 동물이었지만 한순간에 멸종되었다. 지금 세계 대기업들은 그런 공룡의 비참한 말로를 밟지 않기 위해 노력하고 있다. 혁신을 통해 살길을 찾아 나섰다.

　미국 독립운동을 이끈 토머스 제퍼슨의 명언 중에는 "자유라는 나무는 때때로 애국자와 독재자의 피로 새로워져야 한다The tree of liberty must be refreshed from time to time with the blood of patriots and tyrants."는 말이 있다. 자유를 혁신으로 대체한다면 무엇이 피가 될 것인가? 혁신은 무엇을 먹고 자라는가? 바로 실패다.

　스티브 잡스 이후 혁신적 기업가의 아이콘이며, 2013년 〈타임〉 선정 '가장 영향력 있는 세계 100대 인물', 2013년 〈포춘〉 선정 '최고의 CEO'에 오른 테슬라 모터스의 CEO 일론 머스크는 도전과 실패에 인색한 우리에게 이렇게 말한다.

　"실패는 하나의 옵션입니다. 만약 무언가 실패하고 있지 않다면, 충분히 혁신하고 있지 않은 것입니다."

　지금 스타트업과 신사업에서는 '혁신'이라는 단어가 항상 빠짐없이 등장한다. 그러나 디지털 전환은 IT 기업이나 스타트업에서만 관심을 갖는 것은 아니다. 아주 오래된 제조업, 금융업, 유통업 등 많은 비관련 업계에서도 디지털 전략을 공부하고 있고, 또 변화하기 위해서 자신들의 산업에 접목하고 있다. 아마존 같은 유통회사가 전자기기를 생산하고, IT 기업의 독점물로 여겼던 클라우드 서비스를 제공하고, 드론으로 물품을 배송하는 시스템으로 혁신하고 있다. 사업 간 경계가 사라지고 새로운 경쟁 구도가 만들어진 것이다. GE, P&G, 지멘스와 같은 회사는 오픈 이노베이션을 통해 디지털 전략을 추진하며 고객에게 새로운 경험을 가져다주고 있다. 모두 혁신만이 살길임을 인지하고 있는 것이다.

　세계적으로 유명한 제조업체 GE는 디지털 기술을 통해 소프트웨어 업체로 변신했다. GE는 2020년까지 소프트웨어 기업이 될 것이라고 장담했다. 제품을 만드는 일을 넘어서서 디지털 기술을 활용해 제품 서비스의 질을 높여서 부가가치를 창출하는 새로운 사업의 길을 연 것이다.

차량 공유 서비스를 제공하는 IT 업체 우버Uber는 앱 하나로 택시와 소비자를 연결해 주고 수수료를 받는 비즈니스 모델을 운영하고 있으며, 저렴한 가격을 앞세운 카풀 형태의 서비스를 제공하고 있다. 이 단순한 사업 모델은 기존 산업의 경계를 흔들어놓았다. 우버는 이제 자율주행 자동차를 선보이며 자동차 및 운송 사업으로 확장하려고 한다.

대한민국의 이커머스 업체 '쿠팡'은 철저한 고객 데이터 분석을 통해 물류 센터의 제품을 포장하는 시간과 동선을 단축하고, 배송 트럭의 예상 분량까지 정확하게 계산, 분류하는 등 제품을 전달하는 과정을 혁신했다. 2008년 8월에 창립된 숙박 공유 플랫폼 스타트업 에어비앤비Airbnb는 원래 있던 숙박업에 IT 기술을 접목하는 것만으로도 전통 산업을 뛰어넘는 혁신 기업이 되었다. 에어비앤비는 고작 10년밖에 되지 않은 기업이지만 191개 이상의 국가, 3만 4,000개 이상의 도시에 진출해 있고, 현재까지 이용객만 6,000만 명이 넘으며 기업가치는 310억 달러 이상으로 평가되고 있다. 유명 호텔 체인 메리어트는 뒤늦게 공유 숙박의 세계를 인정하고 뛰어들었다. 이처럼 인공지능, 클라우드, 빅데이터, 사물인터넷, 5G 기술 등의 디지털 혁신이 가속화되면서 기존 산업의 경계가 무너지고 비즈니스 모델은 급격하게 변화하고 있다.

기업이 혁신에 성공하기 위해서는 첫 번째, '누구를 위한 혁신인가' 하는 대상과 목표를 명확히 해야 한다. 혁신의 궁극적인 목표는 항상 고객에게 제공하는 가치를 기반으로 세워져야 한다. 아마존 CEO 제프 베조스의 지론에 따르면 아마존이 혁신하는 기준은 소비자 중심으로 생각하는 것이라고 한다. 혁신의 목표, 경영진의 능력, 기업문화는 고객의 가치를 향해 모두 정렬되어야 한다는 것이다.

고객들에게 혁신이 아닌 것은 말 그대로 정말 혁신이 아니다. 따라서 혁신 목표와 달성 전략, 전술에 대한 깊은 고민이 없는 상태에서는 혁신에 실패할 가능성이 크다.

두 번째는 리더와 관리자를 포함하는 '경영진의 능력'이다. 제품의 수명 주기를 말하는 PLC_{Product Life Cycle} 이론에 따르면, 하나의 제품은 시장에서 도입기-성장기-성숙기-쇠퇴기의 생명 곡선을 그린다. 도입기에는 급진적인 혁신을 통해 시장에서 기회를 발굴할 수 있는 직관적 사고 능력 등이 경영진에게 강력하게 요구된다. 그러나 성장기와 성숙기에는 체계적이고 점진적인 혁신을 위한 분석적 사고 능력이 필요하다. 현재 기업이 어떤 발전 단계에 있으며, 어떤 식으로 이끌 것인지를 분명히 알고 차별화된 능력을 가진 경영진이 혁신을 시도해야 한다. 이것은 흡사 거마상득지 영가이마상치지(居馬上得之 寧可以馬上治之), 즉 '말 위에서 천하를 얻을 수는 있으나, 다스릴 수는 없다'는 것과 같은 이치다.

다음커뮤니케이션은 초기 인터넷 포털 분야에서 성공한 기업이다. 그러나 이후 성장하는 시기에 네이버에게 국내 포털 시장의 선두 자리를 내주고 말았다. 다시 시간이 지나서 이를 만회하는 새로운 혁신으로 택한 것이 카카오와의 인수합병이었다. 어떤 발전 단계에 어떤 방법론으로 혁신하고 들어갈지를 알고, 그것을 잘할 수 있는 리더가 있게 마련이다.

세 번째는 분위기 조성이다. 혁신이 일어날 수 있는 조직문화를 만들어야 한다. 하던 짓도 멍석 깔아놓으면 안 하는 세상에 춤을 추려면 누가 먼저라고 할 것 없이 엉덩이를 의자에서 떼고 벌떡벌떡 일어나야 한다. 과연 누가 먼저 일어날 것인가? 제조와 품질의 시대가 추구하던, 관리를 통한 효율과 안정이라는 패러다임에 젖어 있는 사람들은 결코 먼저 엉덩이를 떼고 혁신의 무대 위로 올라가려고 하지 않을 것이다. 결국 맨 먼저 리더가 앞장서서 미친 듯 춤을 추어야 하고, 높은 창의성과 혁신 역량을 지닌 구성원들이 뒤따라 흥이 나서 흔들어야 혁신의 무대가 빛을 발한다.

세상에는 리더십만큼이나 혁신의 중요성을 설파하는 책과 강의가 넘쳐나고 있다. 하지만 실제 혁신에 성공하는 기업은 손에 꼽을 정도로 적고, 이런 기업은 두고두고 사람들의 입에 오르내린다. 그렇지만 더 두려운 사실은 이것도 잠시일 뿐이라는 점이다. 다시 또 낡은 허물을 벗지 못하면 그 대단한 기업도 문을 닫고 만다. 시대의 변화에 적응하고 선도하는 기업이 되기 위해서는 뱀이 허물을 벗는 것처럼 지속적인 혁신의 리더십으로 생존을 위한 변화를 꾀해야 한다.

8. 조개처럼 번창하는 기업이 되려면 숫자를 기억하라

인류사에서는 수없이 많은 물품들이 돈으로 사용됐다. 금, 은, 구리, 주석 같은 금속이 많이 쓰였고, 이외에도 고대 메소포타미아에서는 보리, 사하라 지역에서는 암염이 화폐 역할을 했다. 이런 화폐 가운데 가장 오랫동안, 그리고 가장 광범위한 지역에서 쓰인 것이 바로 조개 화폐다. 조개 화폐는 중국, 인도, 아프리카, 아메리카 등 거의 모든 대륙에서 찾아볼 수 있다. '조개 패(貝)'가 부수인 한자들은 대부분 돈, 재물과 관련된 뜻을 갖고 있다. 아울러 조개는 실제로도 번식력이 엄청난 생물이다. 기업이 재력의 상징인 조개처럼 안전자산 관리, 철저한 회계와 계수, 자본 증식으로 지속적인 성장을 하려면 먼저 돈을 알고 숫자에 밝아야 할 것이다.

기업에게 숫자는 매우 중요하다. 아무리 강조해도 지나치지 않다. 근소한 차이로 이익과 손실의 경계를 오가는 비즈니스에서는 모든 결과를 예측해야 남이 쉽게 착안하지 못하는 가치를 발견할 수 있기 때문이다. 그래서 기업과 숫자는 떼려야 뗄 수 없는 관계다. 기업의 성장 과정이나 미래 발전 가능성 등도 모두 숫자로 표현될 수 있다. 해마다 정부, 기업, 언론, 연구기관에서 발표하는 각종 수치는 경제나 사회의 움직임을 파악하는 데 매우 편리한 기준이 된다. 이러한 숫자에 담긴 의미를 알아차리는 것은 곧 현대사회를 읽을 수 있는 눈을 가지는 것과 같다.

신문, 인터넷, TV 등을 통해 전달되는 정보에는 수많은 숫자들이 담겨 있다. 고등학생 평균 키 증가, 고령 인구 비율 증가, 평균수명 연장, 경제성장률 예측, 월드컵 유치의 경제 효과, 소비자 물가지수 변동 등 각 분야에서 나타나는 다양한 사회현상이 숫자로 표현되고, 이런 숫자들로 이루어진 빅데이터는 또 다른 의미를 가지며, 인공지능(AI)의 판단 자료가 된다.

만약 무심코 지나치지 않고 그 속에서 또 다른 의미를 발견할 줄 안다면 그 사람은 숫자에 관한 한 리더라고 할 수 있을 것이다. 바로 '숫자 감각'을 가졌기 때문이다. 제품 판매나 서비스 관련 사업에서 성공하고 싶다면 숫자를 제대로 활용해 사람들의 이목을 집중시키고 자신의 주장에 타당성을 부여해 제품의 가치를 논리적이고 구체적으로 만들 줄 알아야 한다. 사람들은 막연한 느낌과 감상에 빠지기도 하지만 결국 숫자가 주는 명확한 의미에 집중하고 선택하기 때문이다. 그래서 직장인들은 보고서와 대화에서도, 주식을 하거나 보험을 들 때도, 새로운 제품을 구매하고 할부와 일시불을 결정할 때도 숫자를 계산하고 생각한다.

숫자가 얼마나 편리하고 대단한 도구인지는 언어를 생각해 보면 바로 답이 나온다. 현재 전 세계에는 밝혀진 것만 4,000여 개의 언어가 존재하고, 그중 수십 종이 활자화되어 있다. 영어, 프랑스어, 독일어, 일본어, 중국어, 한글 등이 그것이다. 하지만 수를 적는 방법으로 과거에는 쐐기문자가 있었다고 하지만 현재는 아라비아숫자 하나만이 활용되고 있다. 그야말로 유일한 세계 공통어가 숫자인 셈이다. 사실 숫자는 문자보다 먼저 발명됐다. 그리고 수천 년 혹은 수만 년 동안 인류가 발명에 발명을 거듭해 오늘의 모습이 되었다.

'수포자(수학을 포기한 사람)'란 말이 생길 정도로 수학과 숫자에 대한 거부 반응을 가진 사람들도 많다. 실제로 세상에는 숫자에 나타나지 않는, 숫자로 표현할 수 없는 것들이 많다. '숫자에 연연하지 마라', '숫자에 밝은 사람은 양반이 못 된다'는 말도 있다. 생텍쥐페리의《어린 왕자》에도 세상을 숫자로 재단하려는 어른들에 대한 불만을 나타내는 문장이 있다. 어른들은 숫자를 좋아한다면서 숫자만을 묻고 그 사람을 파악한다는 것이다. "나이가 몇이지? 형제는 몇 이야? 체중은 얼마지? 아버지 수입은 얼마고, 집은 몇 평이야?"하는 식이다. 맞는 말이다. 숫자는 숫자일 뿐이다. 그러나 현실은 우리가 매일 숫자와 씨름하면서 살아가고 있다. 우리는 단 하루, 단 한 시간도 숫자와 떨어져서 살 수 없다. 개인으로서는 출퇴근하는 버스와 지하철 요금부터 공과금의 연체이율, 아파트 평수와 대출이자율, 연봉 협상의 타결 기준이 되는 고과평가표 등이 있다. 국가로서는 경제성장률, 국민소득, 국민연금과 의료보험 수가 조정, 종합부동산세율의 증감, 상속, 증여세의 조정 등 매 순간 숫자에 둘러싸여 살아가고 있으며 어떤 숫자가 진짜 맞는 숫자인지 판단하고 선택하는 결정을 한다.

기업의 세계, 경영의 세계로 들어가면 숫자는 그야말로 중요하다는 표현을 넘어서 엄중하게 취급된다. 기업의 모든 것이 숫자로 이루어져 있다. 주식 정보 창을 열면 해당 기업의 모든 정보가 숫자로 드러난다. 경영에서 숫자가 중요한 이유는 간단하다. 숫자는 모든 것을 간단명료하게 보여주기 때문이다. 그리고 숫자는 정확한 판단과 의사 결정을 위한 근거가 된다. 또한 숫자가 있어야 목표를 명확하게 세울 수 있다. 뿐만 아니라 숫자는 리더에게 뼈아픈 교훈을 주기도 하고, 뿌듯한 성적표를 보여주기도 한다. 그래서 리더라면 숫자를 반드시 좋아해야 한다.

눈을 감고 운전하는 사람은 없을 것이다. 설사 있다고 해도 잠깐 졸음운전을 한 정도일 것이다. 아주 천천히, 보행 속도보다 느리게 차를 운전한다면 눈을 감는 순간이 조금 더 길어도 사고가 나지 않을지 모른다. 그러나 빨리 달리는 차를 운전하면서 눈을 감으면 바로 사고가 일어난다. 여기서 눈을 감는다는 의미는 CEO가 숫자를 소홀히 하거나 외면하면서 직관과 감으로 회사를 경영하는 것과 같다. 눈을 감고 기업이라는 자동차를 운전하면서 구성원과 주주를 모두 죽음의 레이싱으로 몰아넣는 것이다. 사실의 토대 위에서 철저한 회계 관리를 하고 재무 전략을 짤 줄 알아야 경영 전략을 새롭게 조정할 수 있다.

> 측정 가능해야 관리할 수 있다.
> 측정되지 않는 것은 관리되지 않는다.
> 관리되지 않는 것은 개선할 수 없다.
> -피터 드러커

이렇게 측정 불가능한 시장에 뛰어들었다가 실패한 사람들은 산수(算數)부터 배워야 한다. 자신은 잘할 수 있다고 말하지만, 원가 개념도 모르는 사람들이 태반이다. 자금, 마케팅, 홍보, 기술 등에 못지않게 그것을 전부 합친 것만큼 중요한 것이 재무 관리다. 정확히 현금 흐름이 어떻게 되는지도 모르고, 매출이나 수익률을 제대로 계산하지도 못하는 사람이 창업을 하면 얼마 못 가서 문을 닫는 길밖에 없다. 쉽게 말해서 내가 지금 돈을 버는 건지, 망해가는 건지도 모르기 때문이다. 그래서 이걸 계속 팔면 답이 나올지, 아니면 가격을 올려야 할지를 임의로 결정한다.

기업을 운영하는 리더라면 최소한 돈의 흐름, 매출, 이익, 투자 금액 등을 산출해내는 능력이 있어야 한다. 그리고 회사의 재정 상태를 최소한 1~2년은 내다볼 수 있어야 한다. 리더는 돈이 보내는 신호를 본능적으로 민감하게 인지해야 한다. 비용을 아낄 곳은 종이

한 장도 아끼고, 반드시 획득해야 하는 분야의 것이라면 대출과 담보를 내서라도 회사의 사활을 걸고 투자할 수 있어야 한다. 이것은 배짱의 문제가 아니라 숫자의 문제다.

사실 숫자는 추상적이다. 하지만 숫자가 의미하는 것은 엄연한 현실이고 실제 상황이다. 실제로 숫자를 가지고 살아가는 곳이 기업이다. 숫자 뒤에 숨은 의미를 제대로 파악하기만 해도 해결할 수 있는 경영상의 문제들이 많다. 해당 기계 설비에 얼마가 들어가서 얼마가 나오는가 하는 인풋과 아웃풋이 숫자다. 사람이 얼마나 필요하고, 언제까지 고용할지 계산하는 인건비도 숫자다. 매출액, 영업이익, 종업원 수, 납품 날짜, 잔업 날짜 등등 모든 것이 숫자다. 모든 경영활동은 숫자로 이루어지고, 결과도 숫자로 나타난다. 따라서 회사에서 위로 올라갈수록, 중요한 직책에 있는 사람일수록 숫자와 친해져야 한다.

리더는 숫자에서 문제를 찾을 줄도 알아야 한다. 일은 열심히 하는데 숫자가 변하지 않으면 불필요하거나 잘못된 방향으로 일하고 있는 것은 아닌지 점검할 줄 알아야 하는 것이다. 숫자가 나빠지고 있으면 어딘가에 반드시 문제가 있다는 것을 알고 원인을 찾아야 한다. 한마디로 기업이란 몸에 생긴 병을 진단하고 찾아서 수술할 수 있는 외과의가 되어야 한다. 기업은 질병조차 숫자로 말한다.

리더는 숫자를 경영과 의사 결정에 어떻게 활용할지도 알아야 한다. 숫자를 보고 논리적으로 생각할 수 있는 안목을 키울 수 있어야 한다. 숫자들이 나타내는 사실들을 결합하고 무슨 일이 일어나는지 분석할 수 있다면 문제 개선은 생각보다 쉽다. 그래서 숫자 없는 회의는 대부분 탁상공론일 뿐이다. 목표에 숫자가 없으면 목표가 아니다. 머릿속으로 목표를 잡아도 숫자가 없으면 달성하기 위해 움직이려고 하지 않기 때문이다. 목표를 숫자로 계량화하고 과정을 체크할 때 오늘, 지금 무엇을 해야 할지를 알게 된다.

리더는 모호한 형용사 대신 숫자를 사용하는 습관을 들이는 것이 바람직하다. 기업의 공용 언어는 숫자이기 때문이다. 매출 성장은 어떤지 물어보는 질문에 "많이 올랐습니다"라는 대답은 기업의 언어가 아니다. 리더는 "9% 성장했습니다. 전년 대비 1.5% 올랐지만 신제품 출시에 따른 마케팅 비용을 감안하면 0.2% 수준으로 파악됩니다"라고 말할 줄 알아야 한다. 그런 답이 나오려면 평상시 대화에서도 정확한 숫자 언어가 오갈 수 있어야 한다. 강연장까지 얼마나 걸릴지 묻는 질문에 "현재 이동하는 거리는 약 4km인데 평상시라면 10분, 주차까지 포함한다면 15분 정도면 되지만, 금요일 저녁 시간대의 교통 지체를 감안하면 약 35분 정도 예상해야 한다"고 말할 수 있어야 한다. 단순히 숫자만 나열하는 것이 아니라, 숫자가 가진 의미, 해당 숫자가 나오게 된 배경과 판단 기준까지 알려주는 것이다.

이처럼 리더가 비즈니스 언어인 숫자를 장악하려면 평소에 숫자와 친숙해지는 습관을 들일 필요가 있다. 매일 숫자와 숫자의 연관성을 파악하고, 언제나 숫자로 생각하며, 부분으로도 전체를 추측하는 연습을 해보는 것도 좋다.

대부분의 리더는 단골식당의 월평균 매출과 연매출, 순이익을 거의 98% 이상 맞힌다. 평일, 주말, 비 오는 날, 휴가철, 시즌에 따라 손님의 숫자를 파악하고, 테이블 회전 시간을 알고, 음식의 납품 단가를 추정해서 하루에 팔리는 음식과 금액, 인건비와 재료비, 가공

비 등의 지출 비용까지 산출해낸다. 이런 식의 계산과 추측을 해보는 것이 숫자와 친해지는 방법이다. 그러면 숫자 이면의 진실을 읽어낼 수 있다. 식당이 프랜차이즈로 갈 것인지, 2호점을 내고 승계를 할 것인지, 고객이 떠나고 있는지, 얼마 뒤에 문을 닫을 것인지 등을 파악할 수 있는 것이다. 그러므로 숫자는 리더의 제2외국어가 되어야 한다. 그것도 모국어 못지않게 아주 유창하게 구사할 수 있는 수준으로 말이다.

9. 매처럼 집중하고, 악어처럼 버텨라

매는 높은 곳에서 잘 보고 목표를 정확히 설정해서 쏜살같이 날아간다. 이것이 가능한 이유는 매의 시력이 사람보다 4~8배 멀리 볼 수 있기 때문이다. 더구나 사람보다 훨씬 높고 넓은 영역을 볼 수 있다. 일반적으로 포유류 중에서 눈이 얼굴 옆에 달린 초식동물은 넓게 보고, 눈이 얼굴 정면에 달린 육식동물은 목표물을 집중해서 정확히 본다. 매의 눈은 이 둘의 장점을 모두 가졌다. 그리고 그 장점을 이용해서 사냥감을 선택한다.

악어의 장점은 수면 밑에서 먹잇감이 나타날 때까지 기다리는 것이다. 그리고 한번 물면 놓지 않는다. 이것이 가능한 이유는 현존하는 생물 중 가장 강한 치악력을 가졌기 때문이다. 악어가 이토록 강한 치악력을 낼 수 있는 것은 힘과 충격을 잘 흡수할 수 있는 머리뼈의 모양과 복잡한 근육 구조 덕분이다. 악어는 이 힘으로 사냥감을 물고 결코 놓지 않는다. 그리고 물속으로 끌고 들어가서 먹어치운다. 리더와 기업은 무엇을 선택하고, 무엇에 집중하여 사냥하고 끝끝내 성장할 것인가?

베트남전쟁 당시 지프차에 타고 가던 4명의 군인이 몰려오는 수백 명의 적군을 피하기 위해 차를 직접 들어서 반대 방향으로 돌려 탈출했다는 이야기가 있다. 이후에 그 지프차를 4명이 아니라 10명이 들어도 들리지 않았다고 한다. 전쟁이란 상황, 죽음이 코앞에 온 순간에 발휘되는 힘은 상상을 초월한다. 아이가 타고 있는 유모차를 향해 달려오는 소형차를 막은 엄마의 이야기나 지하철 사이에 낀 승객을 구하기 위해서 사람들이 지하철을 옆으로 미는 것은 그야말로 강력한 집중력이 만들어낸 위대한 인간의 잠재력이다.

기업이 성공하기 위한 단 하나의 생존 법칙도 선택과 집중이라고 할 수 있다. 전쟁터를 방불케 할 정도로 기업 간 경쟁이 심화되면서, 경영 전략의 일환으로 무수히 많은 경영 기법들이 시도되었다. 다각화, 차별화, 원가 우위, 기술 우위, 다운사이징, 아웃소싱, 전사적 품질 경영, 리엔지니어링, 식스시그마, JIT, TQM, 린LEAN 시스템, 지식경영 등 형태도 다르고 이름도 다르지만 모두가 살아남고 성공하기 위해 기업이 선택하고 집중한 단어들이다. 지금도 여전히 모든 기업들이 정도의 차이는 있겠지만 인재 채용부터 제품 생산, 마케팅에 이르기까지 수많은 선택과 집중의 순간에 놓인다. 그때 무엇을 선택하고, 어떻게 집중하는가에 따라 살아남아서 성장해나갈 수 있는지가 결정된다.

선택과 집중으로 사업을 성장시키는 기업의 사례는 무수히 많다. 가장 가깝게는 창립 50주년을 맞은 삼성전자를 들 수 있다. 재계 1위 삼성그룹의 심장과 같은 삼성전자는 1969년 1월 13일 설립된 삼성전자공업 주식회사에서 출발했다. 삼성전자의 선택과 집중은 한마디로 '반도체'로 정리된다. 1974년 이병철 회장 시절에 한국 반도체(삼성반도체의 전신)를 인수하면서 삼성전자는 가지 않은 길을 선택하고 과감히 발을 들여놓았다. 그리고 1983년 일본 도쿄에서 반도체 산업 진출을 공식 선언하면서 삼성전자는 집중의 길을 걷게 되었다. 이병철 회장은 "반도체는 나의 마지막 사업이자 삼성의 대들보가 될 사업"이라고 말하면서 집중을 다시금 강조했다. 그리고 노년의 리더의 집중은 무서운 결과를 만들어냈다. 1992년 0.35미크론의 초미세 가공 기술을 적용해 세계 최초로 64메가 D램 개발, 1993년 D램 시장 점유율 1위를 차지한 이래 지금까지 27년 연속 전 세계 D램 시장 점유율 40%를 넘으며 1위 자리를 지키고 있다. 낸드 플래시 역시 2002년부터 17년 연속 1위이며, SSD도 2006년부터 13년 연속 1위를 유지하고 있다. 세계 D램 반도체 시장은 수급의 절반을 차지하는 삼성에 의해 좌우되고 있다. 삼성전자의 반도체는 이제 기업을 넘어 국내 경제를 논할 때 빼놓을 수 없을 정도로 자리 잡았고, 국내 수출 비중에서 약 25% 담당하는 대표 수출 품목이 되었다. 50년 전 불과 한 해 매출액 3,700만 원에 불과했던 것이 지금은 분기당 매출이 수십 조를 넘길 정도다. 그리고 2010년에 삼성은 갤럭시 스마트폰을 탄생시키고 선택과 집중을 통해 오늘날의 스마트폰 시장을 완성했다.

삼성과 항상 비교 대상으로 거론되는 세계 제일의 IT 기업 애플의 스티브 잡스도 애플로 복귀하자마자 한 일이 바로 '무엇을 할 것인가' 하는 청사진을 제시하거나 고민한 것이 아니라 '무엇을 하지 않을 것'인지 결단을 내리는 것이었다고 한다. 알리바바의 회장 마원도 항상 '무엇을 버릴 것인가'를 강조했다. 구글이 검색엔진으로 위력을 발휘하는 것도 선택과 집중의 결과라는 것은 잘 알려져 있다. 그동안 수많은 검색엔진이 등장했고 구글은 오히려 후발주자였음에도 불구하고 잡다한 기능에 집착하지 않고 오로지 검색엔진에만 충실했다. 각종 심층적인 자료와 논문, 데이터 검색에 관한 한 어떤 사이트도 구글을 따라가기 어렵다.

우리에게 무선청소기, 공기청정기, 헤어드라이어로 널리 알려진, 영국의 애플이라고 불리는 혁신 기업 다이슨은 세 가지 성공 방정식을 가지고 있다고 한다. R&D, 젊은 정신, 100% 지분 보유가 그것이다. 그중에서도 단연 돋보이는 것은 R&D 투자다. 창업주가 경영에서 물러나 직접 제품 개발에 나설 정도로 다이슨의 가장 중요한 성공 전략이다. 다이슨은 매년 순이익의 30%가량을 R&D에 투자한다. 어림잡아도 주(週)당 102억 원을 연구개발에 쏟아붓고 있는 것이다. 전 직원의 3분의 1인 3,000여 명이 엔지니어이고, 전 세계에 출원된 특허 수는 8,000여 개, 현재 다이슨 R&D 부서에서 연구하고 있는 신기술 프로젝트만 200개가 넘는다고 한다. 2017년 다이슨은 전 세계 시장에서 전년보다 40% 늘어난 5조 2,000억 원의 매출을 올렸다. 영업이익은 1조 2,000억 원으로 같은 기간 대비 27% 증가했다. 특히 아시아 지역의 성장률이 73%에 달했다. 다이슨은 R&D 연구개발을 성공의 발판이라 판단했고, 집중적인 투자를 통해 새로운 상품을 개발했다.

인생에는 무수히 많은 선택의 순간이 있다. 현재 자신의 모습은 과거 자신이 행했던 무수한 선택의 결과다. 그러나 대부분의 사람들은 자신의 인생을 살아가면서 명확한 목표를 정하거나, 그 목표를 달성하기 위해 집중하지 않는다. 잘해야 그냥 열심히 사는 정도다. 그러나 단순히 열심히 산다고 해서 자신의 목표를 이룰 수는 없다. 무작정 뛴다고 서울에 도착하지 않는 것처럼 말이다.

현재 무엇을 선택하고 무엇에 집중하느냐에 따라 인생의 항로가 바뀐다는 것을 알아야 한다. 단순히 선택만 하고 집중하지 않으면 인생은 바뀌지 않는다. 제대로 된 선택과 그야말로 무서울 정도의 몰입이 있어야만 인생이 180도 달라질 수 있다.

기업도 마찬가지다. 선택과 집중은 스타트업, 강소기업, 중견기업, 대기업을 망라하는 비즈니스의 핵심 키워드다. 그리고 이런 선택과 집중이 필요한 이유는 바로 차별화를 위해서다. 기업이 선택과 집중이라는 재료를 넣어서 얻고 싶은 획득물이 바로 차별화다. 차별화는 생존할 수 있는 가장 강력한 무기다. 요즘은 동네 구멍가게나 변두리의 작은 술집도 차별화하지 못하면 생존하기 힘든 세상이다. 따라서 기업이든 개인이든 조금 잘하는 수준으로는 결코 성공할 수 없다. 시장이나 고객을 감동시킬 수 있는 특별한 경쟁 무기가 바로 차별화다. 그런 차별화는 기업이 가진 본질과 진정성이라는 바탕 위에 세워져야 빛을 발한다.

지금 리더가 속한 기업에는 어떤 선택이 필요한가? 리더라면 반드시 그 선택은 올바른가, 또한 시의적절한가를 따져볼 줄 알아야 한다. 그리고 선택된 결정에 무섭도록 집중하고 마지막까지 물고 늘어져서 완성시켜야 한다. 그렇게 해서 만들어진 제품은 세상에 없거나 모방하기 힘들기 때문에 제 가치를 인정받으며 오래도록 사랑받는다.

페이팔의 창업자 피터 틸Peter Thiel의《제로 투 원Zero to One : 경쟁하지 말고 독점하라》에서도 치열한 경쟁의 레드오션으로 따라가지 말고, 글로벌 시장에서 없는 분야를 창조하고 독점하라고 강조한다. 우리는 매가 눈으로 먹잇감을 발견하고 쏜살같이 하강하는 것처럼, 악어가 물속에서 먹잇감을 잡기 위해 숨죽이고 통나무처럼 기다리는 것처럼 행동할 줄 알아야 한다. 그리고 마침내 기회가 오면 최선의 역량을 발휘해 이 세상에 없는 새로운 기술과 제품, 서비스를 창조해야 할 것이다.

5장 용이 된 리더,
용이 된 기업

세상은 용이 되려는 사람과 기업에게 반드시 시련과 고통의 시간과 우여곡절을 안긴다. 한 시대를 관통하는 역사적인 인물이나 기업이 되려면 수없이 많은 환경 변화에 대응하고 치열한 경쟁과 시험 속에서 포기하지 않아야 하며, 집념과 노력과 열정을 더한 강력한 리더십으로 도전하고 투쟁하고 승리해야 한다. 따라서 역사와 사람들의 입에 오르내리는 것은 온전한 쟁취의 산물이다. 그들은 지속적인 생존과 승리를 위해 목표를 달성하고 역사적인 인물이 되기 위해 용솟음치며 살아왔다. 용이라는 목표를 모두 달성하기 전까지는 어떤 것도 거들떠보지 않았다. 이제 용이 된 위인과 기업들이 역사 속에 뿌려놓은 발자취를 따라가면서 지금 이 시대에 필요한 진정한 용의 정신과 리더십이 어떤 것인지 알아보자.

1. 중국 최초의 리더십, 진시황

우리나라 역사에 큰 영향을 미친 인물이 누구인가 하고 물어보면 세종대왕, 이순신, 광개토대왕과 역대 대통령 등 여러 인물들을 꼽을 수 있다. 하지만 중국에서는 최초로 중국을 통일한 진시황과 중국의 문화혁명을 이끈 마오쩌둥이 1, 2위를 다툰다. 마오쩌둥이 오늘날의 사회주의 중국을 만들었다면, 진시황은 중국 자체를 만들었다고 할 수 있다.

그런데 엄연히 말하면 지금 중국의 틀을 만든 것은 한나라의 유방이다. 또한 진시황은 중국 역사에서 그 누구보다 호불호가 강하다. 그래서 중국 역사상 가장 많은 논쟁에 휩싸인 인물이기도 하다. 그의 리더십만큼이나 포악한 성격과 행동은 유교가 추구하는 것과 다른 결을 보이기 때문이다. 그래서 200여 년 전까지는 '인간 진시황'에 대한 부정적인 이미지가 팽배했다.

그럼에도 불구하고 그가 이처럼 큰 영향을 미치는 이유는 '최초'라는 의미 때문일 것이다. 뿔뿔이 흩어져 있던 중국을 그가 하나의 거대한 제국으로 통일하지 않았다면, 지금의 유럽 혹은 동남아시아처럼 분리된 채 발전해왔을지 모른다. 진시황 뒤에 유방이라는 인물이 존재하지만, 이 또한 진시황이 존재했기에 유방의 통일도 가능한 일이었다.

진시황은 실존 인물이다. 하지만 신화적인 인물이기도 하다. 진시황은 역사적 기록이 거의 없다. 그의 기록은 100년 이상 지난 뒤에 사마천의 《사기(史記)》와 유향의 《전국책(戰國策)》에서 찾아볼 수 있는 정도다. 더불어 중국 곳곳에서 발견되는 유적에서도 추측 및 가정을 하는 것이 대부분이다. 신화는 늘 흐릿하고 평범한 인물도 영웅으로 만든다. 그러나 그는 아무리 과장되었다고 해도 신화에 가까울 정도의 엄청난 업적을 이뤘음을 부정할 수는 없다.

장양왕이 죽은 후 13세에 왕위를 계승한 진시황은 여불위를 제거하고 권력을 장악한 후 본격적으로 통일 전쟁을 계획하고 실행했다. '전국 7웅'이라 불린 연(燕), 제(齊), 진(秦), 초(楚), 조(趙), 위(魏), 한(韓) 중 여섯 나라를 하나씩 정복했다. 그는 전국을 통일함으로써 수백 년에 걸친 전란의 시대에 종지부를 찍었다. 그리고 덕은 삼황(三皇)을 겸하고 공은 오제(五帝)를 능가한다고 하여 황제라 일컫고, 시호를 없애고 스스로 시황제(始皇帝)라고 칭했다.

왕권이 그 어느 시대보다 강했기에 오랫동안 통일 제국이 유지될 수 있었으나 불과 15년 만에 진나라는 멸망했다. 그렇다면 진시황의 어떤 리더십이 중국을 최초로 통일했고, 어떤 리더십의 부재로 단 15년 만에 제국이 막을 내린 것일까?

진시황의 전투 리더십

앞서 이야기했듯이 진시황은 호불호가 강한 인물인데, 불(不)이 대부분 인간 시황제라면, 호(好)는 리더 시황제에서 보인다. 특히 한, 조, 위, 초, 연, 제 순으로 나라를 정복하며 최초의 통일을 이룬 과정은 그의 강함을 증명한다. 그의 나라인 진은 위치상 외부에서 침범하기 어려웠다는 장점이 있으나 무엇보다 돋보이는 것은 전투를 이끄는 진시황의 리더십이다.

먼저 그는 공과 사를 구분하며 현재 상황을 객관적으로 판단하는 냉철함을 지녔다. 그리고 빠른 결단력으로 인해 냉철함이 더욱 빛을 발했다. 전쟁터에서 냉철함을 잃는다는 것은 목숨을 내놓는 것과 별반 다를 게 없다. 그러나 눈앞에 살육과 간계의 현장이 벌어지는 상황에서 미약한 이성을 부여잡기란 쉽지 않다.

그가 냉철함을 유지할 수 있었던 데는 여불위의 영향이 컸다. 훗날 여불위가 자신에게 가장 큰 걸림돌이 되리라는 것도 알았으나 함부로 덤비지 않았다. 스스로 판단하기에 아직 꽤 긴 시간이 남았다고 생각한 그는 10년 넘게 힘을 기르면서 때를 기다렸다. 마침내 때가 되어 여불위의 주위를 압박한 후 제거했다. 혈기 왕성한 젊은 시절에 여불위의 목에 칼을 들이댔다면 목이 베이는 것은 진시황이었을 확률이 높다.

그는 아무리 자신의 무력이 강하다고 해도 무턱대고 호랑이의 발톱을 내밀지 않았다. 돼지의 코로 상황을 파악했다. 각 나라의 정보를 모으고 온갖 정치 공작과 여론 작업으로 나라를 무력화했다. 그러고는 전력을 기울여 단번에 적의 수도를 함락하는 방법으로 하나씩 무너뜨렸다. 이러한 점에서 진시황은 무장(武將)보다 지장(智將)에 가까운지도 모른다.

또한 그는 괴팍하고 꽉 막힌 것처럼 보이지만 실상은 꽤 유연했다. 여러 신하의 이야기를 고루 들을 줄 아는 귀를 가졌고, 옳고 그른 소리를 판단할 줄 아는 정견(正見)을 가졌다. 이러한 경청과 소통의 역량이 더욱 빛을 발한 부분이 인재 등용이었다.

사마천의《사기》에는 진시황 자신이 직접 뽑은 외부의 유능한 인재를 추방하는 축객령을 내리려고 하자, 그의 신하인 이사(李斯)가 상소문에 '태산불사토양(泰山不辭土壤), 고능성기대(故能成其大)'라고 했다. '태산은 한 줌의 흙이라도 사양하지 않는다. 그래서 큰 산이 될 수 있다'라는 뜻으로 외부 인재를 차별하지 말고 똑같이 기회를 주어야 한다는 것을 강조하자 진시황은 그의 말을 따랐다. 인재를 등용할 때도 출신 성분을 배제하고 실적과 실용성을 따졌다. 그리고 전공(戰功)을 세운 병사들에게 최대한의 혜택을 보장했다. 인재 등용을 위한 노력이 있었기에 이신, 몽염, 창평군 등 주군을 위해서는 목숨을 버릴 수 있는 충신과 장군들이 나올 수 있었다. 이러한 전투 리더십으로 인해 진시황은 중국을 통일했지만 중요한 것은 유지였다. 제국이 오랫동안 이어져야 그의 위상이 더욱 높아지고, 그의 비전이 후대까지 이어지는 것이다. 그러기 위해 진시황은 사회, 경제, 문화적 통일을 위한 시스템을 만들었다.

진시황의 시스템

뛰어난 리더는 자신이 그 자리에 머물지 않더라도 조직이 돌아갈 수 있는 시스템을 만든다. 진시황 또한 마찬가지였다. 놀라운 것은 진시황은 역사서조차 제대로 남아 있지 않은 먼 과거의 인물인데도 당시로서는 대부분 '최초'라는 타이틀이 붙는 최첨단급 개혁을 단행했다는 점이다.

그는 시스템을 구축하기 위해 맨 먼저 솔선수범하는 모습을 보였다. 그는 마치 일중독자처럼 일했다. 그는 제국을 움직이는 시스템이 더욱 효율적으로 작동하는 데 조금이라도 도움이 되는 자료를 끊임없이 찾았고, 백성들이 무엇을 필요로 하는지를 고민했다. 죽간으로 지어진 공문서를 매일 120근씩 처리하지 않고는 먹지도 쉬지도 않았다고 한다.

그가 고민해서 내놓은 것들 중 가장 혁신적인 것은 각 도시를 다스리는 봉건 영주에게 막강한 권력을 부여한 봉건제를 폐지하고 강력한 법치제도를 바탕으로 군현제를 실시한 것이다. 이를 통해 지방 유력자들의 힘을 억누르고 중앙의 통제를 강화하며 행정구역을 정비했다. 이를 통해 중국 역사상 왕권이 가장 강한 시기가 되었다.

그리고 여러 통일 정책을 시행했다. 먼저 동문(同文)이라는 이름으로 문자를 통일하여 한자를 정형화했다. 진시황이 문자의 힘을 알았기에 가능한 일이었다. 당시 7웅은 나라마다 글자가 달랐다. 진시황은 진나라의 소전(小篆)이란 글자를 천하의 문자로 정하고 나머지는 폐지했다. 폐지된 문자는 육국문자(六國文字)라고 부르며, 이는 차후 분서(焚書)로 소멸되었다. 문자가 통일되었는데도 사료가 남아 있지 않은 것은 진시황 사후에 항우가 함양으로 들어왔을 때 문서를 모두 없애버렸기 때문이다.

그리고 동궤(同軌)라고 하여 바퀴 폭을 통일했고, 치도(馳道)라고 하여 도로를 만들었다. 또한 한 홉이라는 표준 용기를 제작하여 도량형(度量衡)을 통일했다. 이러한 혁신은 수송의 편리함을 높여 물자 이동에 긍정적인 영향을 가져왔고, 자연스럽게 경제를 활성화했다.

이처럼 다양한 혁신을 바탕으로 완벽한 시스템이 갖춰졌는데도 제국이 15년 만에 막을 내린 이유는 무엇일까?

제국이 멸망한 이유

그 어느 역사를 찾아봐도 '통일'이라는 이름을 사용한 나라가 15년 만에 무너지는 경우는 없다. 반대로 말하면 리더십이 얼마나 엉망이었기에 15년이라는 짧은 시간에 거대한 나라가 무너질 수 있는지 진시황을 보면 알 수 있다. 리더는 이를 반면교사(反面敎師)로 삼아야 할 것이다.

가장 큰 문제는 진시황의 자만심이었다. 시황제라는 이름을 사용한 순간부터 자만심은 어렴풋이 예상되었다. 그런데 이는 진시황뿐만 아니라 정상에 오르거나 큰 성취를 이룬 인물과 조직이 가장 많이 범하는 실수다. 높은 자리에 있을수록 스스로를 경계하거나 신하를 비롯한 조직원의 충언에 귀를 열어야 한다. 하지만 진시황은 스스로 경계의 높이를 낮췄고, 그로 인해 자만심이 틈을 파고든 것이다.

게다가 지나친 토목공사도 문제였다. 진시황 하면 떠오르는 만리장성, 진시황릉, 아방궁, 병마용갱 등을 만드는 데 수많은 인력과 자금이 투여되었다. 진시황의 역사적 업적을 위해 백성은 생업을 포기하게 되었고 자연스럽게 원성이 높아졌다. 아방궁과 여산릉(진시황릉) 공사만 해도 100만 명 이상 동원되었다고 하며, 부족한 재정을 메우기 위해 세금에서 부과하니 백성들의 불만이 생기지 않을 수 없었다. 경세제민(經世濟民)이라는 말처럼 민생을 돌보며 장기적인 업적을 이루어야 하는데 왕의 재위 기간에 업적만을 생각하고 무리하게 일을 추진해서 백성을 힘들게 하고 고통스럽게 하면 민심은 떠나게 마련이다.

그리고 진시황의 나이 40세가 넘어가면서 몸에 이상이 발견되었고, 진시황을 상징하는 불로장생(不老長生) 약을 구하고자 했다. 그러나 사이비 유생과 방사들에게 속은 것을 안 진시황은 그의 나이 48세에 유생과 방사 460명을 생매장하는 갱유(坑儒)를 단행했다. 이 일이 있기 1년 전, 전국의 지식인들을 공포로 몰아넣었던 사건이 하나 더 있었는데, 바로 책을 불태우는 분서이다. 이로써 분서갱유(焚書坑儒)가 완성되었다.

아마도 진시황은 무수히 많은 위기 상황에서 생존을 위해 항상 긴장해 있었을 것이다. 그런데 어느 순간 자기 통제력을 놓아버리면서 몸 안에 숨어 있던 긴장감과 불안감이 밖으로 새어 나와 리더십의 추락에 날개를 단 것이 아닐까.

진시황의 리더십을 다시 바라봐야 하는 이유

진시황의 리더십은 다양한 시선으로 볼 수 있다. 단순히 폭군의 이미지로 바라본다면 호랑이의 발을 의미하는 힘과 사슴의 뿔을 의미하는 권위가 전부일 것이다. 그러나 앞을 바라보고 시스템을 만드는 예측 능력뿐만 아니라 지혜를 발휘하여 전쟁에서 승리하는 모습은 매의 눈, 돼지의 코, 뱀의 몸통 등 다양한 측면에서 바라볼 수 있다.

　　최근 들어 중국뿐만 아니라 전 세계적으로 진시황의 리더십이 주목받는 이유는 현재 중국의 시진핑 주석 때문임을 부정할 수 없다. 현재 시진핑 주석이 걸어가는 길을 보며 많은 사람들이 시황제를 떠올리고 있으며, 언론에서도 그의 이름 뒤에 시황제를 덧붙이는 일이 잦아지고 있다.

　　즉, 중국 내에서 시진핑 주석의 인기가 높은 만큼 시황제의 리더십도 시간이 흐르면서 기존의 폭군 이미지와는 다른 면으로 바라보게 된다는 것을 알 수 있다. 그렇다면 단순히 흐름에 따라 좋은 면만 바라볼 것인가? 정답은 없다. 다만 조금 더 면밀히 바라봐야 할 부분이 있다.

　　왜냐하면 진시황 이후 수천 년간 중국과 동양의 군주들이 시황제를 리더십의 모델로 삼았기 때문이다. 누군가는 그의 숨겨진 내면을 봤을 것이고, 누군가는 그를 반면교사의 경계 대상으로 삼았을 것이다. 다만 그가 '최초'로 중국을 통일하고, 중국 내에서 큰 영향을 미친다는 사실만으로도 그의 리더십은 충분히 연구할 가치가 있다.

2. 흙수저의 빛나는 리더십, 한고조 유방

《초한지(楚漢志)》의 주인공 항우와 유방은 동시대를 주름잡은 난세의 영웅이자 불세출의 영웅이었다. 그러나 우리가 잘 알고 있는 인물은 유방으로, 이것은 승자의 특권이다. 역사는 승자에 의해 기록되기 때문이다. 그런데 유방과 항우에 대해 조금 깊게 들어가면 약간의 의문이 생긴다.

유방은 기원전 247년 강소성 패현의 평범한 농민의 아들로 태어났다. 젊은 시절에는 당연히 업으로 여겨야 할 농사에 뜻을 잃고 각시를 유랑했다. 지금 시대로 말하면 그저 뚜렷한 목적 없이 방랑하는 동네 건달에 가까웠다. 그러다 고향에 돌아와 유력 가문인 여공의 딸과 결혼했다. 그녀가 바로 유방이 죽은 뒤 실권을 잡고 여씨 일족을 고위 고관에 등용한 여후다. 그런데 고향의 말단 관직에 머물렀던 유방이 역사의 최정점이 된 데는 특이한 이유가 있었다. 유방은 죄수들을 인솔하여 여산릉 축조에 동원되었는데, 도망가는 사람이 속출하여 화를 면하기 어렵게 되었다. 유방은 이를 면하고자 스스로 유격대장이 되어 반군에 가담했다. 이렇게만 보면 유방은 단지 별 볼일 없는 그저 그런 사내로 보인다.

유방과 달리 항우는 춘추시대 진시황의 군대에 맞서 초나라를 지키다 전사한 장수 항연의 손자다. 어려서 부모를 여읜 항우는 숙부인 항량으로부터 조부의 용맹함을 듣고 꿈을 키워나갔다. 항우는 어릴 때부터 큰 꿈을 이루겠다는 비장함과 위대함이 있었다. 무예 또한 출중하여 또래 사이에서 항우를 이길 자가 없었다. 이후 항우는 전장에서 승전고를 계속 울렸고, 결국 진나라가 멸망하자 스스로 서초패왕(西楚霸王)이라 칭했다.

이렇게만 봤을 때 유방이 항우를 꺾을 만한 요소를 쉽사리 찾기 힘들다. 그러나 역사에서 드러나다시피 항우는 참패했다. 항우는 4주 만에 포위망을 극적으로 탈출하여 강 하나를 사이에 두고 고향 마을 앞에 서서 스스로 생을 마감했다. 기원전 202년, 그의 나이 31세였다. 이후 유방은 제위에 올라 한(漢)왕조를 세웠다.

역발산의 기개를 갖춘 영웅 항우가 별 볼일 없는 유방에게 패배한 것은 역사상으로도 많은 이야깃거리를 낳았다. 여러 가지 이유가 있겠지만 그중 가장 큰 영향을 미친 것은 리더십의 차이였다. 그 리더십의 핵심은 사람이다.

유방이 승리한 이유

유방은 큰 전쟁이 끝난 후 낙양성에서 부하들을 모아 연회를 베풀었다. 그 자리에서 부하들에게 자신이 승리한 이유를 물었고, 유방은 그들의 대답을 각각 듣고는 이렇게 화답했다.

"그대들은 하나는 알고 둘은 모른다. 군막 안에서 계책을 세워 천 리 밖 전쟁에서 이기는 것은 내가 장량만 못하다. 나라를 안정시켜 백성을 위안하고 전방에 식량을 공급하는 일은 내가 소하만 못하다. 백만 대군을 통솔해 싸웠다 하면 반드시 승리하는 일은 내가 한신만 못하다. 이 세 사람은 모두 천하의 인재이고, 나는 이들을 쓸 수 있었다. 항우는 범증이라는 뛰어난 책사가 있었지만, 이 한 사람도 제대로 쓰지 못해 나에게 진 것이다."

그가 말한 것처럼 유방의 곁에는 그가 극찬할 정도로 걸출한 인물들이 있었다. 유방이 겸손했다기보다는 정말로 그들의 능력이 뛰어났기에 진심으로 우러나온 말이었다. 그런데 항우 또한 이미 스스로 패왕이라 부를 만큼 많은 이를 거느리고 있었다. 그중에는 유방이 극찬한 범증도 있었고, 유방의 승리에 일등 공신인 한신도 원래 항우의 휘하에 있었다. 그 어떤 리더도 혼자서는 세상을 움켜쥘 수 없는 것이 자연의 이치고 역사의 증거다.

그러나 유방의 말처럼 항우는 사람을 제대로 챙기지 못했다. 그 이유는 약관의 나이에 군사를 일으켜 천하의 주인이 된 그의 능력 때문이었다. 스스로에게 취해버렸고, 자신감은 자만심이 되었다. 그는 자신의 힘만을 믿고 주위의 말에 귀를 기울이지 않아 많은 인재를 잃었다. 항우에게는 평생에 한으로 남을 만한 일 또한 이의 연장선에서 벌어졌다.

항우는 천하에 적수가 없다고 판단하여 함양을 향해 천천히 진군했다. 그러나 함양성에는 이미 유방이 있었고, 항우는 크게 노했다. 책사인 범증은 이를 핑계 삼아 큰일을 위해서라도 싹을 잘라버려야 한다고 말했으나, 항우는 자신을 향해 "초왕이시여, 제가 함양에 먼저 들어온 것은 관중의 주인이 되려는 욕심 때문이 아닙니다. 제가 먼저 들어와 정리한 후에 초왕께서 당도할 때까지 잠시 맡은 것뿐입니다"라고 말하며 납작 엎드리는 유방을 소인배라 판단하는 오판을 해버렸다. 이후 범증은 연회에서 유방을 죽일 계획을 세웠지만, 이 또한 항우의 잘못된 판단으로 기회를 놓치고 말았다. 이것이 유명한 홍문지회(鴻門之會)다.

어쩌면 항우의 선택은 리더로서 가지는 자연스러운 불안감 때문일 수 있다. 리더는 뒤를 돌아보지 않고 앞만 보며 달려가야 할 때가 있다. 뒤는 철저하게 자기 조직원을 믿고 맡겨야 한다. 그런데 앞에서 달려드는 적의 칼은 쳐낼 수 있지만, 뒤에서 내리찍는 칼은 죽어서 눈을 감아야 알 수 있다. 안타깝게도 뒤는 대부분 적이 아닌 자기편의 손으로 이뤄진다. 앞만 보고 달려가던 항우는 뒤를 계속 불안해했다. 환초, 영초, 종이매, 계포 등의 명장과 제갈량급의 범증을 비롯한 항백, 진평 등 자신을 따르는 우수한 부하들을 믿지 못했다.

그가 믿은 것은 자신과 같은 핏줄인 항씨였다. 앞서 이야기한 것처럼 그 결과는 처참했다. 만약에 이때 항우가 귀를 열었다면 역사는 어떻게 바뀌었을까? 아마도 천하 통일의 주인은 항우였을 확률이 대단히 높았을 것이다.

유방 역시 의심이 많은 인물이었다. 농민 출신으로 학자나 관료들에 대해 가지는 자연스러운 거부감 또한 어쩔 수 없었다. 훗날 천하 통일 이후 왕실을 반석에 올려놓기 위해 자신의 부하들을 숙청한 이유도 이와 연관이 있다. 그에게 거북한 충언을 건네는 이들에게 격노하기도 했다.

그러나 항우와는 달리 유연한 부분이 많았다. 역사에서 유방을 전략적인 인물로 여기는 이유도 이와 같다. 유방은 스스로 항우보다 뛰어나지 않음을 알고 있었다. 자신의 힘을 과시하지 않았다. 순간의 감정보다 현실을 직시하는 능력을 갖췄다. 항우가 함양성에 왔을 때도 마찬가지였다. 유방이 비록 군사는 적었지만, 일부의 의견에 따라 전투를 벌일 수 있었다. 그는 측근들의 말에 귀를 열었다. 납작 엎드림으로써 소인배로 폄하될지라도 기회를 한 번 더 얻을 수 있었다. 그 기회가 천하를 손에 쥐게 한 것이었다. 그때 유방이 귀를 열지 않았다면 어떻게 되었을까? 앞서 말했듯이 항우가 천하를 손에 쥐었을 것이다. 그렇다면 유방은 사람을 얻기 위해 어떻게 했던 것일까?

유방의 인재 리더십

첫 번째는 자신을 파악함으로써 주위를 둘러볼 수 있는 눈과 귀를 얻게 된 것이다. 뛰어난 리더의 주위에는 뛰어난 이들이 모이게 마련이다. 이 또한 자연의 이치다. 그 또한 항우에 비해 부족할 뿐 사람 볼 줄 아는 눈과 그들을 잡을 수 있는 힘이 있었다. 하지만 그럴 때일수록 리더는 자신을 최대한 객관적으로 파악해야 한다. 아무것도 가지지 못한 자가 유능한 부하들만 믿고 적진 중앙으로 홀로 들어간다면 불에 뛰어드는 나방과 무엇이 다를까?

유방은 자신의 부족한 점을 채워줄 인재를 찾기 위해 골몰했다. 벌꿀이 꽃을 찾아 모여들듯이 그의 인간적인 매력에 이끌려 모여든 뛰어난 인물들로 인해 유방은 천하라는 결과물을 얻을 수 있었다. 그리고 그들의 이야기에 귀를 기울였고, 받아들일 수 있는 부분은 능히 반영했다. 천하의 논객이라 불린 육가는 황제가 된 유방에게 《시경(詩經)》을 공부하라고 하였다. 유방은 한가로운 짓을 하느냐며 역정을 냈지만, 육가는 "폐하가 말 위에서 천하를 얻었지만 말 위에서 천하를 다스릴 수 없습니다"라고 답했다. 멀리서 봤을 때는 충언으로 보이나, 가까이서 보면 황제의 능력을 폄하하는 것으로 보일 수 있다. 그러나 유방은 이를 수용하는 장점을 가지고 있었다.

두 번째는 이렇게 우수한 인물들을 적재적소에 배치하여 잘 활용할 줄 알았다는 것이다. 《한비자(韓非子)》에서는 "하급의 군주는 자기의 능력을 다하고, 중급의 군주는 다른 사람의 힘을 다하게 하고, 상급의 군주는 다른 사람의 지혜를 다하게 한다"고 하였다. 유방은 자신에게 모인 인물을 적재적소에 배치하는 능력을 발휘했다. 그런데 특이한 점은 봉기하던 초기부터 있던 일부를 제외하고 그에게 모인 인물들은 대부분 항우 밑에 있던 인재였다는 것이다. 항우는 이들의 능력을 제대로 살리지 못했고, 유방의 진영에서 꽃을 피울 수 있었다.

　유방의 인재론을 이야기할 때 항상 빠지지 않고 치켜세우는 인물이 항우와 무예 실력이 비등하다는 한신과 현란한 책략으로 전투를 담당한 장량이다. 한신이 호랑이의 주먹과 같이 유방의 앞발 역할을 했고, 장량이 낙타의 머리와 같이 두뇌 역할을 했다고 알려진다. 특히 소설을 위주로 접한 사람이라면 전투 장면에서 수없이 등장하는 둘의 비상한 능력을 능히 알 수 있다.

　그런데 그들만큼 뛰어난 자가 소하다. 장량과 한신은 유방이 어느 정도 세력을 갖춘 이후에 등용된 인물인 데 반해 소하는 개국공신이다. 게다가 유방이 한중 땅으로 들어갈 때 실망하고 떠나려는 한신을 잡은 인물이다. 특히 소하의 능력이 빛난 것은 항우의 마지막 전투 때였다. 항우는 자신의 능력과 위기에 몰렸을 때의 생존력을 발휘하여 단기간에 전투에서 승리하는 경우가 많았다. 그래서 유방은 어떻게든 전쟁을 장기전으로 끌고 가서 보급전의 중요성을 두드러지게 했다. 이는 행정 전반을 관할하며 군수물자를 공급하고 병력을 재충전할 수 있다고 의심치 않았던 소하의 능력을 눈여겨본 유방의 리더십이 빛나는 부분이기도 하다.

　이러한 점은 유방의 유연함이 더욱 가치를 발휘하는 요소가 되었다. 함양을 먼저 점령할 때도 항우는 이전 방식대로 전투를 치르면서 각 성의 항복을 받으며 진격했지만, 유방은 성마다 최대한 비전투 방식으로 항복을 받으며 진격했다.

　이러한 부분은 민심에서도 자연스레 드러났다. 유방은 함양에 먼저 들어와 모든 재물에 일절 손을 대지 않았으며, 군기를 엄정하게 하여 민폐가 없게 했다. 또한 진제국의 가혹한 법령을 폐지하고 약식 법령으로 백성을 통치했다. 자연스레 백성이 환호하고 따를 수밖에 없었다. 그러나 항우는 유방에게 함양을 넘겨받은 후 황궁을 불태워버리는 등 이전의 진나라와 다를 바 없었다. 백성에게는 '리더만' 바뀌었을 뿐이다.

사마천은《사기》에서 '항우는 힘의 천하 경영을 했다. 이로 인해 그는 죽는 순간까지 천하제일의 무용을 과시했지만, 이는 필부의 용맹에 지나지 않았다'고 평했고, 유방은 장수를 손과 발처럼 부려 천하를 거머쥐는 지혜를 뜻한 '장장지지(將將之智)'로 표현했다. 기존의 관행과 가치보다 훨씬 유연하게 장수를 부리는 유방의 능력을 치켜세우는 말이었다.

유방이 용이 된 이유

실리콘밸리의 리더십 전문가 리즈 와이즈먼Liz Wiseman은《멀티플라이어Multipliers, Revised and Updated》에서 항우와 같은 리더십을 가진 사람을 디미니셔diminisher, 유방과 같은 사람을 멀티플라이어multiplier라고 명명한다. 그리고 조직을 승리로 이끌기 위해 유방과 같은 멀티플라이어가 되어야 한다고 말했다. 멀티플라이어는 사람을 더 훌륭하고 똑똑하게 만드는 리더, 즉 그들을 빛나게 해주는 사람이다. 그들의 잠재된 능력을 끌어냄으로써 역량을 발휘하게 해주는 것이다. 반대로 디미니셔는 드러난 능력조차 안으로 감추게 하는 리더로, 독단적인 결론으로 이어지는 경우가 많으며, 이는 조직을 무너뜨리기도 한다.

중국인이 가장 좋아하는 마오쩌둥이 가장 애독했다는《용재수필(容齋隨筆)》을 쓴 송나라의 재상 홍매(紅梅)는 "사람을 제대로 아는 것이 군주의 도(道)이며, 일을 제대로 아는 것이 신하의 도(道)이다"라고 했다. 사실 리더라면 몰라서는 안 되는 진리에 가까운 내용이다. 그 어떤 리더도 디미니셔가 되길 원하지 않으며, 군주의 도를 어기지 않길 바란다. 그런데 이를 끝까지 유지하기란 쉽지 않다.

사람이 미래인 지금 시대에 인재의 가치를 최대치로 높이는 것이 리더의 몫이며, 뛰어난 리더로 가는 중요한 관문이다. 이 관문을 지나지 못하면 리더로서 역량이 부족한 것이다. 항우와 같이 자만심에 빠지지 않으려면 항상 스스로를 객관적으로 파악할 수 있어야 한다. 그래야만 자신의 장점은 드러내고 부족한 점은 채울 수 있다.

혹여 장점이 뛰어나다 할지라도 유방처럼 겸손해야 한다. 겸손은 적을 최소한으로 만들며 자신을 믿고 지탱할 수 있는 인물들을 모이게 한다. 자신의 치적에 집착하지 말고, 원대한 그림을 그리기 위해 헌신하는 자세가 필요하다. 유방이 겸손하고 경청하지 못했다면 자신을 황제로 만들어준 한신, 장량, 소하가 그의 등에 칼을 꽂았을 것이며, 항우가 유방과 같았다면 역사는 많은 부분이 바뀌었을 것이다.

유방의 리더십을 보며 부하의 의견에 귀를 기울이는 소의 경청과 천하의 인재를 불러 모으는 겸손, 적재적소에 사람을 쓸 수 있는 뱀의 지혜의 중요성을 실감할 수 있다. 이는 지금의 리더에게 핵심적인 자질이며, 포용성과 유연성이 더욱 중요시되는 국제 관계에서 더욱 빛날 가치다. 비록 시대와 상황은 달라도 사람의 마음을 움직이는 용의 리더십은 변함이 없기 때문이다.

엄밀히 따졌을 때 유방이 항우보다 월등히 뛰어났다고 하기 어렵다. 앞서 말했듯이 역사는 승자에 의해 쓰여지기 때문이다. 기록이 객관적이지 않은 먼 옛날일수록 더욱 그렇다. 만약 항우가 전쟁에서 승리했다면 항우의 호랑이와 같은 저돌적인 리더십이 더욱 주목받았을 것이며, 유방의 리더십은 용과 거리가 먼 것일 수 있다. 하지만 역사에서 가정이란 있을 수 없다. 우리는 역사를 있는 그대로 바라보며, 그들에게 배울 만한 것을 습득하면 된다.

3. 융합의 길을 만든 자의 리더십, 칭기즈칸

1995년 12월 31일, 역사에 남을 하나의 기록이 탄생했다. 미국의 〈워싱턴포스트〉가 과거 천 년 동안 인류사에 가장 큰 영향을 미친 인물로 칭기즈칸을 선정한 것이다. 이른바 '밀레니엄 맨'이었다. 그런데 사람들이 놀란 이유는 이를 선정한 국가가 서양이며, 선정된 인물이 동양인, 그중에서도 서구 문명 세계를 짓밟은 변방의 '야만인'으로 인식되던 칭기즈칸이라는 점이었다.

역사에 조금이라도 관심 있는 사람들이라면 분명 칭기즈칸이란 이름을 모를 리 없다. 광개토대왕, 장수왕 등 영토를 넓히는 이야기가 나올 때면 빠지지 않고 등장하는 인물이다. 그러나 세계사는 서양에 의해 만들어졌고, 자연스럽게 그의 역량을 평가절하한 것도 사실이다. 그럼에도 이렇게 선정된 이유는 시대가 변했다는 증거이자, 그의 리더십이 뛰어났다는 의미다. 그런데 칭기즈칸이란 용은 여러 환경으로 인해 용으로 승천하지 못하고 이무기로 남을 확률이 높았다.

칭기즈칸이 태어난 12세기 몽골의 초원은 압도적인 힘을 가진 자가 없었기에 수십 개 부족과 씨족들이 끊임없이 전투와 사냥, 약탈을 하며 생존을 이어갔다. 칭기즈칸의 어릴 적 이름인 테무친도 그의 아버지 예수게이가 죽인 타타르족 적장의 이름을 따서 지은 것이다. 아이러니하게도 얼마 후 그의 아버지가 타타르족에게 독살당하면서 널리 알려진 그의 시련이 시작되었다.

그는 주위로부터 끊임없이 생명의 위협을 받았다. 타 부족에 사로잡혀 노예 신세로 평생을 지낼 뻔했지만 가까스로 탈출에 성공했다. 그 이후에도 스스로 힘을 키울 때까지 도망자 신세를 면치 못했다. 그러나 그는 어떤 장애물 앞에서도 좌절하지 않았다. 만약 그 자리에서 좌절했다면 단순히 부족장의 아들 테무친에 멈췄을 것이며, 통치자를 뜻하는 '칸'의 칭호도 물려받지 못했을 것이다. 아마도 동서양의 역사는 크게 바뀌었을 것이다.

이후 칭기즈칸은 자신만의 세력을 불려가며 전투에서 연전연승을 거듭했다. 그 결과 인류 역사상 가장 넓은 땅을 지배한 인물이 되었다. 그리고 서양이 동양의 한 인물 때문에 좌절이라는 경험을 맛보게 되었다. 맹수가 자신의 영역을 넓히듯 사람도 자신의 영토를 넓히기 위해 노력했다. 널리 알려진 알렉산더 대왕, 나폴레옹, 히틀러도 마찬가지다. 그러나 3명이 정복한 땅의 면적을 모두 합해도 칭기즈칸이 정복한 면적만 못하다. 동으로는 태평양 연안, 서로는 동유럽, 남으로는 걸프만, 북으로는 시베리아에 이른다. 얼마만큼의 넓이인지 가늠하기조차 힘들다. 그의 손자인 쿠빌라이가 중국에 세운 원나라까지 합치면 면적은 2배 이상 늘어난다. 놀라운 사실은 몽골 부족 전체의 수장이 된 1206년부터 사망한 1227년까지 단 21년

만의 일이라는 것이다. 더 놀라운 점은 고작 10~15만 정도의 병사로 몇백만, 몇천만을 꾸준히 상대하며 승리를 이어갔다는 것이다. 안타깝게도 전 세계를 호령할 것 같던 그와 후손의 기세는 한 세기에 그쳤다. 그럼에도 불구하고 그는 전 세계 역사에 길이 남을 인물이 되었고, 지도자의 리더십을 이야기할 때 빠지지 않는다. 과연 어떤 리더십이 그를 빛나게 한 것일까?

칭기즈칸의 속도 리더십

〈워싱턴포스트〉가 칭기즈칸을 밀레니엄 맨으로 선정한 이유는 세 가지인데, 그중 특히 두드러지는 부분은 현재의 네트워크와 같은 시스템을 오래전부터 꾸렸다는 점이다. 그것도 속도 면에서 뛰어난 네트워크다.

칭기즈칸이 살았던 시대의 몽골은 철저한 유목민족이었다. 항상 이동해야 했고, 먼저 이동해서 거주하는 사람이 그곳에서 우위를 점할 수 있었다. 전쟁 또한 마찬가지였다. 드넓은 평야에서 속도만큼 강력한 무기는 없었다. 칭기즈칸을 떠올릴 때 기마병의 선두에서 진두지휘하는 모습이 제일 먼저 그려지는 이유다.

그가 21년 동안 거대한 땅을 손에 쥘 수 있었던 것은 철저한 네트워크 시스템을 유지할 수 있었기 때문이다. 여기에는 칭기즈칸의 강력한 카리스마를 바탕으로 한 지시와 지휘력이 뒷받침되었다. 그의 군대는 유목민의 특성상 모두 기병이었으며, 장기간의 이동을 위해 병사 한 명당 말을 두세 필씩 가지고 다녔다. 타고 있는 말이 지치면 곧장 다른 말로 옮겨 타면서 속도를 유지했다. 몽골인에게는 "말(馬)을 타고 말(言)을 배운다"는 말이 있을 정도이며, 이것은 두세 필의 말을 충분히 조련할 수 있는 전문성을 가졌다는 의미다. 또한 양이나 쇠고기를 말려 분말로 만들어 소의 오줌보에 넣고 다니면서 물에 타서 마실 수 있도록 하여 보급도 상당 부분 줄일 수 있었다.

이러한 부분이 직렬식으로 뻗어 나가는 속도였다면 사방팔방 병렬식으로 뻗어 나가는 것으로 역참제를 들 수 있다. 역참제는 하루에 말로 달려갈 수 있는 거리마다 숙박 시설과 말을 제공하는 것이었다. 요즘으로 따지면 운전자와 자동차가 휴식을 취할 수 있는 휴게소와 같은 것이다.

무려 900년 전이라면 이러한 네트워크를 생각조차 하기 힘들었던 시대였다. 그러나 칭기즈칸은 뛰어난 통찰력으로 실시간 직렬과 병렬 네트워크가 가능한 시스템을 만들었다. 의사 결정이 최대한 빠르게 진행된 구조였음은 말할 필요도 없다. 당시 세계를 손안에 쥐었다고 생각한 서양으로서는 충격적인 일일 수밖에 없었던 것이다. 단순히 양만 키우는 유목민, 그냥 눈앞에 보이는 것만 해치우는 오랑캐의 이미지로 남아 있는 동양인이 결코 가질 수 없는 능력이라고 여겼는지도 모른다.

15만 명의 군인이 한 걸음씩 걸어오는 것도 엄청난 위용이 느껴지는데, 체감 시속 200km 장갑차 15만 대가 자신을 향해 달려온다고 했을 때 그 위엄은 상상을 불허할 것이다. 이로 인해 칭기즈칸은 몽골 초원에서 실크로드를 관통해 빠르게 중앙아시아 전역을 접수할 수 있었다.

이성과 감정의 경계를 넘나드는 칭기즈칸

이러한 네트워크 시스템이 두드러질 수 있었던 것은 결국 칭기즈칸의 강력한 리더십이 발휘되었기 때문이다. 그를 용으로 만든 리더십은 여러 가지가 있었으나 공통으로 두드러지는 것은 이성과 감정의 경계를 잘 넘나들었다는 점이다.

그는 아버지를 여의고 혹독한 삶을 살아가면서 이를 악물고 버틸 수밖에 없었으며 그 과정에서 스스로를 단련했다. 그런 그에게 큰 사건이 하나 발생했다. 잡아온 들쥐와 물고기를 이복동생이 가로채거나 혼자 먹는 것을 참지 못해 이복동생을 살해하고 만 것이다. 칭기즈칸의 감정은 단련되어 있지 않았고, 그저 밖으로 드러내는 것밖에 할 줄 몰랐다. 그러나 그의 어머니는 그에게 초원에서 살아남으려면 순간을 이성적으로 판단해야 한다는 점과 반드시 다른 사람과 협력하며 이겨내야 한다는 점을 계속 강조했다.

그가 감정을 잘 드러낸 예는 가족 관계에서 볼 수 있었다. 칭기즈칸의 아내 부르테가 적장에서 납치되어 능욕을 당하고 아이를 임신했다. 그러나 칭기즈칸은 극도의 정신적 고통과 혼란을 이겨내고 그녀의 아이를 진심으로 받아들였다. 진정한 칸의 위치에 올라섰을 때도 아내를 망설임 없이 황후로 내세웠고, 아들도 핏줄로 인정했다. 이성적인 판단하에 내려진 결정으로 보이지만, 아내, 그리고 그 아들과 감정적 공유가 없었다면 절대 있을 수 없는 일이다.

많은 자식 간에도 불화가 생기지 않게 감정을 공유하며 교육했다. 하나의 화살은 누구나 부러뜨릴 수 있지만, 10개의 화살은 부러뜨리기 어렵다는 것을 직접 보여주며 화합과 협력을 강조했다. 어쩌면 이는 극단적인 감정에 눈이 멀어 이복동생을 살해한 자신의 행동을 반성하는 것이자, 후세가 반면교사로 삼았으면 하는 바람이었을지도 모른다.

이러한 감정과는 반대로 공(公)을 취하할 때는 철저하게 이성적인 성과주의를 내세웠다. 그는 인재를 등용함에 있어서 노예, 포로 등 신분을 가리지 않았다. 잡혀온 자가 끝까지 자신의 군주를 섬기고 목숨을 버리겠다고 하면, 이성과 감정을 조절할 줄 아는 것을 무기 삼아 어떻게든 자신의 사람으로 만들었다.

칭기즈칸은 전군을 100호, 200호 등으로 조직했다. 그리고 리더 격인 장을 두어 조직을 이끌게 했는데, 각 호는 철저하게 규칙에 근거하여 운영했다. 능력에 따라 각 호의 장으로 승진했으며, 능력이 없으면 장의 자리에서 파면했다. 그리고 전장에서 높은 성과를 올리거나 충성심이 높은 사람을 위주로 임명했다. 또한 전리품들을 모든 병사에게 공평하게 나눠 주었다. 이 과정에서 앞서 이야기한 것처럼 민족과 같은 출신상의 차별이 없었다. 전방에서 적장 한 명의 목을 베건, 후방에서 적장 두 명을 베건 공평했다. 이러한 제도는 이민족 병사들에게 더욱 긍정적인 효과를 불러왔다.

이처럼 성과에 철저한 체계 뒤에는 강력한 기강이 존재했고, 이를 바탕으로 드넓은 영토를 아우르는 조직을 운영할 수 있었다. 그러나 성과만으로는 언제나 한계점이 존재한다. 이때 중요한 것이 비전을 공유하는 것이며, 이는 칭기즈칸이 내세울 수 있는 가장 빛나는 리더십이었다.

칭기즈칸의 비전

인류의 문명은 농업의 발달로 크게 바뀌었다. 사유재산의 개념이 생기기 시작했고, 안전하고 편한 삶을 추구했다. 반대로 말하면 농업 이전의 유목 생활이 어려웠다는 뜻이기도 하다. 유목 생활은 힘들 수밖에 없다. 지금도 이사하는 일은 힘들고 버거운데, 아무것도 없는 땅에 주거 건물을 짓고 살아가기란 여간 어려운 일이 아니었을 것이다. 그래서 칭기즈칸은 유목 생활의 비전을 제시했고, 사람들의 꿈을 하나로 모았다. 그러한 꿈이 모여 믿음이 되었고, 믿음이 드넓은 제국의 기반이 되었다.

칭기즈칸의 첫 번째 꿈은 단순했지만 불가능해 보이기도 했다. 그는 17세에 아버지를 잃고 부족이 모두 흩어졌다. 그래서 흩어진 부족을 되찾고, 아버지의 원수를 갚고자 했다. 무언가를 이루기 위해서는 결코 죽을 수 없는 사람처럼 수많은 역경을 이겨내고 그것을 이루어냈다.

여기까지는 개인의 비전에 가까웠다. 그러나 칸의 자리에 오른 후 개인의 꿈은 공동의 목표가 되어 함께 그려갈 수 있는 비전으로 바뀌었다. 이는 부족들을 통일하여 초원에 평화를 가져오는 것이었다. 그 꿈을 이루기 위해 이민족과 종교를 구분하지 않고 모두 다 수용했다.

앞서 이야기한 것처럼 12세기 몽골은 야생과 다를 바 없었다. 먹고 먹히는 날들의 연속이었다. 칭기즈칸은 죽을 때까지 글을 읽을 줄도, 쓸 줄도 모르고 살았으나 $R_{Realization} = VD_{Vivid\ Dream}$ 공식처럼 이미지를 현실화하기 위해 노력했다.

이 과정에서 두드러진 것은 통일이라는 허상을 현실로 만들기 위해 끊임없이 행동하고 탐구했다는 점이다. 계단을 하나씩 올라가 듯이 한 가지 공동 목표가 달성되면 그다음의 새로운 공동 목표를 만들어 쉬지 않고 달려갔다. 나라를 만들고, 주변 국가로부터 위협을 없애고, 천하를 통일하고, 중국을 넘어 세계를 향해 나아가는 것으로 비전이 점점 더 높아졌다. 가장 중요한 것은 계속 실현했다는 점이다.

그는 드넓은 초원의 들판을 산책하며 태양과 별을 향해 자신과 민족 그리고 후예에 대해 고민했다. 리더가 해야 하는 행동이었고, 뛰어난 리더의 숙명이었는지도 모른다. 뛰어난 네트워크 시스템은 이러한 비전을 고민하고 공유하는 칭기즈칸의 노력이 있었기에 더욱 빛날 수 있었다.

칭기즈칸 리더십이 주목받는 이유

칭기즈칸은 낙타의 머리와 같이 생존을 위해 참고 견뎠다. 그 과정에서 돼지의 코처럼 주위에 항상 신경을 곤두세워야 했고, 생사를 넘나드는 경험은 앞을 바라볼 수 있는 매의 눈을 가지게 해주었다. 그리고 항상 앞에 서서 진두지휘하는 호랑이의 주먹과 같은 용맹함은 그를 용으로 만들어주었다. 몽골인들은 전통적으로 천둥번개를 가장 무서워했다. 그러나 칭기즈칸은 전쟁 중에 비바람이 불고 천둥번개가 치는 상황에서 모두가 웅크리고 앉아 있을 때 홀로 우뚝 서서 싸웠다. 그래서 병사들은 그를 용맹스럽고 용기 있는 리더로 섬겼다. 그는 끊임없이 스스로 길을 만들었고, 그를 따르는 무리는 그의 등을 보고 나아갔다.

리더는 누군가의 길을 따라가는 사람이 아니다. 리더는 길을 만드는 사람이다. 그때부터 내일의 희망이 생긴다. 처음부터 명확한 길은 존재하지 않는다. 아무도 가지 않는 길이라 할지라도 리더는 길을 만들며 걸어가야 한다. 앞에 장애물이 있고, 절벽이 있을 수 있다. 그럼에도 리더는 계속 길을 만들어야 한다. 끝없이 비전을 제시하고, 조직원들과 함께 역경을 헤쳐 나가야 한다. 안전한 길, 넓은 길만 찾아다니면 작은 돌부리에도 걸려 넘어질 수 있다는 사실을 리더는 늘 염두에 두어야 한다.

오늘날의 현대사회는 칭기즈칸이 그렸던 몽골제국의 특성을 답습하고 있는지도 모른다. 울타리와 칸막이가 허물어진 몽골 유목 민족과 같이 자유무역주의를 기반으로 세상 어디든 넘나드는 잡노마드Job-nomad 시대가 되었기 때문이다. 특히 온라인의 발달은 그 속도를 더욱 가속화했다. 민족, 종교, 언어, 문화, 신분 등 모든 것이 마찬가지다. 그리고 시대는 더욱 빠른 변화를 맞이할 것이다. 그럴수록 비전을 제시하고 사람과 네트워크 시스템을 중시했던 칭기즈칸의 강점인 통합의 리더십이 더욱 주목받을지도 모른다.

4. 하늘이 내린 애민정신 리더십, 세종대왕

우리나라에서 존경하는 인물로 언제나 1, 2위를 다투는 세종대왕은 역사상 최고의 성군으로 평가받는다. 리더로 칭송받는 수많은 인물 중 700년 전의 한 사람이 이처럼 오랫동안 사랑받는 데는 여러 가지 이유가 있다. 그중 단연 첫 번째로 꼽는 것이 한글 창제다. 그런데 그보다 더 근원적인 부분은 군주로서 '백성을 위하는' 위민(爲民), '백성을 사랑하는' 애민(愛民)일 것이다. 이는 세종대왕의 성품에 기인한 것이다.

세종은 이방원으로 잘 알려진 태종과 원경왕후 민씨의 셋째 아들로 태어났다. 천성이 어질고 부지런하였으며, 학문을 좋아하고 여러 재능을 가지고 있었다. 태종은 세종의 성격을 두고 너그럽고 도량이 넓으며 위엄 있고 장중하다는 뜻을 가진 관홍장중(寬弘莊重)이라고 표현했다. 이러한 성격이 위민과 애민뿐만 아니라 차후 탁월한 인재 관리에 큰 영향을 미쳤음은 분명한 사실이다.

그런데 올바른 성품과는 달리 세종의 즉위가 순탄치만은 않았다. 조선이 건국된 지 겨우 18년이 되었을 때 임금으로 즉위하였으나, 적통 후계자인 장남 양녕대군이 쫓겨나고 그 자리를 이어받았기 때문이다. 그래서인지 만만치 않은 정치적 풍파와 정적의 공격을 받았다. 한 예로 이조판서 황희는 양녕의 폐위에 반대하여 좌천되었고, 세종이 세자로 책봉되는 것을 반대하다 교하(지금의 파주) 지방에 유배되기까지 했다. 세종은 모든 일에 있어 스스로를 경계하며 리더로서 시름을 처음 경험하게 되었다.

이때 세종을 도운 구원군은 다름 아닌 아버지 태종이었다. 태종은 양녕을 폐하고 충녕을 세자로 임명한 날 밤새 통곡했다고 알려졌다. 누가 뛰어나고 아니고를 떠나 아버지로서 마음으로 흘린 눈물이었다. 태종은 세종을 더욱 엄격히 대했다. 주위로부터 흔들릴 여지조차 주지 않으려 노력했다. 뿌리 깊은 나무가 올곧은 방향으로 자랄 수 있게 한 것이다.

태종은 조선 건국 초기 '왕자의 난'을 통해 피바람을 몰고 온 인물이었다. 태종의 카리스마와 매서운 결단력으로 왕권에 대한 불신과 혼란은 평정되었고, 자연스레 왕권 중심의 통치 체계를 확립했다. 이처럼 조선 역사상 가장 왕권이 강한 시기 중 하나였기에, 세종도 주위로부터 흔들림이 덜할 수 있었다. 만약에 태종이 그저 그런 왕이었다면, 세종은 정치적 대립과 갈등으로 인해 더욱 힘든 나날을 보냈을 것이다. 태종은 역사에서 인물로나 리더십으로나 호불호가 갈리는 인물이다. 그러나 그가 남긴 "역사의 모든 악업(惡業)은 내가 짊어지고 가겠다. 그러니 주상은 성군(聖君)의 이름을 만세에 남기라"는 말처럼 세종이 700년이 지난 지금까지 역사의 위대한 성군으로 평가받는 데 큰 영향을 끼쳤음을 부정할 수 없다.

왕권 강화 리더십

세종은 태종에 이어 왕권을 굳건히 하기 위해 노력했다. 그렇다고 이전의 왕들처럼 극단적으로 피를 흘리지 않았다. 국방을 강력하게 유지하되 백성의 평안을 최우선으로 하는 데 모든 역량을 집중했다. 세종은 백성을 위하는 마음으로 한글을 창제했다. 한글 창제에는 지배층의 반대 등 많은 어려움이 따랐지만 현명하게 극복했다. 백성들이 배부르게 먹고 살 수 있도록 농사에 관한 지식을 모은《농사직설(農事直說)》을 펴내고 측우기를 발명하는 등 실용적인 과학에 힘썼다. 국방을 키우기 위해 아래로는 이종무 장군을 통해 대마도를 정벌하고, 위로는 김종서 장군을 함길도(지금의 함경도) 도절제사로 삼아 동북쪽의 여진족을 몰아내기 위해 4군 6진을 설치했다.

세종은 복지 정책에도 힘을 쏟았다. 부모를 잃은 아이들이나 남편을 잃은 여자 등 사회적 약자들에게 담당 관사에서 쌀을 지급해 주도록 했다. 장애인과 노인에게는 세금을 면제해주었고, 사람을 한 명씩 보내 봉양하게 하였다. 세종 4년경, 강원도 토지의 60% 정도가 황폐해질 정도로 대기근이 있었을 때 구휼 방식을 바꿨다. 기민(飢民)들이 어디서 왔는지 묻지 않았으며 담당자를 아전(衙前)이 아닌 승려로 교체함으로써 구휼 업무의 효과를 높였다. 재위 8년에 도성의 7분의 1에 해당하는 민가가 불에 타는 사건이 발생하자 화상을 입은 자는 의원에게 치료를 받게 했으며, 사망한 자의 가족에게는 쌀과 종이 등의 물품을 주었다.

누군가는 한 나라의 리더로서 당연히 해야 하는 것 아니냐는 의문을 가질 수 있다. 만약에 지금 우리나라에서 큰 사건이 일어났는데 제때 대처하지 않으면 문제가 되는 것처럼 말이다. 그러나 그때는 무려 700년 전이었다. 오랫동안 지배층이 사회를 주도하던 시대에 사회적 약자를 우선시하는 정책을 펴기란 쉽지 않았다.

반대로 지금도 어려운 정책을 세종은 이미 시행하였다. 세종 12년, 법령의 시행으로 인해 출산한 여자 종에게는 100일간 휴가를 줬고, 출산을 앞둔 여자 종에게는 한 달간 휴가를 줬다. 남편인 종에게도 일정 기간의 휴가를 줬다. 이처럼 현 사회에서도 보기 힘든 파격적인 복지를 했던 이유는 지금처럼 단순히 표를 더 받고 인기를 얻기 위함이 아니었다. 당시의 여성 인권은 처참할 정도였다. 이를 개선하기 위해 좋은 정책을 4년여에 걸쳐 꾸준히 실시하면서 추진해 나갔고 좋은 결과를 얻었다. 이처럼 한 사회를 지탱하는 건전한 의식, 애민, 위민 사상 등 복합적인 이유가 녹아 있을 것이다.

《훈민정음》서문에는 '우리 전하께서는 하늘이 내리신 성인으로서 제도와 시설이 백대(百代)의 제왕보다 뛰어나시어 정음의 제작은 전대의 것을 본받은 바도 없이 자연적으로 이루어졌으니, 그 지극한 이치가 있지 않은 곳이 없으므로 이는 인간 행위의 사심(私心)으로 된 것이 아니다'라고 쓰여 있다. 이를 바탕으로 봤을 때 세종은 백성을 위하는 것을 소명 의식으로 여겼음을 알 수 있다. 이러한 이유로 왕권 강화를 바탕으로 조선 역사에 길이 남을 건강한 나라를 일군 용이 된 것이다.

세종의 인재 리더십

세종의 리더십이 가장 빛난 순간은 인재 등용과 활용에 있다. 조선의 긴 역사에서 이처럼 다양한 영역의 인물을 활용한 시기를 찾아보기란 쉽지 않다. 세종은 인재 부족을 해결하기 위해 타협과 소통, 솔선수범을 통해 인재 수급을 위한 체제를 갖췄다. 이는 인재 등용의 발판이 되었고, 건강한 나라의 기틀을 마련했다.

　　세종은 자신의 세자 임명 반대를 주장하다 유배를 갔던 황희를 다시 불러들였다. 자신이 세자에 책봉되는 것을 반대했고, 외숙부들을 죽음으로 내몰았다는 것을 알았지만, 그의 성품과 능력을 믿고 자신의 사람으로 껴안은 것이다. 또한 세종의 장인인 심온을 처형하는 데 앞장섰던 유장현을 좌의정으로 중용하는 파격적인 인사를 단행했다. 그 누구도 그가 살아남으리라고 생각하지 않았다. 그러나 유장현을 비롯해 자신의 반대파를 강하게 껴안으면서 포용 및 배려의 정치를 이뤘다. 이로 인해 정치적 안정을 꾀하고 백성을 위한 정치를 하겠다는 비전을 신하들에게 보여주었다.

　세종은 신분을 가리지 않고 유능한 인재를 대거 등용했다. 깨끗하면서 새로운 정치를 펼쳐나가겠다는 의지였다. 이것은 인사와 군사에 관해 직접 처리한 이유이기도 했다. 이러한 인사 정책이 있었기에 자신의 손으로 뽑은 사람에게 철저한 믿음을 주며 뒤에서 힘을 실어줄 수 있었다. 특히 각자가 그리는 비전이 뚜렷할수록 더 많은 힘을 쏟아부었다.

　관료 조직에는 노련한 대신 세력과 집현전 출신의 젊은 인재를 고루 등용했다. 신구의 조화와 힘의 균형을 꾀함으로써 한쪽으로 치우치지 않겠다는 다짐이었다. 또한 궁중에 일종의 과학관이라 할 수 있는 흠경각(欽敬閣)을 세우고 과학 기구들을 설치했다. 인재로는 정인지, 정초, 이천, 장영실을 옆에 두어 천문 관측 기구인 간의(簡儀), 혼천의, 혼상, 해시계, 물시계 등 백성들의 생활과 농업에 직접적인 도움을 주는 과학 기구를 발명하게 했다. 그중에서도 관노 신분이었던 장영실의 발견은 세종의 역사뿐만 아니라 조선의 역사에서도 큰 사건인 것은 모두가 아는 사실이다. 이외에도 이순지와 김담 등에게는 주변국의 역법을 참고하여 《칠정산내편(七政算內篇)》, 《칠정산외편(七政算外篇)》을 편찬하게 함으로써 독자적으로 역법을 계산했다. 이때 '일 월 화 수 목 금 토'의 7성을 토대로 만든 천문으로 계산한 지구 공전 시간이 지금과 1초밖에 차이 나지 않는다는 것은 실로 놀라운 일이다. 신숙주가 언어에 소질을 보이자 북방으로 보내 새로운 언어를 접하게 했다. 문과 시험을 준비하던 박연에게는 그의 비전을 들은 후 오로지 음악에만 몰두할 수 있는 환경을 만들어줌으로써 한 분야에 탁월한 성과를 내도록 했다.

이처럼 세종 자신이 뽑은 인재로 인해 백성의 안위뿐만 아니라 세종의 왕권이 더욱 강화될 수 있었다. 폭넓은 인재는 깨끗하고 참신한 정치를 펼쳐나가는 바탕이 되었다. 그런데 아무리 왕권이 강력한 시대라 해도 반대 세력이 없을 리 만무했다. 태종이 다져놓은 강력한 왕권을 비롯해 세종의 카리스마를 동반한 포용의 리더십으로 이를 극복할 수 있었지만, 세종의 가장 강력한 무기는 따로 있었다.

세종이 빛날 수 있는 이유, 전문성

세종은 조선의 왕 중에 독서를 가장 많이 했던 인물로 알려졌다.《세종실록》에는 태종이 "충녕대군이 천성이 총민하고 학문을 게을리하지 않아, 비록 몹시 춥고 더운 날씨라도 밤을 새워 글을 읽고, 또 정치에 대한 큰 흐름을 알아 때때로 국가에 큰일이 생겼을 때는 의견을 냈는데, 그것이 모두 범상치 않은 소견이었으며, 또 그 아들 중에 장차 크게 될 수 있는 자격을 지닌 자가 있으니, 내 지금부터 충녕을 세자로 삼고자 하노라"고 말한 부분이 있다. 이처럼 셋째인 충녕을 세자로 책봉한 것도 그가 책을 즐겨 읽었던 것이 큰 영향을 미쳤음이 분명하다.

한번은 어린 시절의 세종이 책을 너무 좋아하여 태종이 책을 모두 치워버렸는데, 세종이 안타까워하며 앓아누웠다는 이야기도 있다. 조선 전기 최고의 문장가라 불린 서거정의 수필집《필원잡기(筆苑雜記)》에서 세종이 공자가 저술한《춘추(春秋)》의 주석서인《좌전(左傳)》등 자신이 좋아하는 책을 100번 이상 읽었다고 전한다. 중국 송나라 문장가 구양수와 소동파의 서간문집인《구소수간(歐蘇手簡)》은

1,000번 넘게 읽었다고 한다. 이처럼 경전과 성현의 말씀뿐만 아니라 음악, 과학, 무기 제조, 인쇄 등 실용적인 서적에도 관심이 미치지 않은 곳이 없었다. 어쩌면 그의 뛰어난 총명함에서 비롯된 것인지도 모른다. 그러나 하루에 잠자는 시간을 줄여서라도 책을 읽으려는 그의 노력이 비범한 세종을 만들었음이 분명하다.

한 예로 이렇게 오랫동안 쌓인 지식은 차후 다양한 분야에서 전문성을 발휘해 세종의 인재 발굴 및 등용 리더십에 가장 강력한 역할을 할 수 있었다. 세종의 두뇌를 책임졌던 집현전은 한글을 창제하고, 천문학과 역법을 세계 수준으로 발전시키고, 과학 발명을 하는 등 수많은 일을 책임졌는데도, 한 세대에 30명 전후의 인원으로 가능했던 이유는 세종의 폭넓은 전문성이 있었기 때문이다.

세종의 전문성이 가장 빛날 때는 정치적 문제가 발생했을 때였다. 세종은 중대한 안건을 결정할 때는 독단적으로 하지 않고 항상 대신들의 의견을 들었는데, 찬반이 나뉠 때는 계급을 뛰어넘는 토론으로 결정했다고 한다. 그중 불교 배척과 한글 사용의 반대에 앞장섰던 최만리와 세종의 토론은 군신 관계가 아닌 '토론가'와 '토론가'의 논쟁으로 널리 알려졌다.

대부분 안건에 대한 결정은 리더가 하게 되어 있다. 그런데 누군가의 편에 속해서 내려진 결정은 언제나 졸속으로 그치는 경우가 많다. 세종과 같이 전문성을 바탕으로 최대한 옳은 결론을 끌어냄으로써 얻은 결과는 빛나는 성과로 이어지는 경우가 대부분이다. 그 과정에서 경청하고, 인내하고, 포용하는 것은 뛰어난 리더가 반드시 갖춰야 하는 덕목이다. 세종은 이러한 필수 덕목뿐만 아니라 전문성까지 갖췄기 때문에 좀 더 좋은 선택으로 이어질 수 있었다. 그러한 결과물들이 현시대에 더욱 빛날 수 있는 이유다.

리더가 독서를 해야 하는 이유

리더십에 대한 문제가 제기될 때면 언제나 세종의 리더십을 본받으라는 말이 나온다. 특히 역대 대통령에게 문제가 엿보일 때면 언제나 세종의 리더십이 수면 위로 떠올랐다. 세종의 리더십은 과거뿐만 아니라 현재와 미래에도 통용될 만큼 우수하기 때문이다.

세종의 리더십은 태종으로 인해 기반이 다져진 사슴의 뿔과 같은 권위를 바탕으로 하지만, 소의 귀와 같은 경청과 공감력, 독수리의 발톱처럼 뛰어난 몰입이 없었다면 성군으로 불릴 수 없었을 것이다. 게다가 본질을 꿰뚫는 매의 눈을 가지게 된 데는 폭넓고 깊은 독서를 바탕으로 한 뱀의 지혜가 있었기 때문이다. 이것만으로도 사람들이 왜 용에 가장 가까운 인물로 세종을 손꼽는지 충분히 알 수 있다.

지금은 말 그대로 지식이 '방대'한 시대다. 정보의 홍수에서 살아남으려면 내세울 만한 전문성을 가져야 한다. 왜 역사 속의 수많은 리더들이 책을 가까이하며 탐독하는지는 그들의 성품과 더불어 전문성을 보면 알 수 있다.

현재는 책 말고도 지식 검색이나 유튜브 등 전문성을 기를 수 있는 다양한 방법이 많지만, 고전에서 얻는 고유한 지식을 대체할 수 있는 것은 많지 않다. 흔히 트렌드만 따라가는 리더는 트렌드에 지쳐서 고개가 꺾이고 만다. 독서의 깊이에서 뿜어져 나오는 리더의 아우라를 자신의 것으로 만들어야 진정한 리더가 될 수 있다.

리더는 방대한 독서를 바탕으로 한 전문성을 기반으로 다가올 미래의 본질을 꿰뚫는 통찰력을 지닌 매의 눈을 가져야 한다. 수많은 정보 중에서 자신에게 맞는 옷을 찾아야 한다. 가짜 정보에 휘둘려서는 조직의 생존을 장담할 수 없는 시대다. 세종처럼 전문성을 바탕으로 솔선수범하는 평생학습인의 리더만이 살아남을 수 있는 세상이다.

5. 전쟁이 만든 성웅 리더십, 이순신

서양에는 '육지에는 나폴레옹, 바다에는 넬슨'이라는 말이 있다. 둘 다 전쟁의 신, 즉 군신(軍神)으로 불린다. 그런데 나폴레옹을 이야기할 때는 칭기즈칸, 알렉산더 대왕, 한니발 등이 함께 이름을 올리지만, 넬슨 제독을 이야기할 때는 유일하게 한 인물만이 비교 대상으로 놓인다. 성웅(聖雄)으로 불리는 이순신 장군이다.

많은 사람들이 넬슨 제독과 이순신 장군을 비교하며 우위를 가리고, 리더십을 배우려고 노력했다. 누군가는 프랑스 나폴레옹의 기세를 꺾은 넬슨 제독의 손을 들어주었고, 누군가는 일본을 상대로 단 한 번도 패배하지 않은 이순신 장군의 손을 높이 들었다. 시대와 살았던 나라가 다르기에 비교 대상이 될 수는 없지만, 이 둘을 한 번에 평가한 인물은 일본에서 러일전쟁의 영웅이자 일본 역사의 10대 영웅 중 한 명으로 알려진 도고 헤이하치로 제독이다. 그가 말하길 "넬슨과 나는 나라의 전폭적인 지원을 받으며 자국 함대의 전력과 비슷한 적들과의 전투에서 몇 차례 완벽히 승리하였다. 하지만 이순신 장군은 끊임없이 국가로부터 핍박받으면서도 스스로 군수물자를 확보하고, 패배할 수밖에 없는 절망적인 상황에서 모든 전투를 압도적인 승리로 이끈 바다의 신이다. 해군 역사상 군신이라 칭할 사람은 이순신 장군뿐이며, 그에 비하면 나는 일개 부사관도 못 된다"고 말했다.

이순신 장군이 태어난 1545년에 그의 집안은 할아버지 이백록(李百祿)이 기묘사화의 참화를 당한 뒤로 몰락한 양반의 길을 걷고 있었다. 그럼에도 불구하고 나라에 큰 공을 남길 수 있었던 데는 여러 가지 이유가 있을 것이다. 먼저 아버지는 자녀들의 이름부터 특별하게 지었다. 이순신은 4형제 중 희신(羲臣), 요신(堯臣) 두 형과 아우 우신(禹臣) 사이에 셋째로 태어났다. 그들의 이름은 돌림자인 신(臣) 자에 중국의 삼황오제(三皇五帝) 중에서 복희씨(伏羲氏), 요(堯), 순(舜), 우(禹) 임금을 시대 순으로 따서 붙인 것이다. 이미 가세가 기운 가문이지만, 이름에 걸맞은 삶을 살아가길 바랐던 부모의 마음이었다. 또한 유년 시절에 어머니 변씨로부터 큰 영향을 받았는데, 현모로서 아들들을 끔찍이 사랑하면서도 가정교육을 엄격히 하였다. 어머니로부터 배운 많은 가르침과 더불어 어머니에 대한 사랑은 그가 남긴《난중일기(亂中日記)》에 깊이 남아 있다.

이순신은 28세 되던 해 무인 선발 시험에 응시하였으나 달리던 말이 거꾸러지는 바람에 낙마하여 왼발을 다치고 실격하였다. 그러나 포기하지 않고 그 뒤에도 계속 무예를 닦아 4년 뒤 식년무과에 병과로 급제하여 본격적인 무관의 행보를 걸었다. 그 이후 임진왜란을 겪게 되었고, 한산도대첩, 노량대첩 등 수많은 전투에서 연전연승하며 장군을 넘어 성군으로 불리게 되었다.

그러나 도고 헤이하치로 제독의 말처럼 그가 지금까지 성웅으로 칭송받는 것은 단순히 23번의 전투에서 23번 승리했기 때문이 아니다. 당연히 그의 업적은 위대함 그 이상이며, 그의 승리가 없었다면 지금의 대한민국도 없었을지 모른다는 말이 있을 정도다. 그러나 그가 이토록 위대한 이유는 극한의 상황에서도 포기하지 않고 어려움을 극복하는 자세, 나라를 구하고 백성을 사랑하는 애국 애민 정신에서 비롯된 용의 리더십 때문일 것이다.

23전 23승의 비밀

임진왜란이 일어나기 전 일본은 도요토미 히데요시가 전국시대를 끝내고 일본을 통일하는 데 성공했다. 정치 상황은 혼란스러웠지만 군대가 잘 정비되어 있었고, 포르투갈로부터 화승총 제조 기술을 받아들여 조총을 제작하고 그 성능과 전술적 효율성을 높이는 데 꾸준히 노력하며 당시로서는 무기의 최신화를 이뤘다. 그에 반해 조선은 근 200년 동안 전쟁이 거의 없다시피 했고, 군사력 증강에 그리 큰 힘을 기울이지 않았다. 무기라고는 칼과 활이 전부였고, 강함과는 거리가 멀었다. 무기의 최신화는 무기의 능력보다 그것을 보유한 군대의 사기에서 엄청난 차이가 발생한다.

이러한 상황에 위기를 느낀 몇몇 신하들이 일본의 상황에 귀를 기울이며 국방을 강화해야 한다고 충언을 올렸으나, 대부분 무위로 끝나고 말았다. 그러한 때에 시작된 임진왜란에서 우리나라가 버텨낼 방법은 전무했다. 육지도 마찬가지였고, 해상은 말할 필요도 없었다. 섬으로 둘러싸인 일본의 지리적 특성상 해상 기술은 더욱 뛰어날 수밖에 없었다. 충무공 이순신의 혜안과 리더십이 더욱 높이 평가받는 이유다.

그는 개인보다는 국가를, 자신의 가족보다는 민족을 위하는 마음으로 나라와 백성의 안위라는 대의에 충실했다. 거시적인 관점에서 바라본 삶의 자세는 매의 눈과 같은 통찰력에서 비롯된 것이 분명하다. 임진왜란이 발발하기 1년 전 조정은 여느 때와 마찬가지로 당리당론에 따라 찬반양론으로 나뉘어 언쟁만 하고 있었지만, 이순신은 전라좌수사로 부임한 1591년 2월부터 즉시 전쟁 준비에 들어갔다.

그러나 전쟁이 일어나지 않을 것이라는 조정의 예측 탓에 국가의 지원은 거의 전무하다시피 하였다. 그는 휘하 장수들의 반대에도 불구하고 오로지 자신의 역량으로 병기와 군량을 장부의 수대로 확보하고, 혹독한 전투 훈련과 교육에 들어갔다. 농번기에 주민들까지 동원하여 새 함선의 건조와 수리를 하였기에 원성이 높을 수밖에 없었다. 그러나 이순신은 현 상황을 꿰뚫어보는 통찰력에 굳은 확신을 가지고 계속 전투 준비를 이어갔다.

결과적으로 전쟁 당일 부산성을 시작으로 단 20일 만에 도성인 한양이 점령당한 육지와는 달리 해상은 이순신 장군이 연전연승하며 일본의 함선을 격파하였다. 전쟁에서도 그의 통찰력은 빛을 발했다. 그는 이전까지 나라의 명운이 걸린 전쟁이 아닌 여진족, 왜구와 맞붙는 소규모 전쟁을 치렀다. 게다가 육상이었다. 그가 경험한 수군은 36세에 복무한 1년 6개월이 전부였다. 당시에는 수군 폐지령을 내리려 했을 정도로 해상에 대해 무지했던 조정이었다.

반대로 이순신 장군이 계속 승리를 할 수 있었던 것은 거북선과 군사 증비 등과 함께 전황의 본질을 정확하게 이해하고 있었기 때문이다. 연이은 승리로 남해와 서해를 통해 도성이 있는 한강까지 일본의 뱃길 보급로를 차단하고 전투에서 일본의 전력을 약화함으로써 임진왜란이 막을 내리는 데 큰 공을 세울 수 있었다.

풍전등화에 처한 나라를 구하기 위해 이순신 장군이 행한 일련의 준비가 없었다면, 눈앞에 있는 손해를 피하려고 휘하 병사와 주민의 말에 곧이곧대로 따랐다면 조선은 어떻게 되었을까? 그의 승전과 나라의 운명은 물론 우리는 역사에 남을 한 리더를 만나지 못했을 것이다.

이순신의 인재 리더십

일견 이순신 장군이 조금은 꽉 막힌 리더처럼 보이기도 한다. 단지 자신의 판단만 믿고 주변의 이야기에 귀를 막고 달려가는 옹고집처럼 말이다. 만약이지만, 일본이 전쟁을 벌이지 않았다면, 국방은 강화되었을지라도 주변에서 '쓸데없는' 일을 했을 뿐이라고 비난했을 것이다.

그러나 그는 전쟁에서 이기기 위해 《손자병법》의 철칙을 지키는 것처럼 기본 원칙을 철저하게 따르며 자신의 판단을 중시했을 뿐 주변에 귀를 기울이지 않거나 소통하지 않은 인물은 아니었다. 어쩌면 자신의 강직한 성격을 잘 알기 때문에 더욱더 화합과 소통을 위해 노력했는지도 모른다.

이순신은 출동 여부와 작전을 결정할 때 사전 회의를 통해 부하들과 의견을 많이 나눴다. 어느 전장에서나 있을 법한 일일 수 있지만, 부하 장수들을 믿었기에 더욱 가능한 일이었다. 그들을 믿었기에 전쟁을 승리로 이끌 기초를 닦는 데 만전을 기할 수 있었다. 특히 경상우수군, 전라우수군의 지휘부와 원활히 협조하지 못하고 힘겨루기만 하며 시간을 보냈다면 전쟁에서 승리하지 못했을 것이다.

이처럼 부하를 비롯해 상대를 믿었던 이유는 그들이 철저한 전문가였음을 인정하고 겸허하게 받아들였기 때문이다. 겸허하게 인정하는 것은 상대와의 소통에서 스스로 갖춰야 할 첫 번째 준비 자세다. 자신의 능력만 믿고 앞뒤도 보지 않고 달려가기만 해서는 소통할 수 없고 전쟁에서 필패하게 된다. 역사에서 패배한 전쟁을 보면 원활하지 못한 소통에 기인한 경우가 많다는 점이 이를 뒷받침한다. 지피지기 백전불패(知彼知己 百戰不敗)라고 했듯이 '이기고 싸운다'는 필승 전략으로 임한 것이다. 지금도 해군 경례 구호가 '필승(必勝)'이다. 싸워서 이기는 것이 아니라 이기고 싸우기 위해 이순신 장군은 전쟁 중에도 탐망선을 보내 적진의 상황을 파악하고 첩보전을 통해 정보를 수집했다. 그는 부하 장수들과 활쏘기 내기나 현대의 보드게임과 같은 승경도를 즐겼다. 또한 밤새 술을 마시고 함께 잤다는 기록도 여럿 있다. 이순신은 이러한 행위들로 위아래의 거리를 좁힘으로써 자유롭게 의견을 낼 수 있는 환경을 만들고자 했다. 그러나 전열을 이탈하며 군의 사기를 떨어뜨리는 행위에 대해서는 일벌백계로 엄격히 다스렸다. 자유롭되 조직 내부의 규율은 엄격히 유지하여 부하들이 자신의 명령을 철저히 따르도록 했다.

백성들 또한 농번기에 전쟁 준비를 하는 것을 문제 삼기도 했지만 대부분은 그를 따랐다. 이순신 또한 피난민과 군사들이 둔전을 개간하여 생업에 종사하게 하고 안전을 보살폈다. 최대한 그들의 어려운 점을 해결하기 위해 노력했다.

이순신의 원칙 리더십

강직하고 우직한 성격과 원칙을 지키려는 가치관은 이순신을 뛰어난 리더로 만들었다. 그런데 가끔 예상치 못한 환경이 만들어지기도 했다. 한 예로 지금도 부정 청탁과 관련된 일이 발생하지만, 대부분 시스템화된 체계 덕분에 많이 사라진 것이 사실이다. 그런 시스템이 전혀 없던 예전에는 청탁을 허락한다 해도 서로 간에 묵인만 하면 아무 문제 없었다. 그러나 충무공은 원칙과 어긋나는 일은 일언지하에 거절했다.

한 예로 충무공은 상관이었던 서익이 자신의 친지 한 사람을 승진시켜야 한다며 인사 관계 서류를 꾸며달라는 청탁을 받았으나 단호하게 거절했다. 또한 오동나무로 거문고를 만들고자 한 좌주사에게도 "오동나무도 나라의 것이니 함부로 벨 수 없다"고 말했다. 이러한 강직함과 청렴함은 결국 주변의 시기를 불러일으켰고, 내부의 적이 늘어나는 원인이 되었다.

선조의 명령으로 부산포를 공격하라는 지시가 내려왔다. 그러나 이순신은 남해의 섬과 섬이 연결된 내해(內海)는 파도가 잔잔해서 배의 기동이 쉽지만 거제도를 벗어나면 다대포의 거친 물살을 헤치고 부산포까지 가야 하는 외해(外海)를 통과해야 하고, 부산포를 둘러싼 육지에서 대포로 공격한다면 필패(必敗)한다는 것을 직감하고 선조의 명령에 응하지 않았다. 나 혼자의 희생으로 군사를 살릴 수 있다면 죽음을 각오하고 백의종군(白衣從軍)이라도 해서 출정하지 않았다. 반면 오직 왕에게 충성하려 한 원균은 이순신 장군에게 100여 척의 판옥선과 2만 명의 수군, 군량미 9,990여 석 등을 인계받았지만, 칠천량 해전에서 전멸하고 말았다. 당시 선조는 좁은 생각과 잘못된 판단을 내리는 인물로 나라를 총괄하는 리더의 수준이 아니었다는 점을 알 수 있다. 리더십을 발휘해야 리더지, 리더가 리더십을 발휘하는 게 아닌 것처럼 말이다.

그러나 이순신은 어려움에 굴복하지 않고 솔선수범하여 언제나 이를 극복하고자 노력했다. 가세가 기운 집안에서 위대한 리더가 나온 것처럼, 말에서 떨어져도 위대한 장군이 된 것처럼 말이다. 주변에 적이 많음을 알고 있었지만, 백성과 나라를 위한 마음으로 올곧이 달렸다. 조금이라도 자신의 승리에 도취하지 않았고, 모든 전투에서 부하들의 공적을 더 많이 치하하며 겸손하고자 노력했다. 원균이 칠천량 해전에서 참패 후 수군을 해체하라는 명을 받았을 때 이순신은 선조에게 이의를 제기하며 "신에게는 아직 12척의 배가 있습니다"라는 명언을 남긴 것도 마찬가지였다.

비록 곱지 않은 시선이 있었지만, 백성을 위해 솔선수범하고 겸손하게 행동하는 이순신을 존경하는 사람들도 있었다. 이러한 이순신 곁에는 많은 충신들이 머물렀다. 특히 《징비록(懲毖錄)》을 쓴 유성룡은 이순신의 성품과 능력을 일찍이 알아채고 선조에게 이순신의 성품과 능력을 꾸준히 이야기했다. 리더가 인재를 키운다고 하지만 반대로 뛰어난 리더 곁에는 인재가 모이는 법이다.

리더가 기본을 지켜야 하는 이유

흔히 이순신을 호랑이와 같다고 한다. 용맹하고 강인한 모습으로 거센 바다를 헤치고 전쟁에서 연전연승하는 모습이 각인되었기 때문이다. 그러나 이면에는 돼지의 코와 같이 1년 후의 앞을 내다보며 전쟁을 준비하고, 인간의 힘으로는 어찌할 수 없는 거대한 자연인 바다를 이해하고 받아들이는 뱀의 지혜를 가지고 있었다. 또한 사슴의 뿔처럼 어려움을 극복하고 재생하는 모습으로 많은 이에게 영감을 주었기에 용으로 불리기에 적합하다. 사실 충무공 이순신의 리더십은 그렇게 특별한 것이 아니다. 기본과 원칙에 충실했다. 왕이 피난을 갔을 때도 진상을 하였으며, 군자금을 자체적으로 조달했다. 농민들에게는 섬에서 농사를 지을 수 있도록 분전을 하였으며 해적들로부터 그 섬을 지켜주었다. 백성을 사랑하고 나라를 구하려는 마음으로 조금 더 앞을 바라보는 눈을 가졌다. 그러나 어려운 시대일수록 이순신의 리더십이 주목받는 것은 그러한 기본과 원칙을 지키는 것이 얼마나 어려운 일인지를 보여주는 하나의 사례다.

리더는 조직원에게 초심을 항상 강조한다. 초심으로 돌아가서 열정적으로 일하기를 바라는 것이다. 그런데 리더는 그 말의 의미를 다시 되새겨야 한다. 자신은 과연 이순신처럼 기본과 원칙을 지키고 있는지, 청렴한 마음으로 부정부패를 단호하게 절단하는지를 말이다. 그러지 못할 경우 스스로 먼저 초심으로 돌아가지 않으면 조직은 썩고 부패하게 된다. 부패한 조직은 결국 무너지고, 변혁의 시대에 살아남지 못한다.

반대로 기본만 지켜도 얼마나 뛰어난 리더가 될 수 있는지를 이순신 장군을 보면서 느낄 수 있다. 조선 중기 학자 이항복의 시문집 《백사집(白沙集)》에는 이순신의 죽음에 관하여 "남도 백성들은 공의 죽음을 듣고 분주히 길거리에서 통곡하였고 시장에 있던 사람들은 술을 마시지 않았다. 그 후 가족이 고향으로 반장(返葬)할 때 남중의 선비들이 제문을 지어와 제사하였고, 노약자들은 길을 가로막고 통곡하여 고을 경계까지 그 행렬이 끊이지 않았다"라고 기술되어 있다. 이처럼 백성이 이순신 장군의 위대함을 알아줬듯이, 기본과 원칙을 바탕으로 자신의 전문성을 기른 리더는 조직원에게 인정받고 존경받을 수 있을 것이다.

6. 처세와 인내의 리더십, 도쿠가와 이에야스

일본에서 존경하는 인물 1위는 언제나 사카모토 료마다. 막부가 무너지고 신정부가 들어선 근대 격변기에 활동한 무사이자 정치가로서 개혁을 통해 지금 일본의 기틀을 세운 인물이다. 그런데 어느 연도, 어느 단체가 조사하더라도 5위 전후로 순서를 바꿔가며 항상 자리를 차지하는 세 인물이 있다. 막부 시대를 상징하는 용인 오다 노부나가, 도요토미 히데요시 그리고 도쿠가와 이에야스다.

수많은 도서와 방송에서는 이들의 성품과 업적을 비교하며 어느 인물의 리더십을 배워야 하는지 갑론을박을 벌이지만, 세 인물 모두 뛰어난 리더라는 데는 이견이 없다. 그런데 일본 국내외 정국이 혼란해질수록 업적의 가치가 더욱 높아지며 각광받는 인물은 도쿠가와 이에야스다. 오다 노부나가, 도요토미 히데요시 다음으로 정권을 잡았으나 통일을 이룩함으로써 260여 년 넘게 평화가 이어졌다. 이 평화를 바탕으로 사회, 경제, 문화에서 일본이 비약적인 발전을 이루었다.

이에야스의 리더십은 경영의 귀재라 불리는 마쓰시타 전기산업의 창립자 마쓰시타 고노스케가 회사 내에 이에야스를 연구하는 특별 부서를 설치했다고 알려졌을 만큼 우수한 리더의 표본으로 여겨진다. 그의 리더십이 이토록 특별한 데는 오다 노부나가와 도요토미 히데요시의 장점이 결합된 부분도 있지만 인내의 미학 때문이다. 도쿠가와 이에야스는 오랫동안 오다 노부나가와 도요토미 히데요시 밑에서 2인자로 머물러야 했지만, 인내하면서 끝없이 기회를 엿보다 최후의 승자가 되었다.

그런데 이에야스를 특징하는 요소로 부각되는 인내는 피비린내 나는 전장에서 생존하기 위한 전략 중 하나이기도 했지만, 어릴 적 경험에서 굳어진 본능에 가깝기도 하다. 보통 어려운 어린 시절을 이야기할 때 도요토미 히데요시를 빼놓을 수 없지만 이에야스도 만만치 않았다.

이에야스가 태어났을 무렵 집안의 가세는 점차 기울고 있었다. 그가 두 살이 되던 해 아버지 마츠다이라 히로타다는 당시 정권을 잡고 있던 오다 가문에 충성하기 위해 아내와 이별을 선택했다. 그리고 4년 뒤 아버지는 생존을 위해 이에야스를 이마가와 가문에 인질로 보냈는데, 호송 도중 오다 가문에게 납치되고 말았다. 오다 가문은 그의 목숨을 두고 아버지에게 복속을 종용했지만, 아버지는 아들을 버리고 영지를 택했다. 이에야스는 가문의 생존을 위해 어머니를 잃고 아버지로부터 버림받게 된 것이다. 그는 2년 뒤 오다 가문의 제안으로 이마가와 가문의 인질로 돌아갔지만, 아버지는 가신에게 암살당하면서 집안이 멸문하여 10년 넘게 이마가와 가문의 인질로 살아가게 되었다.

이처럼 순탄치 못한 어린 시절을 보낸 이에야스는 이후에도 강제로 개명을 당하기도 하고, 동맹을 위해 가족을 잃기도 하는 등 숱한 위기와 고통을 겪었지만 결국 모든 것을 극복하고 최후의 승자에 올랐다. 그렇다면 그는 어떠한 리더십을 바탕으로 어려움을 극복하고 에도 막부의 초대 쇼군에 오를 수 있었던 것일까?

인내의 미학

도쿠가와 이에야스의 리더십을 살펴보려면 먼저 오다 노부나가와 도요토미 히데요시를 알아야 한다. 이들의 성품과 리더십을 비교할 때 항상 '울지 않는 새를 울게 하려면?'이라는 질문이 따른다. 이에 대한 답으로 오다 노부나가는 울지 않으면 베어 버리고, 도요토미 히데요시는 울게 만들며, 도쿠가와 이에야스는 울 때까지 기다린다고 했다.

노부나가는 일본 전국시대에 통일의 한 획을 그은 무장으로서 카리스마를 바탕으로 시대를 이끌었다. 그는 구체 타파로 새로운 인재를 등용하기도 했는데 대표적인 인물이 도요토미 히데요시다. 그러나 극단적인 결단을 내리기도 했던 노부나가에게 반발하는 세력이 있었고, 결국 부하에게 목숨을 잃고 말았다.

히데요시는 미천한 신분으로 출발했지만 성과를 우선으로 하며 조직에서 급격한 성장을 이끌었다. 자신의 감정을 솔직히 드러내며 타인의 마음을 살 줄 아는 인물이었다. 한마디로 새를 울게 하는 방법을 알았던 것이다. 그러나 전략으로 선택했던 임진왜란 동안 내정 관리에 실패하고 역풍을 맞게 되었다.

이에야스는 노부나가의 구체를 타파하는 혁신성과 히데요시가 사람의 마음을 사는 전략성을 둘 다 가진 인물이다. 이러한 강점을 자신의 것으로 만들 수 있었던 데는 결국 무수한 시련을 인내로 버티면서 기회를 엿보았기 때문이다.

이에야스가 노부나가와 동맹을 맺을 때는 가신의 가족들이 나무에 매달린 채 창에 찔려 죽임을 당하고, 자신의 가족 중에는 아내와 첫째 아들만이 살아 돌아오는 가혹한 형벌을 참았다. 또한 이마가와 요시모토가 노부나가에게 패하면서 이마가와 가문을 벗어날 기회가 있었는데도 성급하게 움직이지 않고 이마가와 가문의 동향을 살핀 뒤 고향으로 돌아갔다. 그리고 고향에서도 바로 독립을 선언하지 않고 동향을 살피면서 2년의 세월을 더 보냈다. 전문가들은 고향에서 바로 독립을 선언했다면 지금의 도쿠가와 이에야스는 없을 확률이 높을 것이라고 입을 모은다.

노부나가의 죽음 이후 정권을 잡은 히데요시에게 동쪽에 있는 호조 가는 눈엣가시였다. 이때 이에야스가 호조 가의 항복을 받아내는 데 혁혁한 공을 세웠다. 하지만 히데요시는 그의 공을 치하하는 척하면서 그가 다스리던 땅을 뺏고 호조 가가 다스리던 머나먼 동쪽의 낯선 땅을 영지로 내렸다. 당시 간토라고 불리던 그 지역의 땅은 넓었지만, 교토로 가는 길이 높은 산으로 가로막혀 중앙과는 물리적, 심리적으로 꽤 멀어지게 되었다. 또한 호조 가의 정치력이 좋았기에 이를 물리친 히데요시의 사람이 온다는 것을 지역민이 반가워할 리 없었다. 이러한 데는 중앙정부에 눈을 돌리지 말라는 히데요시의 뜻이 숨어 있었다.

인내가 쓴 만큼 열매는 단 것처럼 이는 히데요시의 패착이자 이에야스에게는 기회였다. 일반적으로 지방으로 좌천되는 것이 어떤 기회가 될 수 있을까 의문이 들겠지만, 여기서 이에야스의 진정한 리더십이 빛을 발하게 되었다.

에도시대의 서막 그리고 통찰력

이에야스는 히데요시에 대항할 수 있는 군사력이 없었기에 동쪽으로 이동할 수밖에 없었지만, 여기서 그의 통찰력이 빛을 발했다. 그는 동쪽으로 옮기면서 주 근거지를 비옥한 오다와라에 정하지 않고, 늪지대에 가까운 에도(지금의 도쿄)로 정했다. 이 선택은 1603년부터 1868년까지 265년간 이어진 에도시대의 시작이었다.

사료에 따르면 이에야스가 에도를 선택한 데는 많은 설이 있다. 히데요시가 관동에서 폭동이 일어날 것을 염려했다는 점, 호조 가의 영향력이 남아 있는 오다와라에서 분란을 만들고 싶지 않았다는 점을 들어 이에야스의 성품을 높이 사기도 한다. 그런데 결과적으로 에도를 선택한 것은 해상 교통의 발달을 미리 내다본 이에야스의 통찰력이 빛나는 대목이었다.

에도는 이에야스가 터를 잡기 전부터 조금씩 해상 교통이 활발하게 움직이고 있었다. 이에 육상과 해상으로 상인들이 모였고, 자연스레 경제의 흐름과 연관이 되었다. 그는 이를 놓치지 않고 에도를 적극적으로 발전시키기로 했다. 범람이 잦았던 도네 강의 흐름을 동쪽으로 돌리고, 대지를 비옥하게 만드는 데 집중했다. 또한 화폐를 주조했고, 하천 정비와 더불어 전국으로 통하는 도로를 정비했다. 상인들은 이런 그의 정책에 안심하면서 생산에 집중했다.

이에야스는 거대한 에도성을 지음으로써 정점을 찍었다. 에도성 주위로 사원을 비롯해 벚나무를 옮겨 심는 등 문화생활을 위한 시설을 짓기도 했다. 이로 인해 만 명 미만에 불과했던 에도 인구가 50배 가까이 증가하며 대도시로 탈바꿈했다.

그런데 이러한 업적은 대부분 이에야스가 아닌 1605년 이후 2대 쇼군 히데타다, 3대 이에미쓰의 작품이다. 이것을 이에야스의 업적으로 보는 것은 그가 쇼군에서 물러난 이후에도 아들에게 큰 영향을 미쳤음을 방증하는 것이기도 하다. 기업 창립자가 CEO 자리에서 물러났을 뿐 손을 떼지 않은 것과 마찬가지다.

이로 인해 이에야스는 안정을 기반으로 강력한 힘을 가지게 되었다. 이때 마침 도요토미 히데요시는 무리한 임진왜란으로 인해 세력에 균열이 가기 시작했고, 결국 죽음을 맞이했다. 이후 세키가하라 전투의 승리로 도쿠가와 이에야스는 전 일본의 실권을 쥐게 되었으며, 1615년 도요토미 가문을 완전히 제거함으로써 에도시대를 오랫동안 유지할 수 있게 되었다.

만약에 이에야스가 호조 가의 주 근거지 오다와라로 갔다면 히데요시의 바람대로 정권과는 거리를 두게 되었을지 모른다. 그런데 어쩌면 그의 통찰력으로 히데요시의 바람과는 또 다른 결과를 만들어냈는지도 모른다. 누군가는 그의 성취를 단순히 노부나가와 히데요시가 차려놓은 밥상에 숟가락만 올렸을 뿐이라고 폄하하기도 하지만, 그의 통찰력 덕분에 에도시대가 있었을 것이다.

인내의 미학에서 발현된 처세술과 인재 관리

그의 통찰력이 더욱 빛을 발한 부분은 사람을 대하는 처세술과 인재 관리였다. 앞서 이야기한 대로 히데요시의 장점을 취해서 더욱 강화한 것이다. 그는 노부나가와 히데요시의 몰락을 눈으로 바라보았고, 그 이유가 사람에 있었음을 깨달았다. 사람들은 그를 우직한 곰으로 표현하지만, 사람에 관한 처세술만큼은 꼬리가 9개 달린 구미호에 가까울 것이다.

이에야스는 도쿠가와 막부를 출범하면서 새로운 사고방식으로 사람을 고용했는데, 이것은 노부나가가 추구한 혁신에 가까웠다. 그랬기에 자신에게 반기를 들었던 혼다 마사노부를 등용할 수 있었다. 반역을 상쇄할 만큼의 능력이 있다고 판단했던 것이다. 이후 혼다 마사노부는 2대 쇼군 히데타다를 지도하기도 했다. 또한 평화를 강조했기에 무사보다는 문신을 점차 등용하는 등 이전과는 다른 혁신을 선보였다.

인재 등용을 통해 자신이 품은 사람은 특유의 처세술로 대했다. 자신과 먼 사람은 가까워지려 노력했고, 가까이 있는 사람과는 적절한 거리를 두며 형평성을 유지하려 했다. 멀지도 가깝지도 않은 불가근 불가원(不可近 不可遠)을 원칙으로 세웠다.

또한 부하들의 정신 교육을 강화하면서 돈의 노예가 되지 않도록 했다. 그의 근검한 성품도 영향을 미쳤지만, 히데요시 정권 시절에 타락한 사람들을 보면서 느낀 바가 있었기 때문이다. 권력과 더불어 자본의 증가는 사람의 욕심을 불러일으킬 수 있다는 점을 염두에 두고 부하들을 견제하면서 관리, 통제한 것이다.

이러한 부분에서 그의 통찰력이 다시 한 번 빛을 발하게 된다. 바로 초대 쇼군이 된 1603년부터 2년 뒤 아들에게 쇼군을 물려주고 슨푸성에 은거한 점이다. 앞서 이야기한 대로 그는 최전선에서 물러났을 뿐이다. 그가 최전선에서 도요토미 세력을 견제하고 에도를 활성화하면서 부하들 관리까지 하기란 쉽지 않았을 것이다.

이에야스는 슨푸성에서 인재들과 다양한 전략을 만들었고, 아들에게 이를 전해 실행하게 했다. 그는 에도의 머리였으며, 아들은 몸이었다. 이러한 이원제로 인해 적은 가까이 두지 않고, 공은 이에야스에게 가져올 수 있었다. 우리가 유비의 공을 이야기할 때 언제나 빠지지 않는 인물이 제갈공명인 것과 마찬가지다.

리더는 인내해야 한다

도쿠가와 이에야스를 모시는 사당인 닛코의 도쇼구에 있는 마구간 건물에는 산자루(三猿)라는 유명한 조각이 있다. 입을 막고 귀를 막고 눈을 가린 세 마리의 원숭이 상인데, 도쿠가와 이에야스의 일생이라고도 한다. 말하지도 듣지도 보지도 않으면서 견디는 인내의 처세술을 강조한 것이다.

그의 인내는 사막에서 살아가는 낙타의 머리와 닮아 있다. 또한 사람을 대하는 그의 처세술이 인내와 더불어 더욱 빛날 수 있었던 것은 매의 눈과 같은 통찰력이 있었기 때문이다. 에도를 선택한 것과 더불어 인재를 직관적으로 바라보는 관점을 말한다. 그는 이러한 이점을 바탕으로 막부 시대 최고의 황금기라 불릴 만큼 조개의 경제력을 가질 수 있었을 것이다.

리더는 각자만의 장애물을 만나게 된다. 장애물을 넘는 과정을 인내로 버텨내며 극복하는 것은 리더의 덕목이기도 하다. 그런데 이에야스와 같은 극한의 어려움을 겪으면 극복하기 전에 대부분 무너질지도 모른다.

그러나 조직에서 인내해야 할 순간은 언제든 찾아온다. 그중 하나가 조직원의 성장일 것이다. 모든 조직원이 자신의 비전에 발맞춰 따라와준다면 더할 나위 없겠지만, 모두가 그러기란 쉽지 않다. 누군가는 이 또한 극한의 어려움으로 느낄 수 있을 것이다.

조직원을 끌고 가는 것이 리더다. 그런데 최근 들어 조직원과 함께 걸어가는 리더가 각광받는 이유가 분명 있다. 모든 면에서 빠른 것만이 정답은 아니다. 느림의 미학이 있듯이, 인내의 미학이 빛을 발하는 날도 있다. 조직원의 성장에 있어서는 새가 울지 않으면 울 때까지 기다린다는 도쿠가와 이에야스의 말을 가슴 깊이 새겨야 할 것이다.

7. 용의 정신으로 꿈틀거리는 기업, 삼성

'대한민국은 삼성공화국'이라는 말을 종종 한다. 대한민국에서 삼성의 영향력이 크다는 것을 나타내는 대표적인 말이다. 2019년 삼성의 매출은 230조 원이었다. 그 자체로도 엄청난 수치이지만, 2019년 우리나라 정부 예산이 469조 원인 것을 감안하면 더 대단하게 느껴질 것이다. 한 기업의 매출이 그 기업이 속한 나라의 예산 절반에 해당하는 것이다.

그래서인지 혹자는 삼성이 망하면 한국이 망하지 않을까 하는 의문을 던지기도 한다. 이러한 질문에 대답할 때 예로 들 수 있는 기업이 노키아다. 2000년 휴대폰 시장 점유율 1위를 차지할 만큼 주도했던 노키아는 한때 핀란드 전체 법인세의 23%를 부담했을 정도로 절대적인 대기업이었다. 한국에서 삼성이 차지하는 법인세 비중과 비슷하다. 그러나 노키아가 망하다시피 바닥을 찍었을 때도 핀란드의 경제는 굳건했다. 마찬가지로 삼성이 망한다고 해서 우리나라가 망하지는 않을 것이다. 그러나 우리나라 경제는 전반적으로 크게 흔들릴 수밖에 없다. 삼성이라는 한 조직뿐만 아니라 연관된 중소, 중견 기업 등이 워낙 많기 때문이다. 삼성의 승계 문제와 더불어 최근 여러 문제 등이 뉴스 1면에 오르락내리락하는 이유다.

삼성그룹은 1938년 설립된 삼성상회에서 시작했다. 창업자인 이병철 회장이 3만 원의 자본금으로 대구에서 사업을 시작했다. 삼성그룹 초기에는 술, 설탕, 밀가루, 섬유 같은 소비재에서 기업이 나아갈 길을 찾았다. 삼성은 점차 대기업으로 향하던 중 한 번의 암초를 만났다. 1966년 사카린 밀수 사건으로 인해 이병철 회장이 경영에서 손을 떼기로 한 것이다. 그러나 2년 뒤 재계에 복귀했고, 그다음 해에 지금의 삼성을 만든 혁신을 시작했다.

1960년대 후반 우리나라가 중화학공업의 성장을 지원한 것과는 달리 일본에서는 소니, 마쓰시타 같은 전자업체들이 시장을 개척하고 있었다. 대만도 마찬가지였다. 그런데 이병철 회장은 방대한 자금이 들어가야 하고 계열화된 중소 생산 시스템이 있어야 중화학공업이 발달할 수 있다고 믿었기에 당시로서는 시기상조라고 생각했다. 그래서 재계 복귀 다음 해인 1969년 지금의 삼성전자공업을 설립하면서 반도체의 역사가 시작되었다.

이후 1987년 창업주인 이병철 회장이 타계하면서 이건희 회장이 그룹의 2대 총수가 되었다. 삼성은 반도체를 시작할 때만큼 큰 변혁의 시기를 맞이하게 되었다. 큰 조직에서 리더의 교체는 그 어떤 것보다 리스크가 큰 영역이기 때문이다. 그러나 이것은 삼성이 대기업을 넘어 일류 기업으로 도약할 수 있는 선택이었다.

대부분의 집에 삼성 제품 하나쯤은 있을 정도로 대한민국 사람들에게는 밀접한 기업이다. 삼성은 전 세계 휴대폰 시장과 반도체 시장을 애플, 인텔과 양분하고 있으며, 2019년 기업 브랜드 가치 6위에 오를 만큼 우리나라를 넘어 세계적인 기업이다. 외국에서도 대한민국은 몰라도 삼성은 안다는 말이 있을 정도다.

그런데 우리가 이 글에서 바라볼 것은 삼성이라는 브랜드의 대단함보다는 여기까지 오게 한 보이지 않는 혁신에 관해서다. 오랜 시간 동안 대한민국을 대표하는 기업으로 자리매김하기 위해서는 끝없이 혁신하지 않으면 안 되었다. 혁신하지 않고 도태된 기업은 수없이 많다. 삼성은 혁신을 위해 발버둥쳤다고 할 수 있다. 삼성은 어떻게 끝없는 노력으로 스스로를 이겨내며 용이 되었을까?

삼성의 시스템 경영

거대한 조직의 강점은 무수히 많지만 단점도 적지 않다. 그중 한 가지 명확한 것은 어디가 썩고 있는지조차 모른다는 것이다. 기름 한 방울이 바다에 떨어지면 바다는 자정작용을 하기 때문에 특별한 문제가 발생하지 않지만, 자연과는 달리 인간 세계에서는 자정작용이 원활하게 작동하지 않는다. 이럴 때 빛나는 것이 조직의 유연한 시스템이다. 시스템은 악취가 풍기지 않게 막는 것이 아니라 오히려 이른 시일 내에 악취를 풍기게 한다. 악취를 빠르게 판단함으로써 개선할 여지를 남기는 것이다.

이러한 시스템은 이병철 회장의 경영철학과도 연관된다. 그는 언제나 철저한 조사와 연구를 바탕으로 새로운 도전을 했다. 조사와 연구는 조직적이고 치밀했으며, 기업 환경의 변화를 신속하게 파악하기 위한 필수 요소였다. 시스템이 존재하지 않으면 끊임없는 변화가 불가능하다고 여겼다. 좋은 시스템이 있으면 벤치마킹했고, 그속에서 더 나은 방법을 찾으려 노력했다. 그러한 기반 아래 '관리의 삼성'이라는 시스템이 만들어지게 된 것이다.

시스템이란 한 가지 공통적인 목적을 수행하기 위해 조직화된 요소의 집합체와 같다. 회사의 시스템은 철저하게 목표 지향적이다. 과정을 중시하지만 결국 기업의 생존이라는 결과를 위해서다. 과정에서 발생하는 문제를 이른 시일 내에 발견하고 재발하지 않게 하기 위한 시스템은 각 부분 간의 대립 요소를 전체적인 수준에서 통합하고 조정한다. 이로써 조직이 항상 건강한 긴장감을 유지하는 것이다. 건강한 시스템은 외부의 공격으로부터 안전하게 지킬 수 있으며, 그 공격에서 기회를 만들 수 있다.

삼성의 시스템 경영은 앞서 이야기한 것처럼 철저한 조사와 연구를 바탕으로 만들어졌고, 여기에 삼성이 추구하는 기업가치에 걸맞은 규정과 규범, 표준화된 업무 프로세스가 구축됐다. 이러한 시스템이 있었기에 이건희 회장이 자리를 오랫동안 비울 때도 큰 문제없이 돌아갈 수 있고, 자율경쟁 시스템까지 이어질 수 있었다.

그러나 시스템 경영에서 가장 중요한 것은 만드는 것이 아니라 유지와 개선이다. 시스템을 만들고 나면 손을 놓는 리더가 있다. 시스템은 조직을 유연하게 돌아가게 하는 것인데, 이를 편안함으로 여기기 때문이다. 그러한 조직은 시스템이 오래 유지되지 못하고, 고인 물처럼 서서히 썩어버리고 만다. 한 예로 삼성을 대표하는 전사적 자원관리 시스템ERP인 '삼성 인트라넷'은 제대로 작동하지 않는 사내 커뮤니케이션 시스템을 이건희 회장이 지적하면서 만들어졌다. 이건희 회장 스스로 단순히 '지시했으니 조직의 말단까지 내려갔겠지'라는 안일한 생각을 하고 있지 않았기에 가능한 일이었다. 삼성은 나라에 보국하는 기업, 인재 경영, 좋은 기술과 좋은 제품으로 인류 사회에 공헌한다는 기업가치를 가지고 있다.

리더라면 시스템이 만들어졌다고 해도 시스템에 활력을 불어넣을 기업가치가 무엇인지 고민해야 한다.

삼성의 인재 리더십

흔히 조직의 이름 뒤에 사람을 뜻하는 영어 '맨man'을 붙여서 그 조직에 속한 사람이라는 것을 내세운다. 여러 기업 중 가장 애착이 강하면서도 자부심을 가진 이들이 아마 삼성맨이 아닐까? 삼성에 다니고 있다는 자부심, 그리고 삼성이 추구하는 인재에 걸맞은 사람이라는 자부심이다.

이러한 자부심에는 삼성이 추구하는 인재 경영의 중요성이 내포되어 있다. 이병철 회장과 이건희 회장은 어느 자리에서나 인재를 강조했다. 자원이 부족한 나라에서 가장 중요한 것이 인재임을 간파한 후 인재 발탁과 육성에 혼신의 노력을 기울였다. 이병철 회장은 1980년 전경련(전국경제인연합회)에서 "인재를 잘 선택하는 것은 사업 전체의 운명을 좌우하는 중대한 문제다. 나는 지난 20년간 대학을 나온 사람을 신규 채용할 때는 만사를 제쳐놓고 면접에 참여했다"

라고 말하며 좋은 인재를 구하는 것이 얼마나 어렵고 중요한 일인지를 강조했다.

삼성은 이병철 회장이 추구하는 바를 시스템으로 개발하여 국내 최초로 공개채용제도, 인사고과제, 사원연수제를 실행했다. 또한 학력 차별을 최소화하고자 공채 학력 제한 폐지를 진행했다. 학력 중심 사회였던 1990년대에 이는 엄청난 혁신이었다. 삼성의 이러한 혁신이 대단한 이유는 1등 기업이 앞장섰다는 것과, 이로 인해 몰고 올 사회적 파장까지 안고 간다는 것이었다. 지금은 삼성이 시행한 대부분의 인사 정책이 기업의 필수 시스템이 되었지만, 당시에는 정말 파격에 가까웠다.

또한 삼성이 추구하는 비전에 걸맞은 핵심 인재를 끊임없이 찾았다. 그리고 그들의 가치에 걸맞은 제안을 건넴으로써 지속해서 외부 영입을 추구했다. 이건희 회장이 이야기하는 메기 효과까지는 아니더라도 그들이 만들어낼 긍정적인 효과를 기대한 것이다.

이렇게 영입된 인재들이 삼성의 시스템에 녹아들기 위해서는 끊임없이 교육을 받아야 했다. 국제화 교육, 계층 교육, 기술 교육 등 체계적이고 전문적인 교육 시스템을 운영했다. 또한 각자 원하는 비전에 걸맞은 자기계발을 지원함으로써 인재 각각의 가치를 높이려 했다. 삼성이 이처럼 교육에 몰두한 데는 교육이 인재를 리더로 변화시키고 성장시킬 수 있다는 믿음이 있었기 때문이다. 교육으로 만들어진 리더가 시스템에 들어오는 선순환이야말로 기업이 최우선으로 삼아야 하는 목표인지도 모른다.

행동의 중요성

아무리 미래를 바라보는 통찰력이 뛰어난 인재가 많더라도 행동하지 않으면 모든 게 허상에 불과하다. 허상은 기업의 생존에 있어 불필요한 요소 중 하나다. 삼성이 위대한 용으로 여겨지는 가장 핵심적인 부분은 혁신을 주저하지 않고 행동으로 이끌었다는 점이다. 아무리 거대한 기업이라도 실패를 두려워하지 않을 수는 없지만, 그것마저 극복하겠다는 자세에서 시작되는 변혁의 발걸음이다.

이병철 회장은 기업과 고객이 동시에 만족할 때까지 품질을 개선하여 끊임없이 혁신하지 않으면 살아남을 수 없다고 보았다. 어느 자리에서나 행동의 필요성과 중요성을 강조했다.

이건희 회장이 내세운 '신경영'에서 주를 이루는 것도 행동의 중요성이다. 아내와 자식 빼고 '다 바꿔라!'는 관점으로 시작된 신경제의 핵심은 결국 행동이다. 신경영의 실행 원칙 33가지를 모은 '지행용훈평(知行用訓評)'에서도 잘 드러난다. '알아야 하고(知), 행동해야 하며(行), 시킬 줄 알아야 하고(用), 가르쳐야 하고(訓), 평가할 줄 아는(評)' 다섯 가지 개념의 핵심은 '알고 행동해야 한다'는 것이다. 앎은 삼성에서 준비한 교육으로 가능하지만, 행동은 스스로 하지 못하면 불가능하기에 더욱 강조하는 것이다.

이러한 행동의 중요성이 시스템을 통해 각각의 리더에게 전달되면, 그들은 내부에서 무수한 도전을 진행한다. 당연히 도전한 만큼 실패를 감수해야 한다. 도전에 성공하면 성취와 더불어 여러 가지 긍정적인 효과를 가져온다. 그러나 도전에 실패하더라도 행동하는 그 자체에서 만족감을 얻을 수 있다. 행동의 미학이며, 행동 DNA가 불러일으킨 나비효과다.

삼성은 혁신을 시도할 때면 언제나 행동했다. 양의 시대에서 질의 시대로 옮겨야 한다는 것을 보여주기 위해 1994년 삼성전자 구미 사업장에서 불량 제품 화형식을 진행했다. 직원들은 불길을 바라보며 변화를 체감했다. 또한 '삼성 TV의 1등'이라는 목표 아래 2005년에는 브라운관 TV의 생산 중단을 결정했다. 당시 TV 전체 판매량의 30%에 육박한 상황에서 내린 확고한 의지였다. 그리고 2006년 보르도 TV를 바탕으로 세계 1위를 차지했다.

전 세계에 삼성의 이미지를 각인시킨 휴대폰도 마찬가지였다. 애니콜 시리즈로 국내 시장에 안주해 있을 때 애플의 아이폰은 전 세계 스마트폰 시장을 뒤흔들고 있었다. 삼성은 뒤늦은 대응이었지만 확실한 행동을 통해 아이폰에 대응했다. 당시에는 불확실하고 무명이던 안드로이드 운영체제로 방향을 잡은 것이었다. 여기에 하드웨어 기술력을 더해 갤럭시 시리즈를 출시했고, 현재 1등 시장을 점유하게 되었다.

어느 기업이든 위기에 몰리면 행동하게 마련이다. 그러나 삼성처럼 뼈와 살을 내어주고 행동하기란 쉽지 않다. 소규모 1인 기업이 아닌, 리더만 해도 수백, 수천 명에 달하는 거대한 기업이기에 더 위대한 행동이다.

삼성의 생존 DNA

삼성의 시스템과 행동 DNA는 5년, 10년 후를 바라보는 생존 DNA로 변화하였다. 생존 DNA가 있었기에 매의 눈과 같은 통찰력을 가지고, 메기의 수염과 같은 초감각적인 태도로 변화를 예측할 수 있었다. 호랑이의 주먹과 같은 용감한 행동력으로 세계 1위를 쟁취했고, 사슴의 뿔 같은 투쟁의 정신으로 지금의 삼성이 있게 된 것이다.

삼성은 그 어느 기업보다 변화를 빠르게 체감한다. 변화의 속도 또한 마찬가지다. 변화는 단지 태풍처럼 한 번 스쳐 지나가는 것이 아닌 꾸준하게 부는 바람처럼 우리 몸에 맞닿아 있다. 이건희 회장은 리더들에게 "작년 말부터 등에 땀이 흐를 정도의 위기감을 느껴왔으며 잠도 제대로 자지 못했다. 모든 것을 빼앗아가버리는 종말의 시작이 될 수도 있기 때문이다"라고 말했다. 그는 항상 위기의식을 느꼈고, 그것을 기반으로 끊임없이 변화와 혁신을 추구했다.

《좋은 기업을 넘어 위대한 기업으로》의 저자 짐 콜린스는 위대한 회사에는 '단계 5의 리더'라 불리는 사람이 존재한다는 것을 발견했다. 그들의 특징은 '이 정도면 됐다'고 만족하는 사람을 용서하지 않으며, 스스로 항상 최고의 기준을 설정하고 부여하는 최고의 인재를 데려와서 능력을 발휘하도록 하는 것이다.

삼성은 '단계 5의 리더'처럼 절대 1등에 안주하지 않는다. 1등 또한 언젠가는 사라진다는 것을 알기 때문이다. 변화의 바람 앞에서 기업의 존폐는 아무도 장담할 수 없다. 그래서 자신을 뛰어넘기 위해 초격차(超格差)의 정신으로 매번 노력한다. 자율 경쟁을 유도하여 긍정적인 결과를 끌어내는 것이다.

분명한 것은 현재 삼성이 새로운 위기에 처해 있다는 사실이다. 수많은 기업들이 삼성을 따라잡기 위해 쫓아오고, 오너 리스크가 발생할 여지도 있다. 그러나 이는 삼성의 관리 DNA에 기반한 시스템의 우수성을 증명하고, 새로운 리더가 급변하는 변화에 어떻게 대응하는지 보여줄 좋은 기회일지도 모른다. 삼성이 어떠한 모습으

로 이러한 어려움을 타개하고 세계 초일류 기업으로 나아갈지 무척
기대된다.

8. 용은 지금 정글을 누비고 있다, 아마존

2011년 10월 애플의 CEO 스티브 잡스가 사망했다. 전 세계는 충격에
빠졌으나 수많은 언론과 기업은 애플의 향후 행보와 더불어 제2의 스
티브 잡스가 누구일지 주목했다. 이때 가장 많이 거론된 이름이 아마
존의 CEO 제프 베조스다.

제프 베조스가 태어난 지 1년 6개월 뒤 부모는 이혼했고, 그는
어머니에게 맡겨졌다. 이때 운명처럼 만난 사람이 양아버지 미구엘
베조스다. 그는 쿠바 난민이었지만 차후에 세계적 석유 기업 엑손의
임원진에 올랐을 만큼 경영에 눈뜬 사람이었다. 반대로 그의 친아버
지는 17세이던 어머니와 자신을 버린 사람으로 서커스 공연단의 단
원이었다. 아버지의 직업이 그의 삶에 어떤 영향을 미쳤을지 정확히
알 수는 없지만, 적어도 경영자인 양아버지로부터 경영과 리더십에
관해 더 많은 것을 배웠을 확률이 높다.

또한 아버지만큼 그에게 영향을 준 인물은 우주공학 전문가로
미국원자력위원회에서 활동했던 외할아버지 프레스톤 기스다. 제
프 베조스가 어렸을 때부터 우주선을 직접 발사하겠다는 꿈을 가지
게 한 장본인이었고, 현재 우주탐험 업체인 블루 오리진Blue Origin의
오너가 되는 데 큰 영향을 미쳤음이 분명하다. 그의 가족을 보면 어
렴풋이 제프 베조스가 걸어온 길을 예측할 수 있듯이, 어릴 적 가족

으로부터 받은 영향이 얼마나 큰지 우리는 다양한 실험과 통계로 알 수 있다.

베조스는 과학 영재였으나 대학 때는 컴퓨터공학으로 전공을 바꿨다. 그리고 벤처 회사 피텔Fitel을 선택함으로써 금융가로 뛰어들었다. 이후 탁월한 능력을 바탕으로 금융 회사 뱅커스 트러스트에 입사해 4년 만에 최연소 부사장이 되었다. 그의 나이 29세였다. 그러나 그의 삶에 변혁을 가져온 기사가 있었다. '앞으로 매년 인터넷 이용자는 23배씩 급증할 것이다'라는 내용이었다. 그는 엄청난 충격을 받았고, 선택의 갈래에 서게 되었다. 결국 그의 가치관인 후회 최소화 프레임워크를 바탕으로 억대 연봉이 보장된 금융권이 아닌 전자상거래로 발을 옮겼다.

그는 1994년 아버지에게 30만 달러를 투자받아 자신의 집 차고에서 전자상거래업체 아마존을 창업했다. 그는 '제품이 균일해야 하고 재고와 배송에 문제가 없어야 한다'는 기준에 적합한 제품으로 서적을 선택했는데, 이것도 가족이 큰 영향을 미쳤음을 알 수 있다. 2019년에 이혼한 아내 매킨지가 소설가였던 것이다. 이후 성장을 거듭하여 창업 3년 만에 나스닥 상장에 성공했고, 2019년 아마존 매출은 2,805억 달러를 기록함으로써 창업 이후 불과 25년 만에 기업 가치를 수천 배 이상 키워낸 인물이 되었다.

20년 전만 해도 '아마존'이란 명칭의 주인은 지구의 허파이자 전 세계에서 두 번째로 긴 강이었지만, 현재는 '아마존 강'이라고 별도로 검색하지 않는 한 아마존닷컴이 먼저 검색된다. 10년 전까지만 해도 그를 '제2의 스티브 잡스'라고 불렀지만, 현재는 세계를 선도하는 거대한 기업 아마존의 리더가 되어 많은 이들이 '제2의 제프 베조스'를 찾는 데 혈안이 되어 있다. 그렇다면 그의 성공 리더십은 어떤 면에서 바라볼 수 있을까?

스티브 잡스 이후 최고의 혁신가

혹자는 제프 베조스가 시대의 흐름을 잘 파악하는 정도의 조금 능력 있는 인물이라고 폄하한다. 그러나 억대 연봉의 탄탄대로를 앞에 두고 안개 너머로 보이지 않는 길을 선택해서 성공하기까지는 운만으로 불가능하다. 미국의 경제 전문지 〈포춘〉은 '제프 베조스, 그는 한 번도 혁신을 멈춘 적이 없는 미래 지향형 기업가이다'라고 했다. 끊임없는 혁신, 그것이 현재의 제프 베조스를 만든 첫 번째 가치일 것이다.

지금은 온라인에서 책을 판매하는 것이 자연스러운 일이다. 그러나 인터넷이 이제 막 태동하던 시점이었던 1994년에는 책을 온라인에서 판매하겠다는 생각은 완전히 새로운 발상이었다. 우리나라 최초의 온라인 서점인 YES24의 시작이 1998년 6월인 점을 생각하면 얼마나 빨랐는지 알 수 있다.

아이디어는 완벽한 블루오션이었지만 성공을 장담할 수는 없었다. 그러나 몇 개월 후부터 구매가 물밀 듯이 밀려들었다. 그는 도서의 성장을 지켜보면서 CD, DVD 등 각종 소프트웨어와 의류로 제품을 확장했다. 얼핏 보면 블루오션의 완벽한 성공이었다. 그런데 문제가 있었다. 매출은 늘어나는데 오히려 적자만 계속된 것이다. 온라인 특성상 최저가를 추구했고, 유통 단계에서 흑자가 날 수 없는 시스템이었다. 그러나 이는 제프 베조스의 선택이었다. 당장 몇

푼의 이익보다는 장기적인 관점에서 시장 확대에 무게를 두었다. 결국 그의 선택은 두 가지 결과를 가져왔다.

2000년부터 불기 시작한 IT 버블 붕괴는 아마존에 직격타를 입혔다. 당시 100달러에 달하던 주가는 6달러까지 하락했다. 또한 언론은 끊임없이 적자를 기록하는 아마존을 향해 질타를 가했다. 그러나 그는 자신의 판단에 흔들리지 않았다. 내부에서 끊임없는 혁신을 통해 흑자로 돌린 후 "아마존의 사업 전략이 옳다는 것을 우리는 알고 있었다"고 말하며 비난을 잠재웠다.

이후 창업 10주년인 2004년 매출 70억 달러를 기록하며 세계 전자상거래 시장 1위를 차지했다. 2007년 온라인 상품 매매의 40%는 아마존을 통해 이뤄졌다. 그러나 그는 거기에 만족하지 않고 외부적인 혁신을 추구했다. 바로 독서의 방법을 바꾸는 것이었다. 책은 단순히 종이로만 존재하는 것이 아닌 '전자'의 형태로도 가능하다는 것을 이야기했다. 전자책 '킨들'의 탄생이었다. 비록 아이패드에 밀려 시장 점유율 2위를 기록했지만, 아마존의 혁신을 세계는 점점 인정하기 시작했다.

그러나 언론은 온라인에서 거대 공룡들이 끊임없이 나온다는 점을 들며 아마존의 성장에 경고를 제시했다. 이에 아마존은 클라우드 시장에서 또다시 혁신을 추구했다. 아마존 웹 서비스 AWS_{Amazon Web Service}이다. 서버 대여를 통해 전 세계 서버 공유 시장을 장악하면서 IT 업계에 새로운 패러다임을 만들어냈다. 클라우드 시장 1위를 차지하며 아마존 최고의 먹거리가 되었다. 또한 최근에는 널리 알려졌듯이 '블루 오리진'이라는 우주 개발 회사를 탄생시켜 우주항공 프로젝트를 진행 중이며 지구를 넘어 우주로 향한 혁신을 준비 중이다. 그의 혁신이 놀라움을 넘어 경악에 이르게 하는 이유다.

고객이 왕이라는 단순한 가치

베조스가 이처럼 끊임없이 혁신을 추구한 데는 '고객 만족'이라는 기업가치 때문이다. 고객 만족을 추구하지 않는 기업은 없다. 그러나 그는 온라인의 발달로 고객의 마음마저 빠르게 바뀔 수 있다는 것을 알았다. 빠르게 변하는 고객을 만족시키기 위해서는 끊임없이 혁신하지 않고는 정답이 없다는 것이다.

그는 한 인터뷰에서 "끊임없이 증가하는 고객의 기대치를 충족하려면 높은 기준을 가져야 한다"고 강조했다. 그는 고객에 대한 집착_{Customer Obsession}이라고 표현하며 고객의 관점에서 일해야 한다고 강조한다. 리더는 경쟁자에게 집중하고 있어도, 고객에 대해 항상 집착에 가까운 관심을 두고 있어야 한다. 아마존의 회의에는 빈 의자가 하나 놓여 있는데, 바로 고객의 자리다. 고객이 함께 그 자리에서 자신들의 결정을 바라본다는 의미로 고객의 중요성을 강조한 것이다.

제프 베조스의 고객 만족 방법은 두 가지였다. 하나는 온라인에 걸맞은 방법으로, 최저가이다. 이는 매출이 증가해도 이익이 늘어나지 않는 첫 번째 원인이었으나, 장기적인 관점에서는 사이트에 고객이 발을 내디디게 하는 첫 번째 단계였다. 발을 내디딘 고객이 재구매하는 데는 여러 과정이 필요하지만, 어떻게든 아마존을 접하게 하는 것이 중요했다.

전자책 킨들 또한 마찬가지였다. 고객은 애플의 혁신인 아이패드에 열광했다. 그렇다고 그러한 열광을 멀리서 바라볼 수는 없었다. 가격에서 199달러라는 초강수를 띄움으로써 아이패드의 점유율을 조금씩 빼앗기 시작했다. 그는 시장의 규모를 키우는 데 집중했고, 이로 인해 고객은 다시 한 번 아마존과 접점을 가지게 되었다.

그런데 저가 정책은 모든 온라인 시장에서 볼 수 있다. 이에 아마존은 질적으로 고객 만족을 내세웠다. 제품의 품질을 의미하는 것이 아니다. 아마존이 고객 만족을 위해 신경 쓰고 있고, 아마존의 고객임을 자랑스러워해도 된다는 것을 보여주었다. 바로 연간 멤버십 가격을 지불하면 아마존의 혜택을 받을 수 있다는 점을 강조한 아마존 프라임 서비스를 제공했다. 고객의 이탈을 최소화하기 위한 방책이었으나, 빠른 배송뿐만 아니라 프라임 뮤직, 비디오 등 콘텐츠까지 굉장히 저렴한 가격에 누릴 수 있게 했다. 최근 불고 있는 팬 마케팅의 최전선에 있는 정책이었다. JP모건에서 발표한 리포트에 따르면 연간 100달러 전후의 멤버십이 고객에게는 최대 800달러 수준의 가치를 부여한다고 평가했다. 최근 〈월스트리트저널〉에 따르면 아마존 프라임 유료 회원 수는 넷플릭스 다음으로 1억 명을 넘겨 아마존의 이익에 지대한 역할을 하고 있다.

또한 제프 베조스는 고객들에게 연례 서한을 보낸다. '제프 베조스의 편지'라 불리는 이 서한은 아마존의 경영 원칙과 장기적 안목에 관한 풍부한 정보가 담겨 있어 비즈니스에 발을 담그는 사람이라면 필수로 접해야 하는 것이다. 아마존이 버블 닷컴으로 극한의 위기에 처했을 때도, 이후 수많은 위험으로 고객이 발길을 돌릴 뻔했을 때도 이 편지가 강력한 힘을 발휘했다. 아마존과 고객은 한몸임을 강조하는 제프 베조스의 고객 만족 리더십이다.

괴짜 리더십

그를 논할 때 혁신가와 함께 불리는 수식어가 '낄낄대는 미치광이 CEO'이다. 그의 독특한 웃음소리 탓도 있지만, 많은 사람들이 '미치광이'에 집중한다. 이는 고객 만족을 위해서는 어떠한 정책이든 진행한다는 뜻이다. 이로 인해 노동계는 '최악의 폭군'이라고 할 정도로 직원 리더십에 있어서 호불호가 나뉜다. 특히 베조스의 성과 우선주의에 경고를 보낸다.

그는 누구보다 인재를 중요하게 여긴다. 최고의 인력을 확보하기 위해 최선의 노력을 다한다. 단, 그가 내세우는 직원 리더십은 명백하다. 그가 자주 하는 "열심히 일하고, 즐기고, 역사를 만들자"는 말처럼 아마존의 비전에 맞게 열심히 일하는 사람을 찾는 것이다.

그는 끊임없이 새로운 도전과 혁신을 하며, 이는 혼자 이룰 수 없음을 누구보다 잘 알고 있다. 가끔 비전에 공감하지 못하는 사원은 그 자리에서 해고해버리는 스티브 잡스와 같은 폭군의 기질도 있지만, 반대로 비전에 걸맞은 능력을 보여주는 사람은 끝까지 함께 간다는 뜻이기도 한다.

최근 들어 소통을 최우선으로 하는 리더십과는 조금 다른 결을 보이기는 한다. 그가 경청하지 않고 소통을 하지 않는 것은 아니다. 분기마다 '생각 주간'을 통해 나온 아이디어는 경영진과 현장 실무자들과 함께 토론하고 분석한다. 또한 자신의 관점이 무조건 옳지 않기에 경청을 통해 이를 개선할 수 있다고 믿는다.

그러나 그는 집중과 몰입의 중요성을 잘 아는 리더로서 소통보다는 이 두 가지에 조금 더 집중하려 노력하는 것이다. 한 예로 회의에서는 '피자 두 판'의 원칙이 있는데, 이는 피자 두 판을 먹을 만큼의 인원만 참석하라는 뜻으로 효율과 집중을 강조하는 것이다. 그가 내세우는 점은 절대적인 주인의식이다. 주인의식이 몰입의 근거가 되며, 집중과 몰입이 기업의 생존과 밀접한 관계에 있다는 점을 자주 강조하는 이유다.

참고로 아마존의 리더십 원칙_{Leadership Principles}은 단순한 구호가 아니다. 수많은 아마존 직원들이 매일 이 원칙을 적용해서 일하고 있으며, 새로운 프로젝트에 대한 아이디어 논의는 물론 문제 해결을 위한 최선의 접근 방식 등 다양한 곳에 활용하고 있다. 인터넷 사이트에서 원문을 확인할 수도 있고 '아마존의 리더십 원칙'이라고 검색하면 번역문_{www.amazon.jobs/en/principles}을 쉽게 접할 수 있다.

아마존 이펙트가 불러온 결과

제프 베조스는 그 누구보다 시대의 흐름을 잘 파악한 인물이며, 그로 인해 성공이라는 달콤한 열매를 획득했다. 이처럼 빠르게 변하는 시대에 성공이라는 단어를 사용하기는 힘들지만, 그가 나아가는 방향을 바라봤을 때 지금 그 누구보다 성공이라는 말이 어울리는 사람이다.

그는 달콤한 열매에 취하지 않고 끊임없이 혁신하려 노력한다. 매의 눈, 메기의 수염을 통해 변화를 예측하고 꿰뚫어보는 눈, 독수리의 발톱과 같은 집중과 몰입으로 인한 그의 판단력을 믿고, 호랑이의 발톱으로 먹이를 향해 달려간다. 이로 인해 뱀이 허물을 벗고 성장하듯 끊임없는 혁신을 이루어낼 수 있다. 그가 중요하게 여기는 리더의 조건 중 하나가 뛰어난 사업적 판단 능력과 감각인 이유가 여기에 있다.

현재 미국은 아마존의 성장으로 경쟁사가 줄도산을 하는 아마존 이펙트Amazon Effect를 겪고 있는 것이 사실이다. 아마존의 성장이 본격화된 이후 소매점 폐점 수가 늘어나고, 2017년 이래 폐점 수만 1만 개에 이르고 있다. 아마존 때문만은 아니겠지만 큰 영향을 미치고 있음은 분명하다.

그러나 다른 한편으로는 아마존처럼 끊임없이 혁신하지 않으면 다가올 미래에 생존하지 못한다는 것을 보여주기도 한다. 안타까운 사실이지만 동물의 세계뿐만 아니라 조직의 세계에서도 포식자는 명확히 존재한다. 결국 우리가 해야 할 것은 포식자에게 먹히지 않는 혁신을 이루어내는 것임을 아마존의 용을 보면서 알 수 있다.

9. 용의 리더십을 검색하라, 구글

삼성, 아마존, 애플, 마이크로소프트 등 세계를 이끄는 기업들이 있다. 하지만 현재 전 세계 20~30대에게 가장 밀접한 기업은 구글이라는 것을 부정할 사람은 많지 않을 것이다. 단순히 구글을 네이버와 같은 검색 사이트로 인지할 수 있다. 그러나 삼성을 비롯한 휴대폰 업체 대부분이 사용하는 운영체제인 안드로이드를 포함해 최근 광풍을 넘어 일상이 된 유튜브, 그리고 여행 시 빠질 수 없는 구글지도까지 20~30대의 일상에서 구글은 빼놓을 수 없다. 이러한 연유로 구글은 그 어느 기업보다 젊게 느껴지며, 20~30대가 '입사하고 싶은 기업 1위'를 꾸준히 유지하고 있다.

구글은 검색에 중점을 둔 IT 서비스 기업이다. '세계 최고의 검색엔진'을 목표로 스탠퍼드 대학교 컴퓨터과학대학원 박사 과정에 있던 세르게이 브린과 래리 페이지가 1998년에 창립한 기업이다. 그들은 웹사이트의 중요도를 하나의 사이트로 연결되는 백링크를 따져 결정하는 방식을 취했고, 이것이 현재 구글의 기초가 된 검색엔진 백럽BackRub이다.

그들이 사업을 시작한 1998년은 애플, 마이크로소프트, 아마존의 영향으로 온라인 바람이 본격적으로 불기 시작할 때였고, 온라인 검색 시장은 야후를 통해 사람들에게 인식되고 있을 무렵이었다. 이러한 환경 속에서 '전 세계 정보를 체계화하여 모두 편리하게 이용할 수 있도록 한다'는 그들의 기업가치를 빠르고 널리 퍼질 수 있게 하였다.

1초 안에 관련 검색 결과를 제공하는 편리한 무료 서비스로 입소문이 나면서 구글의 우수성은 별도의 마케팅을 활용하지 않고도 자연스럽게 퍼지기 시작했다. 검색엔진으로 창업한 닷컴 기업들은 인터넷이 붐을 일으키자 광고 수익을 올리는 데 열을 올렸다. 그러나 구글은 단기적인 수익 창출보다는 검색엔진의 정확도와 속도, 신뢰도를 높이는 데 열중했다. 구글 전체 직원 중 가장 많은 인원이 연구 개발직인 것도 이런 이유 때문이다.

그 결과 구글과 다른 업체의 기술 격차는 점점 더 크게 벌어졌고, 야후의 몰락과 함께 자신의 제품과 서비스를 내세우고 싶은 광고주는 자연스럽게 구글을 찾았다. 이처럼 확실한 브랜드 마케팅과 더불어 광고로 인한 안전 수익으로 인해 구글은 현재 전 세계를 이끄는 기업 중 하나가 되었다.

기본의 창의성

인터넷 기반 회사 중 구글은 단연 성공적이며 혁신적인 기업으로 손꼽힌다. 창업한 지 3년 만에 경쟁사를 따돌리고 독보적인 존재로 떠오른 데는 여러 가지 영향이 있겠지만, 기존과는 다른 관점으로 바라보는 시선이 중요한 역할을 했음을 누구도 부정할 수 없다. 구글이 나오기 전 온라인 검색 시장은 야후와 AOLAmerica On Line이 양분했다. 우리나라의 인터넷 속도는 전 세계 최상위에 들 정도지만, 네이버와 다음 등은 세계에서 힘을 써볼 여유 공간조차 없었다. 그리고 구글은 이 둘과는 다른 방향으로 길을 걸었다.

그들은 이익 대부분을 고객 유치를 위한 마케팅 활동과 유지에 사용했고, 메인 화면은 뉴스, 스포츠, 날씨, 쇼핑 등 방문자들의 눈길을 사로잡을 수 있도록 화려하게 꾸몄다. 이는 고객을 자신의 홈페이지에 오랫동안 붙잡아두려는 일반적인 온라인 기업의 운영 방식이자 기업의 성장에 있어 당연시해왔던 '기본'이었다.

그러나 구글은 이들과 달리 콘텐츠의 차별화에 집중했다. 구글의 화면은 너무나도 깨끗하다. 하얀 배경 위에 오륜기와 같은 색의 글씨 'Google'과 작고 네모난 검색창이 전부다. 마치 아무것도 없는 황량한 사막에 놓인 것과 같은 느낌이다. 구글은 방문자들을 메인 화면에 오래 잡아두지 않는다. 구글은 검색창을 이용해 원하는 검색 결과로 이끄는 역할에 집중한다. 이는 구글의 창업 가치이자 고객의 자유에 날개를 달아준 것이다. 이러한 자유성에 익숙해진 고객은 화려하지만 어지러운 화면을 오히려 불편하게 느꼈고 자연스럽게 구글의 충성 고객이 되었다. 여기서 충성 고객이란 검색을 원하는 이용자를 포함해 그들을 대상으로 하는 광고주를 말한다. 사람이 모이는 곳에 돈이 모인다.

이러한 창의성을 내세울 수 있는 기반은 구글이 중요시하는 수학에 있다. 현재 수학 관련 수업에서는 수학의 중요성을 구글에서 찾는다. 수학이 만들어내는 창의성을 강조하기 위해서이다.

온라인 검색 시장은 결국 데이터베이스(DB)를 어떻게 활용하느냐에 따라 존폐가 갈린다고 할 정도로 데이터가 매우 중요하다. 구글은 수학적인 문화를 강조함으로써 DB의 중요성과 더불어 검색 연결의 차별성을 특화한다. 사용자 개인의 행동 이면에 있는 일반적인 원칙뿐만 아니라 인터넷 성능의 개선, 문헌정보 분석을 위한 데이터 마이닝과 같은 분야에서도 활용된다. 수학적 사고는 정확도를 높임으로써 고객이 검색으로 인해 겪는 불편을 최소화한다. 이는 자연스럽게 고객 만족으로 이어지며 충성 고객으로 연결된다.

인재의 창의성

뱀이 허물을 벗는 것처럼 혁신하며 끊임없이 도전하는 구글의 창의성은 기술의 발달을 가져오지만, 결국 기술을 만드는 것은 사람이다. 구글은 매년 '입사하고 싶은 기업 1위', '신의 직장' 등으로 불리며 잠재고객의 충성도가 가장 높은 기업이다. 이로 인해 전 세계 어떤 기업보다 젊고 창의성이 지속된다. 이는 구글이 자랑하는 자유로운 조직문화 덕이 분명하다.

구글의 창업자 래리 페이지와 세르게이 브린은 뛰어난 기술자였지만, 젊은 CEO가 절대적으로 추구하는 소통의 리더십에 가깝지는 않았다. 특히 아마존의 제프 베조스나 페이스북의 마크 저커버그처럼 소통을 강조하거나 기업의 전면에 나서지 않다 보니 리더십에 의구심을 품기도 한다. 그러나 겉으로 드러나지 않을 뿐 인재 경영에서 추구하는 방향은 단순 명확하다. 직원이 행복해야 생산성도 최고라는 것이다. 구글이 지식 노동자 직원들에 대한 현명한 처우로 정평이 나 있는 이유다.

구글은 창의성을 높일 수 있는 환경을 만드는 조직문화를 지속적으로 추구한다. 구글의 20% 프로젝트는 이미 널리 알려졌다. 하루 근무 시간 중 20%는 자신이 원하는 일을 하며 새로운 아이디어와 새로운 제품, 사업을 구상하면 된다. 우리나라와 같이 근무 시간이 긴 나라에서는 꿈과 같은 이야기일지도 모른다. 지메일, 구글어스와 같은 아이디어가 20% 프로젝트에서 비롯된 성과다. 또한 최고 수준의 구내식당과 실내 수영장, 마사지숍 등을 제공하며, 출산한 아내의 남편에게는 2주간의 유급 휴가를 주고, 경력 개발을 위한 학비와 프로그램을 지원하는 등 복지에 최선을 다한다. 창의성은 억지로 끌어내는 것이 아니라 편안한 환경에서 나올 수 있음을 알고 있는 것이다.

이러한 조직문화로 인해 구글의 직원 만족도는 매우 높고, 창의성을 지속해서 창출할 수 있다. 누군가에게는 그저 돈과 인력이 많아 펑펑 소비하는 것으로 보일지도 모른다. 그러나 구글은 창의성의 본질을 알고 있다. 구글은 직원들이 새로운 아이디어를 낼 수 있도록 장려하는 것이 옳다고 생각한다. 그렇다고 구글이 사회지원단체는 아니다. 엄연히 이익을 추구하는 기업이다. 소비 이상으로 생산을 추구하지 않는다면 이러한 창의적인 문화는 존재하지 않을 것이다.

구글의 비전 리더십

구글은 저물지 않을 것처럼 보였던 야후의 몰락을 눈으로 바라보았다. 그들은 검색으로 인한 광고 수입만으로는 생존을 확신하지 못했다. 그래서 구글은 단순 포털만을 추구하는 것이 아니라 전 세계를 아우르는 네트워크이자 플랫폼으로 나아갔다.

구글은 자사가 개발하지 않은 정보 관리 툴을 가질 수 있는 방법으로 우수한 기업의 인수를 선택했다. 온라인 비디오 부문의 유튜브, 웹 광고 부문의 더블클릭, 위성사진 부문의 키홀 등이다. 이러한 인수합병은 현대사회에서 어느 기업이건 미래의 성장을 위해 선택해야 하는 필수 조건 중 하나다.

그러나 구글은 단기보다는 장기적인 관점으로 보았다. 매의 눈과 같이 더 먼 미래를 본 것이다. 신규 서비스의 단기 수익성에 연연하지 않았다. 한 예로 전 세계를 강타한 유튜브를 들 수 있다. 현재 10~30대에게 유튜브는 네이버와 TV를 합친 것보다 더 강력한 영향력을 가지고 있다. 초등학생 장래 희망 순위에 크리에이터가 상위권에 올랐으며, 유튜버가 되기 위해 퇴사하는 사람까지 증가하고 있다.

구글은 유튜브가 안정세에 접어들었다고 판단하여 최근에 광고 없이 편안하게 볼 수 있는 프리미엄 구독 시스템을 활성화하고 있지만, 그전까지만 해도 이용자의 편의를 최우선으로 여기며 무료 서비스를 제공했다. 그렇다고 영상을 제공하는 지식 노동자에게도 무료로 접근하지는 않았다. 여기서 구글의 차별성 및 우수성이 발휘된다. 유튜브의 성공 비결은 '너의 창의성에 우리는 돈을 지불할 준비가 되어 있다'는 것이다. 즉, 단기적인 손해를 감수하더라도 지식 노동자에게 성과에 따른 돈을 지급함으로써 '보는 사람'이 아닌 '하는 사람'이 늘어나게 하는 것이다. 이는 기존 네이버 블로거와 철저하게 차별되는 것이다. 한때 검색 광고의 최우선 순위로 두었던 블로거 또한 유튜버와 같은 지식 노동자였으나 네이버는 특별한 대우를 해주지 않았다. 이러한 부분을 당연하게 여겼는데 지식에 걸맞은 대우를 하는 유튜브가 등장했다. 최근 조사에 의하면 우리나라 검색 시장은 네이버가 50%로 압도적인 영향력을 가지고 있으나, 구글이 35%까지 올라온 것은 네이버의 철옹성이 무너지는 것이자 유튜브의 강력한 영향력을 보여주는 부분이다.

이처럼 전략적으로 인내심을 발휘하여 성공할 수 있었던 데는 비전에 대한 목표와 더불어 이를 달성하기 위한 치밀한 전략이 있었기 때문이다. 충분한 자본이 있었기에 인터넷 기반 운영 플랫폼, 독자적인 기술 개발과 인수합병에 수백억 달러를 투자하는 것이기도 하지만, 명확한 비전이 없으면 머뭇거릴 수밖에 없다. 여기에 방대한 DB와 창의력 있는 인재가 있었음은 당연하다. 즉, 구글은 창의성을 발휘하기 위한 최고의 선순환 구조를 가지고 있으며, 이는 기업의 생존과도 연관된다는 것을 보여준다.

구글의 양면성

구글의 약점은 분명하다. 인프라 공급자로서 고객 집단이 경쟁사에 넘어가면 자연스럽게 광고주는 떠날 수밖에 없다. 구글이 고객 데이터에 대한 보안을 유지하지 못하거나 서버 문제 등이 지속해서 발생한다면 구글 또한 저물어 가는 기업이 될 수 있다. 또한 최상위 기업으로서 정치, 경제적 책임에 대한 공격을 받을 수도 있으며, 경쟁사는 언제나 구글을 목표로 달려들 것이다.

그러나 성장 동력 또한 분명하다. 이제 '믿고 검색하는 구글'이라는 말이 있을 만큼 두터운 팬층을 구축하고 있다. 4차 산업혁명을 이끄는 기업으로 아마존, 구글이 끊임없이 언급되는 이유는 현재의 자본력과 힘이 아닌 다가올 미래에 살아남을 수 있다는 확실성과 탄탄한 고객 기반층이 있기 때문이다.

리더라면 구글이 가진 매의 눈을 잘 봐야 한다. 어제의 창의성조차 진부해지는 지금 시대에 창의성의 상징으로 살아남을 수 있기까지 요행이란 없었다. 핵심을 바라보는 통찰력, 통찰력을 바탕으로 혁신하려는 노력이 꾸준히 지속되어야 살아남을 수 있다는 것을 구글은 몸소 보여준다.

4차 산업혁명은 철저한 탈혁명의 시대다. 정해진 틀이나 매뉴얼, 전통적인 리더의 권위는 조직을 절벽 끝에 머물게 할 것이다. 이러한 점에서 구글의 창의적인 조직문화는 한국의 기업문화와 어울리지 않을 수도 있겠지만, 보고 배우고 따라 해야 기업의 생존을 이끌 수 있음을 명심해야 한다.

10. 세상을 바꾼 용의 사과, 애플

세상에는 수많은 기업이 있고, 그 기업을 진두지휘하는 리더가 있다. 그중에서 기업보다 더 이슈가 되는 CEO가 있는데, 대표적인 인물이 애플의 전 CEO 스티브 잡스였다. 한때 스티브 잡스가 애플이었고, 애플의 모든 혁신은 스티브 잡스에서 나왔다고 이야기할 만큼 한 사람의 역량은 상상 그 이상이었다. 바닥을 찍었던 기업이 세상을 바꾼 하나의 혁신으로 최상위 기업으로 탈바꿈했기 때문일 것이다.

그러나 스티브 잡스는 세상을 떠났고 애플은 남아 있다. 많은 이들이 스티브 잡스의 타계 이후 애플의 생존에 의문을 품었지만, 아직 IT뿐만 아니라 전 세계를 선도하는 기업의 최상단에 있다. 스티브 잡스가 구축해놓은 리더십의 영향도 있지만 애플이 가진 힘이 있기 때문이 아닐까 생각한다.

1970년대 대기업이나 정부의 전유물이었던 컴퓨터가 일반 대중에게까지 손을 내밀었다. 그러나 대중에게 내밀 만한 괜찮은 제품이 없었다. 이에 컴퓨터 게임 회사에 근무하던 스티브 잡스와 HP 직원이었던 스티브 워즈니악이 의기투합하여 개인용 컴퓨터(PC)를 만들었고, 이것이 1976년 세상을 바꾼 용의 사과, 애플의 시작이었다.

세상에 없던 PC로 한 차례 혁신을 이끌었지만 차후 스티브 잡스의 고집스러운 성격과 더불어 경쟁사인 IBM에 지속적으로 밀리면서 창업자 중 한 사람인 스티브 잡스는 경영 일선에서 물러났다. 이후 애플은 PC 시장에서 리딩은 둘째치더라도 생존하기 위해 노력했지만, 1995년 8,000만 달러에 달하는 적자를 입으며 존폐 위기에 놓였다.

이로 인해 애플의 선택은 다시 스티브 잡스였다. 애플을 떠난 스티브 잡스는 운영체제 회사인 넥스트를 설립했지만 성공을 거두지 못했다. 그러나 애니메이션 회사 픽사를 인수해 애니메이션 〈토이 스토리〉를 대흥행시키는 것을 보고 애플은 그의 괴팍한 성격이 아닌 그의 능력을 믿기로 했다.

스티브 잡스는 '맥 시리즈'로 PC 시장에서 기반을 다진 후 또 한 번의 혁신을 준비했다. 당시 MP3 시장이 떠오르고 있었는데, 스티브 잡스는 이 시장의 성장성에 주목하였다. 그리고 '아이팟'이라는 음향 장비를 세상에 내놓았다. 아이팟으로 성공적인 복귀를 알린 후 우리가 아는 21세기 최고의 혁명이자 애플의 세 번째 혁신인 아이폰이 세상에 등장했다. 아이폰은 전자기기의 생태 흐름을 바꿔놓았고, 모든 기업들은 혁신의 개념을 다시 한 번 생각하게 되었다.

이후 아이패드의 등장과 더불어 애플은 승승장구했으나 2011년 스티브 잡스가 타계함으로써 한 차례 풀이 꺾이고 말았다. 그러나 앞서 이야기했듯이 애플은 아직도 세계를 선도하는 기업이며, 혁신을 대표하는 기업으로 널리 알려져 있다. 이는 스티브 잡스의 리더십뿐만 아니라 애플이 가진 리더십에서 비롯되는 영향력일 것이다.

후발 주자가 살아남는 법

애플의 리더십에서 가장 먼저 확인해야 할 것은 혁신의 개념이다. 많은 사람들은 혁신을 세상에 없던 새로운 것을 만드는 것이라고 생각한다. 그러나 애플은 최초의 PC인 '애플'을 제외하고는 세상의 최초를 만든 기업이 아니다. 아이팟, 아이폰, 아이패드 모두 경쟁사에 이어 후속 제품으로 나왔다. 제품이든 서비스든 '최초'의 힘은 강력하기에 후발 기업은 최초를 뛰어넘기 위한 혁신을 해야 한다.

아이팟이 출시되기 전 이미 MP3 시장 자체가 호황이었다. 소니의 워크맨으로 대표되던 음향 기기가 손바닥보다 작은 편의용 기기로 넘어선 것이었다. 스티브 잡스는 음향 시장의 성장성을 내다보고 아이팟을 출시했다. 많은 사람들이 아이팟의 강점을 애플의 상징인 슬림하고 단조로우면서도 매력적인 디자인이라고 한다. 그러나 디자인이 강점이라면 소프트웨어는 혁신이었다. 당시 불법으로 다운로드해서 품질이 좋지 않은 다른 기존 제품에 고객은 불만을 표시했다. 이에 잡스는 음향으로 경쟁사를 잡는 것이 아니라 음악 산업 전체를 뒤집어놓을 통합 시스템을 선보이기로 했다. 아이튠즈 스토어에서 전용 음악 판매 서비스를 함으로써 간편하게 음악을 구입하고, 공유하고, 관리하고, 저장하고, 재생할 수 있게 한 것이다. 이는 기존의 콘텐츠와 비교했을 때 질과 양에서 압도적인 차별성을 보였다.

아이폰 출시 전에도 이미 림ᵣᵢₘ의 블랙베리, 마이크로소프트의 윈도 모바일 등을 기반으로 한 스마트폰이 다수 존재했다. 그러나 이들은 가격이나 기능, 성능 면에서 문제점이 있었다. 아이폰은 아이팟에서 충분히 인정받은 심플하면서 파격적인 디자인을 바탕으로 제품 조작에 혁신을 더했다. 타 제품들이 조작하기 어려웠던 점에 대응하여 심플한 인터페이스, 2개 이상의 손가락 입력을 동시에 인식하는 정전식 멀티터치 스크린 등을 갖춰 초보자들도 쉽게 조작할 수 있었다. 이는 컴퓨터를 전문용에서 일반적으로 쓸 수 있게 만든 애플의 탄생과 맞닿아 있었다. '애플 하면 카메라'라는 말이 굳어질 만큼 뛰어난 카메라 성능과 아이팟에서 진화된 음향 등 한 손에 잡히는 미니 컴퓨터는 2007년 〈타임〉 선정 올해의 발명이 되었다. 이후 아이패드 또한 아마존의 킨들에 이어 두 번째로 시장에 나왔으나 최초를 이길 수 있었다.

아이팟, 아이폰, 아이패드의 공통점은 경쟁사에 비해 비싸다는 점이다. 보통 2위가 1위를 이기기 위해 저가 정책을 쓰는 것과 확연히 다른 부분이다. 이는 디자인과 제품의 혁신에 대한 믿음이 확실했기에 가능했으며, 생존 방법으로 가격은 정답이 아님을 보여주는 좋은 예가 아닐까 한다.

리더와 조직문화의 관계

애플의 혁신은 제품뿐만 아니라 인물에도 있었다. 그런데 이는 기존의 관점과는 조금 다른 혁신이다. 현시대 리더에게 보통 요구되는 능력은 경청, 공감, 소통이다. 인재가 발휘하는 능력의 범위가 커짐에 따라 인재의 중요성이 대두되기 때문이다. 그런데 스티브 잡스의 능력을 의심하는 사람은 거의 없었지만, 그의 성격에 대해서는 여러모로 말이 많은 것이 사실이었다. 그는 자기 확신이 강했다. 경청, 공감, 소통과는 거리가 멀어 보였다. 강직한 성격이 성공했을 때는 긍정적으로 작용할 수 있으나, 실패했을 때는 타깃으로 삼기 좋을 만큼 부정적인 부분이다.

스티브 잡스의 이러한 성격을 보여주는 대표적인 사례가 몇 가지 있다. 애플I이 인기를 끌 때쯤 스티브 잡스는 전문 경영인인 마이클 스코트를 CEO로 영입했다. 스코트는 회사의 체계를 갖추기

위해 사원 번호를 부여했는데, 잡스를 워즈니악 다음인 2번으로
했다. 그러나 잡스는 이에 반발하였고 예정에 없던 0번을 만들었
다. 또한 제프 라스킨이 단독으로 이끌던 매킨토시 프로젝트에 잡
스가 가담하였다. 그런데 라스킨이 그린 그림과는 다른 자신의 의
견을 강하게 밀어붙였고, 결국 자존심이 상한 라스킨은 개발 도중
애플을 퇴사했다. 잡스는 이후 다시 CEO를 역임했으나 강직하고
고지식한 성격 탓에 이사회 결의로 자신이 창업한 회사에서 쫓겨
났다.

　　이러한 창업자의 성격 탓인지 애플은 혁신적인 기업의 대명사
로 꼽히지만 위계 조직의 요소가 강하다. 각 엔지니어 및 부서 간의
협업이 제한적이라는 사실이 잡스의 전기 소설 및 영화, 그리고 각
종 인터뷰에서 잘 드러난다. 그러나 애플의 혁신은 조직 전반이 아
닌 리더 한 명의 영향이 얼마나 큰지를 여실히 보여준다. 협업이 안
되는 조직이라도 리더가 모든 것을 총괄할 수 있는 역량을 갖추고
있다면 강제로라도 유연하게 협업이 될 수 있는 것이다.

　　잡스가 경청과 소통을 하지 않았던 것은 아니다. 자유로운 회의
를 주도하며 최대한 의견을 받아들이려고 했다. 그러나 상대적으로
강직한 부분이 드러나 보인 것이 사실이다. 그렇다고 잡스의 성격을
닮아야 한다는 것은 아니다. 다가올 시대는 소통하는 리더가 더욱
중시되는 사회임을 부정할 수 없다.

애플의 관리 리더십

스티브 잡스가 타계했을 때 많은 이들이 애플의 미래를 걱정했다.

스티브 잡스의 사망을 발표하기 전에 뉴욕 증시는 애플의 거래를 중단했다. 애플의 미래를 어둡게 본 것이고, 이로 인해 주식과 애플의 기업가치가 급락할 것으로 여겼다. 스티브 잡스가 일선에서 물러난다고 이야기했을 때 사람들은 잡스의 후계자로 애플의 수석 디자이너 조너선 아이브를 생각했으나, 관리자에 가까웠던 팀 쿡으로 결정되었다. 스티브 잡스가 팀 쿡에게 CEO 자리를 물려줬을 때 애플의 주가는 무려 5.3% 급락한 점이 시장의 우려를 대변했다.

그런데 현재 애플은 일반적인 예상과는 다른 방향으로 걸어가고 있다. 분명 현재의 애플이 잡스의 혁신성에는 미치지 못하는 것이 사실이다. 청바지에 검은 목폴라티를 입은 잡스가 신제품 발표를 할 때와는 달리 팀 쿡의 신제품 발표에는 주가나 판매량이 크게 요동을 치지 않은 점이 이를 대변한다.

그러나 잠깐의 주춤거림 이후 애플의 미래 기대치를 나타내는 주가는 연일 상승 곡선을 그렸다. 이로 인해 2018년 8월 세계 최초로 기업가치 1조 달러 클럽을 달성했고, 2019년 주가는 70% 넘게 상승했다. 2020년 1월 주가는 연일 최고치를 경신 중이다.

혁신의 중단 이후 몰고 올 파급 효과를 잠재운 팀 쿡의 리더십이 빛나는 순간이었다. 혁신의 뒤에는 많은 그림자가 존재하며, 애플의 그림자는 악성 재고였다. 팀 쿡은 먼저 재고 회전주기를 30일에서 6일로 줄였고, 판매되지 않은 재고량도 5분의 1가량 줄였다. 이로 인해 애플의 재무 부담이 줄어들었다.

팀 쿡의 관리자 리더십은 별처럼 빛나지는 않지만, 헌신적이고 책임감 있는 행동으로 조직의 성장에 이바지했다. 그는 잡스처럼 목소리를 높이는 대신 질문을 통해 합리적인 최선의 방법을 찾는다.

이는 기업의 생존을 책임지는 CEO 자리에 헌신하는 모습이다. 이러한 모습이 조직문화에도 영향을 미치고, 이는 유연한 조직문화로 탈바꿈할 수 있는 동기가 되기도 한다.

다가올 애플의 혁신이 기대되는 이유

많은 이들이 '만약에 잡스가 살아 있다면?'이라는 가정을 붙인다. 그랬다면 아마도 2010년 아이패드 이후 멈춰버린 네 번째 혁신이 세상에 나왔을 확률이 높을 것이다. 그러나 지금의 애플이라고 해서 네 번째 혁신이 나오지 말라는 법은 없다. 전문가들은 애플의 위대한 미래는 의학과 보건, 피트니스, 자동차, 스마트홈 등 아직 컴퓨팅이 정복하지 못한 무대에서 펼쳐질 것이라고 입을 모은다.

한 인터뷰에서 스티브 잡스에게 자신이 만들어낸 가장 뛰어난 창조물은 무엇이냐고 물었을 때 그는 '애플'이라고 대답했다. 그의 말처럼 이미 애플에는 스티브 잡스의 혁신 자체가 새겨져 있으며, 팀 쿡을 비롯해 이후의 CEO들이 그 혁신을 계속해서 이어갈 것이다. 기업의 생존을 위해 혁신은 필수다.

혁신에는 스티브 잡스와 같이 돼지의 코, 메기의 수염, 뱀의 몸통 등 발견하고 깨닫는 창의성만이 필요한 것은 아니다. 무너지지 않게 버티는 악어 이빨의 집념, 근성 그리고 낙타 머리의 끈기를 가진 팀 쿡의 리더십 또한 혁신의 한 요소임을 우리는 애플을 보면서 느낄 수 있다.

우리는 잡스의 혁신을 배우되 그 자체에 매몰되어서는 안 된다. 그의 혁신은 이미 10년 전에 멈췄다. 대신 우리는 애플의 혁신을 배워야 한다. 묵묵히 자신의 일을 하며 헌신하는 모습이다. 화려한 연예인 뒤에는 언제나 그들을 빛나게 하는 스태프가 존재한다는 것을 잊지 말아야 한다. 연예인만이 리더가 아니다. 각각의 스태프 모두가 리더다.

11. 컴퓨터 세계를 대표하는 용, 마이크로소프트

2018년 11월 30일 마이크로소프트MS는 제2의 전성기를 맞이했음을 공식적으로 선포했다. 빌 게이츠가 CEO로 있던 2002년 이후 16년 만에 1위 자리를 굳건히 지키던 애플을 제치고 세계 시가총액 1위 기업으로 올라선 것이다. 비록 기존 강자인 애플과 아마존이 다시 강세를 보이면서 1일 천하로 끝났지만, 세계를 뒤흔든 강자의 복귀라는 점이 큰 이슈가 되었다.

마이크로소프트는 컴퓨터를 하거나 사회에 첫발을 내디딘 사람이라면 누구나 아는 세계적인 기업이다. 또한 애플의 스티브 잡스와 함께 기업의 이름만큼 CEO가 유명한 몇 안 되는 기업 중 하나다. 그런데 일반적으로 마이크로소프트를 아는 사람이라면 제2의 전성기라는 것을 의아하게 생각할 수 있다. 왜냐하면 기업가치에서 마이크로소프트는 항상 상위권에 있었고, 세계 부자 순위에서 빌 게이츠는 1등을 쉽게 뺏기지 않았다. '제2'는 한 번 혹은 그 이상의 큰 위기를 겪은 경우에 붙이는 숫자다. 여기에서 우리가 알고 있는 잘나가는 마이크로소프트가 어떠한 위기를 겪었고, 2018년 전후로 다시 부활했다는 것을 짐작할 수 있다.

마이크로소프트의 창립자 빌 게이츠는 저명한 변호사였던 아버지와 비영리단체의 이사였던 어머니 사이에서 태어나 유복한 유년기를 보냈다. CEO의 유년 시절을 이야기할 때 그는 점잖고 무난한 모범생으로 회자된다. 그런데 고등학교 때는 학교 중앙컴퓨터를 해킹하고, 대학교 때는 음주운전으로 구속되었고, 하버드 대학교를 자퇴할 정도로 자유분방한 생활을 즐겼는데, 이는 기업의 경영에도 영향을 미쳤을 것이다.

　　1975년 그는 세계 최초의 가정용 컴퓨터 알테어Altair 8800용 베이직BASIC 납품을 기반으로 폴 앨런과 함께 마이크로소프트를 창업했다. 이후 마이크로소프트는 PC 운영체제에 집중해 MS-DOS를 만들었다. 그리고 IBM과의 계약을 따내면서 마이크로소프트는 한 단계 진보했다. 이후 애플과 라이벌 관계를 유지하던 중 마이크로소프트의 혁신인 윈도Windows를 만들면서 PC 운영체제의 표준으로 자리 잡았다. 매출이 매년 기하급수적으로 증가해 운영체제 시장을 평정했다.

　　그러나 어느 분야든 영원한 1위는 없다. 컴퓨터와 인터넷 시장이 PC에서 모바일로 옮겨지면서 그칠 줄 모르던 위세가 한풀 꺾였다. 이후 윈도 운영체제의 실적 부진과 빌 게이츠에서 스티브 발머로 경영자 교체, 모바일 운영체제 전환 실패, 그리고 노키아 인수 실패 등 끝없는 하락을 경험했다.

　　이처럼 바닥이 보이지 않을 것만 같았던 기업이 제2의 전성기를 맞이한 데는 빌 게이츠가 마이크로소프트에 심어놓은 생존 DNA와 더불어 새로운 리더십이 등장했기 때문이다.

빌 게이츠 DNA

마이크로소프트의 생존 DNA는 빌 게이츠의 리더십이다. 전 세계적으로 군림할 수 있었던 것은 빌 게이츠가 지닌 특별한 장점들이 발산되었기 때문이다. 빌 게이츠는 미래를 내다보는 통찰력을 가지고 있었다. 그렇지 않았다면 세계 최고의 하버드 대학교를 자퇴하지 않았을 것이다. 그는 개인용 컴퓨터의 성장에 확신을 가졌고, 표준을 만들면 성공할 수 있다고 자신했다.

빌 게이츠는 사업 초창기부터 몰입의 중요성을 인지했고, 자신뿐만 아니라 직원들 또한 일에 몰입하기를 바랐다. 몰입으로 인한 긍정적인 변화를 그렸지만 직원들에게는 쉽지 않았다.

그래서 빌 게이츠는 솔선수범했다. 스스로 전문가가 되어야 하며, 도전하지 않으면 결과를 얻지 못한다는 것을 계속 상기했다. "나는 일하러 오는 것이 그렇게 즐거울 수가 없다"라는 말을 하며 매일 10시간에서 12시간 이상 일했다. 이처럼 주변 사람들까지 전염시키는 열정이 있었다. 또한 통찰력으로 바라본 비전에 대한 집념으로 하나씩 성과를 거뒀다. 그리고 일의 시급성, 진행 상황, 재정 상태를 직원들에게 공유하며 오너 의식을 일깨웠다. 이로 인해 인재들의 무한한 헌신과 능력을 끌어냈고, 끝없는 변화와 혁신을 추구할 수 있었던 것이다.

이러한 노력으로 마이크로소프트는 1988년 전 세계 매출 1위에 오르는 기염을 토했다. 그 후 빌 게이츠와 마이크로소프트는 세계를 선도하는 인물과 기업으로 이름을 널리 알렸다. 그러나 빌 게이츠의 리더십은 과거에 머무른 면이 없지 않았다. 노블레스 오블리

주의 대표적인 인물로 여길 만큼 개인적으로는 존경받아야 할 인물이지만, 조직의 리더십 측면에서는 예전의 날카로움이 무뎌졌다. 여러 이유가 있겠지만 전문가들은 경영 일선에서 물러나게 된 이유인 자선 활동 때문이 아닐까 추측한다.

분명한 것은 빌 게이츠와 마이크로소프트는 거대한 공룡이었다. 그런데 같은 선상 혹은 뒤에서 달리던 주자들은 조금 더 빨랐고 유연했다. 이로 인해 위기가 닥쳐올 것을 알았음에도 큰 혁신을 이루지 못했다. 스스로 충분히 극복할 수 있으리라는 믿음이 있었을 것이다. 그러나 그러지 못했고 한때 PC 운영체제의 90% 이상을 장악했던 마이크로소프트는 타이타닉호가 침몰하듯 아주 서서히 가라앉고 있었다.

새로운 용의 등장

위기에는 언제나 기회가 숨어 있다고 하듯이, 배가 가라앉지 않게 만들 새로운 용이 나타났다. 그는 크리켓 선수를 꿈꿨던 인도 소년 사티아 나델라였다. 그가 CEO에 올라 가장 먼저 선택한 것은 업의 재정립이었다.

그는 전임 CEO 스티브 발머의 결정으로 PC 시장 지배력을 모바일로 확장하기 위해 노키아 사업부를 인수했다. 그러나 불과 2년 만에 대만 폭스콘에 노키아를 매각하면서 100억 달러의 손실을 입었다. 한 해 매출의 10분의 1에 달하는 손실이었다. 누구의 선택이었든 시장과 고객이 원하는 대로 사업의 규칙을 바꾸는 대신 기존 제품을 확장하려는 시도는 참담한 실패로 끝났다.

그는 다시 마이크로소프트가 나아갈 방향에 대해 고민했다. 그는 주업의 확장과 새로운 노선의 갈림길에 섰다. 그런데 마이크로소프트처럼 오랫동안 한 분야에서 세계 1위를 유지한 초일류 기업이 선택하기에는 둘 다 리스크가 컸다. 전자의 경우 GE나 코닥과 같은 전례가 있었고, 후자의 경우 제2의 노키아가 될 수 있었다.

이러한 상황에서 찾아낸 혁신이 바로 클라우드 플랫폼 서비스 MS 애저Azure였다. 사실 이것조차 엄청난 모험이었다. 클라우드 시장은 이미 아마존의 AWS가 강력하게 버티고 있었기 때문이다. 그러나 어디서나 인터넷으로 접속해 문서를 편집할 수 있는 '오피스365', 윈도를 포함해 모든 운영체제에서 사용할 수 있는 퍼블릭 클라우드 '애저'로 매출은 큰 폭으로 상승했다. 클라우드 부문은 MS 전체 매출의 4분의 1을 차지할 만큼 성장했고, 꺼져가는 촛불이 다시 타오를 수 있었다.

이처럼 나델라가 자신 있게 나아갈 수 있었던 데는 빌 게이츠와 같이 앞을 내다보는 통찰력이 있었기 때문이다. 그는 마이크로소프트에 근무하면서 검색엔진 '빙(Bing)'을 시장에 안착시켰고, 그 과정에서 클라우드 서비스의 영향력을 일찍이 파악했다. 이로 인해 '클라우드 퍼스트, 모바일 퍼스트'를 외치며 클라우드와 모바일 산업에 모든 역량을 집중했다. 그러나 통찰력만으로는 거대한 공룡을 깨울 수는 없었다. 현시대에 통찰력이 부족한 리더는 살아남을 여지조차 없기 때문이다. 그래서 사티아 나델라만의 또 다른 리더십이 더 빛나는 것이다.

소통과 공감 리더십

나델라는 자신의 책《히트 리프레시Hit Refresh》에서 취임 당시 상황을 이야기하며 마이크로소프트의 조직문화를 언급했다. 그에 의하면 회사의 리더들은 고정관념과 자만심이 강했다. 내부 조직 간의 갈등이 첨예했고, 협업이나 소통보다 치열한 내부 경쟁으로 회사가 돌아갔다. 직원들은 피로감과 불만을 느꼈고, 경쟁에서 뒤처지는 상황에 신물이 난 상태라고 했다. 그의 말대로라면 회사는 가라앉을 요건을 충분히 가지고 있었다. 역사적으로도 1등 기업이 물러나는 수순이었다.

그는 마치 키보드의 새로 고침(F5) 버튼을 누르면 틀은 그대로 유지되는 상태에서 내용이 새롭게 업데이트 되듯이 본질을 유지하면서 새로움을 더하는 방법을 선택했다. 그는 먼저 과거의 영광을 겸허히 내려놓았다. 항상 1등할 수는 없음을 인식하며 스스로 경계했다. 자본과 기술력만을 앞세워 1위 기업의 역량을 뽐내던 시대는 지났음을 깨달았다. 1등의 자리에서 잠시 내려와 경쟁업체와 협력 관계를 유지함으로써 상생하려 했다.

특히 라이벌 리눅스와의 협력은 세상을 깜짝 놀라게 했다. 경쟁업체와 손을 잡는다는 것은 쉽지 않은 일이며, 어쩌면 1등 기업으로서는 치욕적일 수 있다. 그러나 기업의 생존을 위해 과거를 내려놓았다. 만약 그가 이전의 방식처럼 했다면 결과는 참담했을 확률이 높을 것이다.

이처럼 상생의 모델을 찾을 수 있는 데는 어릴 적 크리켓을 했던 경험이 컸다. 그는 팀 스포츠를 하며 개인보다 조직의 중요성을 배웠다. 또한 그는 공감 능력을 중시했다. 그는 면접에서 공감 능력이 부족하다는 이야기를 듣기도 했지만, 그의 첫째 아들이 뇌성마비를 안고 태어나면서 아버지로서 공감 능력을 얻었다. 그리고 아버지 역할을 하는 리더에게도 공감 능력이 꼭 필요하다는 것을 인지했다.

이러한 공감 능력을 바탕으로 직원들과 소통하는 데 힘썼다. 종종 아무 사무실에나 들어가 팀원들의 이야기를 들었다. 그가 하는 일은 몇 가지 질문을 던지는 것이 전부였다. 부서 간의 새로운 팀을 조직함으로써 기존에 있던 조직 간의 내부 경쟁을 최소화했다. 또한 상대평가 위주였던 성과 시스템을 혁파하고 협업과 참여를 인센티브 체계와 인사고과에 녹였다. 이러한 노력이 지속되었기에 제2의 마이크로소프트가 다시 한 번 날아오를 준비를 할 수 있었던 것이다.

다가올 마이크로소프트가 기대되는 이유

최근 20년간 〈포춘〉이 선정한 500대 기업은 절반 이상이 바뀌었다. 한때 세계를 호령하던 노키아, 블랙베리 등은 어느새 추억의 기업이 되었다. 불과 1년 만에 세계를 주도하는 기업은 FAANG_{Facebook,} Amazon, Apple, Netflix, Google에서 MAGA_{Microsoft, Amazon, Google, Apple}로 다시 바뀌었다. 아마도 1년 후에는 또다시 바뀔 것이다. 그럴 확률은 낮겠지만 MAGA 자체가 사라질 수도 있다.

마이크로소프트가 다시 한 번 날갯짓을 할 수 있었던 데는 사티아 나델라의 리더십이 큰 영향을 미쳤다. 그렇지 않았다면 마이크로소프트 또한 추억의 기업이 되었을지 모른다. 그 누구도 GE가 최정상에서 내려올 거라고 예상하지 못했다. 내일이면 오늘도 먼 과거가 되는 지금과 같은 시대에 확실하게 장담할 수 있는 것은 아무것도 없다.

마이크로소프트는 도태될 것이라는 시장의 전망을 비웃으며 사슴의 뿔처럼 재생했다. 이는 사티아 나델라가 돼지의 코로 환경 변화를 예측하고, 소의 귀인 경청 능력을 바탕으로 직원들과 소통하여 조직문화를 유연하게 만들었기에 가능했다. 그는 여기서 멈추지 않고 클라우드 시장을 중심으로 인공지능 시대를 주도하기 위해 링크드인Linked-in, 모장Mojang, 깃허브Github 등을 인수하며 차기 먹거리를 적극적으로 모색하고 있다.

결과는 아무도 예상할 수 없지만 제2의 노키아 인수 실패와 같은 사태는 방지할 수 있을 것 같다. 왜냐하면 사티아의 리더십이 기업 안에 잘 녹아들고 있기 때문이다.

한국 MS의 고순동 대표는 한 강연에서 "우리는 과거에 안주하며 변화를 거부했다가 추락했다. 지금은 기존 패러다임에 머무르거나 따라가지 않고 변화를 주도하고 있다. 조직, 인사 시스템, 교육 및 훈련, 문화 등 모든 것을 바꿨다"라고 말하며 회사의 변화를 강조했다. 그리고 그는 마지막에 "이제 애플보다 혁신적인 회사라는 평가를 듣고 있다"는 말로 갈무리했다.

사실 애플 또한 구글과 아마존에 밀려 덜 혁신적인 회사라는 평가를 받고 있으며 마이크로소프트도 마찬가지다. 그러나 살기 위해 기존의 허물을 벗어버리는 뱀의 지혜처럼 기업의 혁신 수준은 달라질 수 있다. 그것은 용기와 지혜를 갖춘 뛰어난 리더의 힘에 달렸으며, 이것이 리더십이 필요한 이유다. 과거에 전 세계 기업을 대표하던 마이크로소프트가 용의 모습을 다시 보여줄 수 있을지 기대해본다.

용을 가슴에 품고 늘 꿈틀거려라!

'용'을 거꾸로 쓰면 '융'자가 된다,
이 시대에 도움이 되는 진정한 융합의 리더십은 바로 용의 리더십이다.
늘 나의 마음속에 용을 품고 승천하는 그날까지
용솟음치게 살아야 한다.
꿈이 있는 자, 위대한 용처럼 용틀임을 하며 꿈틀거려라!
그대 가슴에 품은 꿈을 이루기 위해 용을 써라!
그러면 그대가 원하는 그 자리에 승천할 것이다.

나의 삶에 꿈의 여의주가 있는가?
매의 눈처럼 잘 보고 있는가?
소의 귀처럼 우직하게 잘 듣고 있는가?
돼지의 코처럼 외부 환경에 대한 감각이 살아 있는가?
메기의 수염처럼 초감각적으로 외부 환경을 잘 감지하고 있는가?
악어처럼 수면 아래서 기회를 기다리고 있는가?
사슴의 뿔처럼 재생하고 투쟁하며 쟁취하여 권위 있게 살 수 있는가?
뱀처럼 늘 새롭게 혁신하고 성장하고 배우고 있는가?
잉어의 비늘처럼 위험에 대응하며 안전하게 관리하고 있는가?
조개껍데기처럼 재력을 단단하고 내실 있게 축적하고 있는가?
독수리의 발톱처럼 꿈과 목표에 집중 몰입해서 꼭 쥐고 있는가?
호랑이의 발처럼 용맹하게 투쟁하며 싸우고 있는가?
낙타처럼 아무리 힘들어도 포기하지 않고 목적지까지
나의 길을 책임지고 도전하며 가고 있는가?
이것이 진정한 용의 전사이며 왕이 되기 위한 용의 리더십이다.

용의 리더십으로 무장하라

동양 문화에서 용은 왕의 권력과 지위와 힘의 상징이었다. 그 속에 담긴 수천 년의 비밀, 용의 정신과 리더십을 파헤치고 재해석하면서 나는 스스로에게 수많은 질문을 했다. 어떤 이유로 이런 동물을 비유했을까? 그것의 의미와 전달하려는 메시지는 무엇일까? 이런 상징을 통해 우리가 배울 것은 무엇인가? 그러나 그 질문은 힘들지 않았다. '학이시습지 불역열호(學而時習之 不亦說乎)', 즉, '배우고 때때로 익히면 즐겁지 아니한가'라는 《논어》의 첫 구절처럼 즐겁게 공부했다. 무엇이든지 관심을 가지고 '사랑하면 알게 되고, 알게 되면 보이나니 그때 보이는 것은 전과 같지 않다'라는 말이 실감나도록 공부했다. 그리고 정말 아는 만큼 보인다는 것을 경험할 수 있었다.

흔히 리더에는 네 가지 그릇이 있다고 한다. 첫째는 자기 재주만 의지하는 리더이고, 둘째는 자기보다 못한 사람들만 등용하는 리더이며, 셋째는 자기보다 나은 사람을 쓸 줄 아는 리더이고, 넷째는 끊임없이 배우며 개선하고 동료들과 함께 공동의 가치를 통합하여 목표를 수립하고 도전하는 리더다. 자기 재주에만 의지하는 리더는 어느 한계 이상으로 성장할 수 없다. 또 자기보다 못한 사람들만 등용하는 리더도 결국 멸망의 화를 자초해 신세를 망친다. 그러나 자기보다 나은 사람을 쓸 수 있는 리더와 함께하는 동료들과 공동의 목표를 설정해서 추진하는 리더는 성공할 가능성이 매우 높다.

나이 사십이 넘도록 이렇다 할 내세울 것이 없었던 유방이 당대의 명문가 출신으로 이미 20대의 나이에 중원을 호령했던 항우를 누르고 천하를 거머쥘 수 있었던 까닭 역시 자기 재주에만 의지하며 자기보다 나은 사람들을 쳐냈던 항우와 달리 장량과 소하와 한신 등 자기보다 나은 사람들과 함께 일했기 때문이다.

자기보다 나은 사람을 쓰기 위해서는 반드시 유념해야 할 것이 있다. 바로 의심불용 용인불의(疑心不用 用人不疑), 즉 '일단 등용하면 의심하지 말아야 한다'는 것이다. 그러나 용의 리더십에서는 이 말을 이렇게 바꿔 써도 될 것이다.

의심불용 용인불의(疑心不龍 龍人不疑)
의심하면 용(龍)이 아니고, 용(龍)인 사람은 의심하지 않는다.

누군가 정말로 훌륭한 리더가 되겠다고 한다면 나는 먼저 용의 리더십으로 무장해야 한다고 권하고 싶다. 훌륭한 리더가 되려면 용이 가진 여의주를 목전에 두고 12가지 습성과 장점과 자질을 모두 갖추어야 한다. 더불어 주변까지 그런 환경으로 바꾸어야 한다. 다른 사람들이 따를 만한 좋은 모범을 배우고 보여야 한다. 당신의 헌신, 열정, 공감, 정직 및 성실한 행동이 작용해야 한다. 그래야 비바람이 불고 하늘이 열려 그 자리와 직위로 승천할 수 있다. 용이 되거나 혹은 이무기로 남는 것의 차이가 바로 여기에 있다.

21세기 진정한 리더십의 핵심은 융합과 통합이다. 최고의 일류 국가와 회사 리더가 되려면 성공 리더십이 필요하다. 그리고 지금 우리에게는 새로운 리더십이 필요하다. 용의 리더십이야말로 이 시대 최고의 리더십이라고 강력하게 주장하고 싶다. 수천 년 동안 용이 되었던 지배자들의 성공 사례가 담겨 있는, 용이 입에 물고 있거나 손에 쥐고 있는 여의주는 빛이며 희망과 꿈의 상징이다. 용은 그 자체로 이미 융합과 통합의 상징이다.

우리 조상들은 이미 오랜 역사에서 용이 가진 의미를 수없이 사용했다. 구불구불 장대하게 흘러가는 강물이나 대단한 기세, 보기 좋게 뒤틀린 나무줄기 등을 표현할 때 거대한 용이 몸을 뒤틀며 승천하는 모습을 빌려 '용틀임'이라고 한다. 그런가 하면 용처럼 기세 등등하게 힘을 들여 하는 트림을 뜻하는 '용트림'도 있다. '용쓴다'는 말은 원래 어떻게 해서든 하늘로 승천하는 용이 되기를 바라는 마음과 행동을 뜻하는 것이었다. 최고가 되기 위해 노력하는 것은 용쓰는 것이고, 용과 용이 싸우면 하나는 필연코 죽으니 용용 죽겠지가 아니겠는가. 그러니 용솟음치게 용쓰며 용의주도하게 살아야 한다.

세상에는 무수히 많은 리더의 덕목과 리더십 유형이 있다. 그러나 시간과 공간을 초월하여 리더십의 핵심은 항상 똑같다. 우리가 이끌고 있는 사람들을 선도하고 그들에게 힘을 실어주는 것이 진정한 리더십의 본질이다.

인간은 누구나 출세하고 싶고 성공하는 용(龍)이 되고 싶어 한다. 세상에는 리더십 키워드를 주장하는 수많은 이론과 책들이 있다. 그런데도 지금 '용의 리더십'이 꼭 필요한가라는 질문을 한다면 부분적인 리더십 이론이 아닌 융합과 통섭, 창조가 무엇보다 중요한 지금 시대야말로 수천 년간 수많은 지도자들의 상징이라고 할 수 있는 '용'에 숨겨진 리더십 비밀을 파헤쳐야 한다고 말하고 싶다.

보통 우리는 리더라고 하면 대통령, 정치인, 장군, 최고경영자, CEO를 연상하지만 그들도 처음부터 그런 자리에 오르지 않았다. 모든 것에는 절차와 과정이 있다. 그래서 용과 나를 너무 동떨어진 것으로 여기고 포기하거나 외면하지 말고 용의 꿈을 꾸자. 학문을 배우는 학생이나 공무원, 정치인, 군인, 사업가, 평범한 직장인이나 영업을 하는 사람 등 누구나 용의 리더십으로 재무장하면 분명 미래에 훌륭한 리더와 지도자가 될 수 있을 것이다. 가정과 일터에서 그리고 집단의 공동체에서 생활하는 순간순간마다 용의 리더십을 배우고 익히며 발휘해야 할 것이다.

커지고자 하면 천하를 덮을 만큼 커질 수도 있고, 높이 오르고자 하면 구름 위로 치솟을 수도 있는 변화무일(變化無日)하고 상하무시(上下無時)한 존재가 바로 용이다. 한·중·일을 포함한 동남아시아의 한자 문화권을 관통하는 절대 리더의 상징인 용(龍)의 정신과 리더십의 본질이 부디 많은 사람들에게 적용되어 꿈을 이루는 승천의 삶으로 바꾸는 단초가 되기를 바란다.

지금부터라도 이 책에서 주장하는 용의 리더십으로 무장하고 자기 삶에 공든 탑을 쌓아 개천에서 용이 되어 승천하는 진정한 용의 리더가 되길 진심으로 바란다.

대암(大岩) 김태우

KI신서 9100

용의 리더십

1판 1쇄 인쇄 2020년 5월 18일
1판 1쇄 발행 2020년 5월 27일

지은이 김태우
펴낸이 김영곤
펴낸곳 (주)북이십일 21세기북스

콘텐츠개발본부 콘텐츠개발팀장 장인서
콘텐츠개발팀 이은 김혜영 김보희 **디자인** 박선향
영업본부 이사 안형태
영업본부 본부장 한충희
출판영업팀 김수현 오서영 최명열
제작팀 이영민 권경민
기획·진행 북케어

출판등록 2000년 5월 6일 제406-2003-061호
주소 (우 10881) 경기도 파주시 회동길 201 (문발동)
대표전화 031-955-2100 **팩스** 031-955-2151 **이메일** book21@book21.co.kr

ⓒ 김태우, 2020
ISBN 978-89-509-8785-5 03320

(주)북이십일 경계를 허무는 콘텐츠 리더

21세기북스 채널에서 도서 정보와 다양한 영상자료, 이벤트를 만나세요!
페이스북 facebook.com/jiinpill21   포스트 post.naver.com/21c_editors
인스타그램 instagram.com/jiinpill21   홈페이지 www.book21.com
유튜브 youtube.com/book21pub

서울대 가지 않아도 들을 수 있는 명강의! 〈서가명강〉
유튜브, 네이버, 팟빵, 팟캐스트에서 '서가명강'을 검색해보세요

책값은 뒤표지에 있습니다.
이 책 내용의 일부 또는 전부를 재사용하려면 반드시 (주)북이십일의 동의를 얻어야 합니다.
잘못 만들어진 책은 구입하신 서점에서 교환해드립니다.